주역 6효로 자신의 미래 스스로 점쳐 보기

납갑서법
納甲筮法

modo 04
납갑서법
納甲筮法

최중태의 납갑서법(納甲筮法)/ 모두출판협동조합(이사장 이재욱) **펴냄**/
2017년 11월 15 일 초판 1쇄 **발행**/
디자인 김명선/ **ISBN** ISBN 979-11-961865-1-7(03380)
ⓒ최중태, 2017
modoobooks(모두북스) 등록일 2017년 3월 28일/ **등록번호** 제 2013-3호/
주소 서울 도봉구 덕릉로 54가길 25(창동 557-85, 우 01473)/
전화 02)2237-3316/ **팩스** 02)2237-3389/ **이메일** modoobooks17@naver.com
공식카페 http://cafe.naver.com/modoobooks17

*책값은 뒤표지에 씌어 있습니다.

주역 6효로 자신의 미래 스스로 점쳐 보기

납갑서법
納甲筮法

협동조합출판사

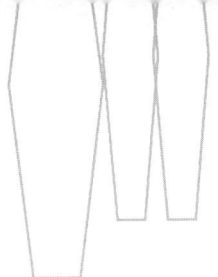

<책을 시작하면서>

"주역(周易)을 그렇게 많이 읽은 것은 아니지만…."
 사실은 이런 말부터가 약간은 조심스럽다. 나름대로 깊이 공부를 했다는 분들도 주역만큼은 태산처럼 여기는데, 그런 분들과 비교해 본다면 겨우 걸음마 떼기 정도의 공부를 한 내가 주역을 조금 읽었느니, 많이 읽었느니 하는 것부터가 어떻게 보면 시건방져 보여서다.
 하지만 장강의 깊이는 범인의 기량으로 헤아릴 길이 없지만, 세상에는 장강만 있는 것이 아니고 얕은 개울도 있는 법이니까, 비록 얕은 개울이나마 나름대로 깨달은 바를 이야기한다면 주역의 원리는 '정길(貞吉)'-곧 '정하면 길하다'는 것이 아닌가 싶다.
 주역을 점서라고 이해했을 때, 주역으로 점을 치는 이유는 무엇일까? 우리가 원치 않더라도 피해 갈 수 없는 흉한 일을 만나게 되었을 때, 어떻게 하면 그런 흉측함으로부터 벗어날 수 있을까, 또 벗어날 수 없다면 적어도 그 피해를 줄일 수는 없을까 하는 것이 주역으로 점을 치는 가장 근본적인 이유다.
 그리고 이에 대한 답으로 주역이 제시하고 있는 모범 답안은 '정길(貞

吉)'-곧 '정하면 길하다'는 것이라고 생각한다.

우리가 아무리 잘못했더라도 그 잘못을 뉘우치고, 마음을 곧게 가지기만 한다면 우리는 다시 길한 상태로 돌아올 수 있다는 것이 주역점의 요체라고 생각한다.

사실 나는 주역을 읽으면서도 의리파 쪽의 해석에 관심을 기울였지, 상수파의 점술에는 그렇게 마음을 주지 않았었다. 그런데 수운회관에 사무실을 두고 있을 때였다. 우리 사무실 옆방에 오행납갑(五行納甲)으로 풍수지리를 가르치는 사람이 있었는데, 이 사람이 강의를 하면 칸막이 방음장치가 완벽하지 않아 우리 방에서도 수업 내용이 잘 들렸다. 그때 어떤 수강생이 선생에게 이런 질문을 했다.

"우리나라 사람들 가운데는 실제 생년월일과 주민등록번호가 다른 경우가 많은데, 이런 사람들이 사주를 본다거나 점을 친다거나 할 때는 실제 생년월일로 해야 합니까, 아니면 주민등록상의 생년월일로 해야 합니까?"

이 문제는 나도 몹시 궁금하게 생각하던 바라 그 풍수 선생이 어떻게 대답하나 귀를 쫑긋 세우고 들었더니, 그 선생의 대답은 주민등록번호로 해야 한다는 것이었다. 이유인즉 우리가 여권을 내거나 관공서를 출입하는 등 모든 공적인 활동을 할 때는 실제와는 상관없이 주민등록증에 기재된 생년월일을 사용하니까 주민등록상의 생년월일을 사용해야 한다는 것이었다. 그 말을 듣고 보니 그럴싸했다.

그런데 문제는 그 다음 질문에 있었다.

"주역의 64괘 가운데 가장 나쁜 괘라고 할 수 있는 산지박(山地剝) 괘를 사주로 타고난 여성은 평생을 독신으로 살아야 할 팔자라고 합니다. 그러면 그런 여자들은 평생을 남자도 모르고 살아야 한다는 말입니까?"

질문을 받은 그 선생의 대답은 기상천외(奇想天外)했다. 혼인신고는 하지 말고 남자와 그냥 살면 된다는 것이었다.

　그 순간, 그 풍수 선생에 대한 나의 환상은 산산조각이 나고 말았다. 주역을 읽고 그것으로 점을 친다거나, 오행납갑으로 명당을 찾는 까닭은 무엇보다도 먼저 인간이 인간답게 살기 위하여 그와 같은 방법을 통하여 길을 찾는 것인데, 혼인신고도 하지 않고 불법적으로 부부생활을 하라고 말하는 것은 그야말로 언어도단(言語道斷), 점을 치고 명당을 찾는 근본 취지를 망각하는 일이었다. 그렇다면 내가 발복하기 위해 남의 묘 앞에다 또 다른 묘혈을 파도 좋다는 말이나 뭐가 다르겠는가?

　점과 풍수는 인간에게 이런 비인간적인 방도를 가르치는 것은 절대 아니다. 어떻게 하면 인간답게 살 수 있는 길이 있을까를 가르치는 것이지 인간답지 않게 사는 법을 가르치는 사술(詐術)이나 사술(邪術)은 아닌 것이다.

　그래서 나도 오행납갑으로 점을 치는 방법을 공부하기 시작하였는데, 그러다 보니 그 세월이 어언 20년이 다 되어 가는 것 같다.

　평생 오행납갑으로 점치는 법을 공부한 사람들도 있는데, 20년 공부가 무슨 대단한 성과냐고 생각할 수도 있겠으나, 이쯤에서는 우리가 상식(常識)으로 점(占)이란 어떤 것인가를 알아두는 것도 괜찮겠다는 생각이 들어 그간 내가 본 중국의 납갑서법 책들을 근간으로 해서 이 책을 엮었다.

　이 책은 1부와 2부로 구성하였다.

　1부에서는 주역의 6효로 점을 치는 '납갑서법(納甲筮法)'에서 사용하는 용어와 기본 개념들에 대하여 풀이를 했다. 점을 해석하는 방법은 매우 주관적이지만, 육효(六爻) 가운데서 나를 가리키는 효는 '세효'이고, 상대방을 가리키는 효는 '응효'이다. 이런 세효와 응효는 점치는 사람에 따라 임의로 변하지는 않는다. 1부 내용은 이런 절대적인 것들에 대한 용어와 개념을 확실하게 설명하는 것을 주목적으로 삼았다.

2부에서는 과거의 점술사들과 현재의 점술사들이 뽑은 실제 점괘를 가지고 이 점괘를 어떻게 풀이하였는가에 대하여 살펴보았다. 다양하고 재미있는 점 풀이를 통하여 독자 여러분이 사물을 해석하는 다양한 시각을 살펴볼 수 있었으면 좋겠다고 생각하였다.

컵에 반 남은 위스키를 보고 "아직도 반이나 남았네."라고 말하는 사람과 "이제 반밖에 남지 않았네."라고 생각하는 사람이 있듯이, 동일한 현상을 두고도 전혀 다르게 생각하는 점술사들의 해석을 본다면 어쩌면 지금 여러분 앞에 보이는 현실이 어제와 동일한 현실임에도 불구하고 분명 오늘은 다르게 보일 수도 있을 것이다.

점술이라면 정통 학문으로 생각하기보다는 격이 떨어지는 2급 문화쯤으로 치부해 버리는 우리의 지식 현실 속에서 출판을 감당하는 일에 일말의 거리낌 없이 동의해준 이재욱 사장의 용단에 감사드리며, 책값으로는 모든 사람이 다 점에 대하여 상식을 가질 수 있도록 복채 한 번 정도의 금액으로 결정하였다.

흥미를 가지고 읽는다면 자신의 일상사에 대해 스스로 점괘를 뽑아 길흉화복(吉凶禍福)을 헤아리면서 선비처럼 삼가고 조심하는 사무사(思無邪) 신기독(愼其獨)의 생활태도를 가지는 데 도움이 될지도 모를 일이다.

2017년 장마철에
월곡재에서 최중태

차례

<책을 시작하면서> /5

제1부 점을 치는 방법과 용어

1. 점괘를 뽑는 방법 /14
2. 괘체(卦體)에 천간지지(天干地支)를 배열하는 방식 /18
3. 세효(世爻)와 응효(應爻) /24
4. 육친(六親)과 육신(六神) /35
5. 용신(用神) /41
6. 원(元), 용(用), 기(忌), 구(仇)의 사신(四神)/ 45
7. 변(變)과 화(化) /48
8. 생(生), 왕(旺), 묘(墓), 절(絶)과
   왕(旺), 상(相), 휴(休), 수(囚), 사(死) /54
9. 세군(歲君), 월건(月建), 월파(月破) 및
   일진(日辰)의 암동(暗動)과 일파(日破) /70
10. 순공(旬空) /78
11. 비신(飛神)과 복신(伏神) /84
12. 삼합(三合), 삼형(三刑), 육충(六沖), 육합(六合) /90
13. 신법(身法), 간효(間爻), 진신(進神), 퇴신(退神) /103
14. 반음(反吟), 복음(伏吟), 독발(獨發), 독정(獨靜),
    용신양현(用神兩現)과 유혼(游魂), 귀혼(歸魂) /120

제2부 여러 가지 점의 예

1. 재물에 관한 점 /132
2. 건강과 질병에 관한 점 /167
3. 혼인과 출산에 관한 점 /194
4. 직업과 명예에 관한 점 /210
5. 기타 일상사에 관한 점/223
6. 지금 점의 예/240

제1부
점을 치는 방법과 용어

1. 점괘를 뽑는 방법

[납갑서법(納甲筮法)]은 6효를 뽑아 [주역]의 괘를 만들고 이렇게 만들어진 괘의 6개 효가 지닌 성질을 오행(五行) 생극(生克)의 관계로 비교하여 길흉을 판단하는 점의 방법이다.

그러므로 [납갑서법]으로 점을 치기 위해서는 먼저 [주역]의 괘를 뽑아야 하는데, [주역]의 괘를 뽑는 방법은 [주역]에도 [서의(筮儀)]라는 항목으로 자세하게 그 방법이 설명되어 있는 본서법(本筮法)이 어디까지나 정통이라고 할 수 있다.

그러나 본서법은 그 과정이 매우 복잡하고, 또 시간도 많이 소요되기 때문에 오늘날에 이르러서는 전문적으로 점을 치는 역술가들도 이 방법을 많이 사용하는 것 같지는 않다. 대신 문왕신과(文王神課)라고 해서 3개의 동전을 이용해서 점괘를 뽑는 방법을 많이 사용한다.

문왕신과의 방법은 어디까지나 약식이며, 정통은 역시 50개의 시초를 가지고 18번의 운영 과정을 거쳐 뽑은 6효를 가지고 [주역]의 64괘 가운데 하나의 괘를 뽑는 방법이라고 보아야 할 것이다. 본서법과 문왕신과로 점괘를 뽑는 방법은 다음과 같다.

본서법으로 점괘를 뽑는 법

먼저 잘 다듬은 15센티미터 정도의 빨대만한 굵기의 대나무 꼬챙이를 50개 준비한다. [주역]에서는 이 대나무를 시초를 가지고 한다고 되어 있으나, 지금 우리가 시초를 구하기는 어렵기 때문에 간단하게 대나무로 대신한 것이다.

먼저 이것들 가운데 하나를 뽑아 점상 한가운데 위에다 별도로 놓는다. 그리고 남은 49개의 대나무 가지를 좌우 양쪽으로 갈라 점상의 양편에 갈라서 놓아둔다. 이렇게 가른 2개의 무더기 중 오른쪽 무더기에서 다시 하나를 뽑아(서의에서는 왼쪽 새끼손가락에 건다고 했으나 꼭 그렇게 할 필요는 없다.) 별도로 둔다.

이와 같은 과정을 거친 현재 좌우 2개의 무더기에 있는 대나무 가지의 수는 총 48개다. 이것을 좌우 각 무더기마다 4개씩 세어 나간다. 그 결과 왼쪽의 나머지가 1개가 남았다고 가정하면 오른쪽 무더기에서는 반드시 3개가 남게 된다. 이 과정을 수식으로 풀이하면 48의 수를 25와 23으로 가른 다음, 이것을 4로 나누었을 때, 25쪽의 나머지가 1이 되면, 23쪽의 나머지는 3이 되어 두 나머지의 합은 반드시 4가 된다.

한 번 이 과정을 거친 다음에는 다시 대나무 48개를 한데 모아 좌우로 가른다. 그리고 앞에서 실행한 것과 똑 같은 방법으로 두 무더기로 나누어 4개씩 가른 후, 나머지를 셈하여 합한다. 이때 24개씩 똑 같이 나누어진 경우일 때는 나머지가 없게 되는데, 이 경우에는 나머지를 0으로 하는 것이 아니라 4로 한다. 그래서 양쪽의 나머지를 합한 값이 8이 된다.

이와 같이 대나무 가지 48개를 두 무더기로 나누어서, 4개씩 나누어 나머지를 합하는 과정을 3번 거치게 되면 나머지의 합이 24, 20, 16, 12의 4개 중 하나가 된다. 이 나머지의 합을 다시 총 개수 48에서 제한다. 그러면 결과적으로 남게 되는 수가 24, 28, 32, 36인데, 이 수를 다시 4로 나누면 그 값이 9, 8, 7, 6의 4개 수 가운데 하나가 된다.

　이 중 9와 7은 기수로 양이 됨으로 ―으로 표시하면서, 특히 9는 노양(老陽)으로 이것은 나중에 소음(少陰)으로 변할 가능성을 포함하고 있으므로 부호 위에다 사선을 그어(╱) 나중에 변효(變爻)가 됨을 표시해 둔다.

　마찬가지로 8과 6은 음이므로 음의 부호 ――로 표시하고 6은 노음(老陰)이므로 음의 부호 위에 사선(╱)을 그어 뒤에 소양(少陽)으로 변함을 표시해 둔다.

　이런 과정을 거쳐서 비로소 효 하나가 뽑혀지게 된다. 그리고 한 괘에는 총 6개의 효가 있으므로 한 괘가 온전히 이루어지기 위해서는 총 18번의 동일한 과정을 거쳐야 하는 것이다.

　이렇게 본서법은 그 과정이 복잡하고 시간이 많이 걸리기 때문에 송나라 때에 와서는 보다 간편한 방법으로 점괘를 뽑는 문왕신과가 탄생하게 되었다.

문왕신과로 점괘를 뽑는 법

　문왕신과는 3개의 동전을 동시에 던져, 드러난 면의 수를 보고 양과 음을 결정하는 방법이다. 동전 둘이 뒷면이면 탁(托), 하나만 뒷면이면 단(單), 셋이 모두 뒷면이면 중(重), 셋이 모두 앞면이면 교(交)라고 했다.

　여기서 중요한 것은 음과 양을 결정하는 방법인데, 3개의 동전 중 양의 수가 1개고, 음의 수가 2개면 양효가 되고, 반대로 음의 수가 1개고, 양의 수가 2개면 음이 된다는 것이다. 물론 3개가 다 양이거나 음이면 그것은 노양과 노음으로 나중에 변효가 되는 것은 본서법에서와 마찬가지다.

이렇게 나온 주역의 한 괘, 6효에는 오행(五行)을 나타내는 아무런 요소도 없다. 따라서 이것이 점으로서 오행의 성격을 가지기 위해서는 괘체(卦體)에 천간지지(天干地支)가 들어가야 하는데, 다음 항에서는 이 점에 대하여 설명하겠다.

2. 괘체(卦體)에 천간지지(天干地支)를 배열하는 방식

　[납갑서법]의 역사는 상당히 오래되었다. 납갑이란 태음(太陰), 즉 달이 지구를 회전하며 돌 때, 그 위치에 따라 괘상(卦象)에 응하는 십간(十干)의 자리를 들인다는 뜻이다.
　문헌의 기록은 서한(西漢) 시대, [경방역(京房易)]에서 처음 나타나지만, 이와 같은 방식으로 점을 친 것은 이미 그보다 훨씬 이전이었던 한대(漢代) 초기 내지는 선진(先秦) 시대부터였던 것으로 추측하고 있다.
　이와 같은 추측의 근거로 중국의 현대 역학자 유대균(劉大均) 교수 같은 사람들은 [주역]의 64괘 중 <<고(蠱)>>괘의 괘사, <<손(巽)>> 괘의 효사를 들고 있다.
　<<고(蠱)>>괘의 괘사를 보면 "선갑삼일(先甲三日), 후갑삼일(後甲三日)"이라는 구절이 나오고, <<손(巽)>> 괘의 효사(爻辭) 가운데는 "선경삼일(先庚三日), 후경삼일(後庚三日)"이라는 구절과 "손재상하(巽在牀下) 용사무분약(用史巫紛若)", "손재상하(巽在牀下) 상기자부(喪其資斧) 정흉(貞凶)" 등이 나오는데, 이런 글귀들의 의미로 미루어 보았을 때, [주역]이 완성된 주(周)나라 시대에는 이미 [납갑서법]으로 점을 치는 방법이 존재했

다고 추측할 수 있다는 것이다.

　[주역]의 64괘를 가지고 [납갑서법]으로 점을 친 까닭에 대해 고대의 여러 점술가들이 나름대로 의미를 부여했는데, 동한 후기의 사람, 위백양(魏伯陽)이 지은 [주역참동계(周易參同契)]에 나온 설명이 비교적 그럴싸하지 않나 싶다.

　그리고 우번(虞翻)의 [주역집해(周易集解)]에도 제법 자세하게 설명이 되어 있다. [주역집해]는 당나라 사람 이정조(李鼎祚)가 양한(兩漢) 이래 역학의 성과를 총결산한 저작물이다. 이 책에서 우번(虞翻)은 <<곤(坤)>>괘의 괘사를 들어 "서쪽과 남쪽 방면에서 친구를 얻을 수 있을 것이니 이로움이 있다(利西南得朋)."라고 한 것은 우리가 살고 있는 공간의 방향 가운데서 서남 방향을 한정하여 그 방면으로 갔을 때 이로움이 있다고 한정함으로써 결국 우리의 삶은 우리가 살고 있는 우주 천체의 제약과 전혀 무관하지 않다는 점을 말하고 있다는 것이다.

　그러니까 [주역]의 64괘, 384효가 지니고 있는 이런 우주 천체적인 요소가 서로 어떤 관계를 유지하고 있는가를 살펴서 그것이 인간에게 미치는 영향을 가지고 길흉을 판단한다는 것이 옛날 점술가들의 [납갑서법]에 대한 인식이었다.

　그리고 이런 인식은 현대의 점술가들에게서도 별로 다르지 않다.

　현대 중국의 역학자 상병화(尙秉和) 선생은 <<주역고서고(周易古筮考)>>에서 [납갑서법]의 개념과 방법을 이렇게 설명하고 있다.

　"[납갑서법]이란 천간지지를 각 괘의 6효 속에다 배열한 다음, 이 간지가 속한 오행(五行)과 점을 치는 시간 및 날짜 등을 오행 생극(生克)의 관계로 추리하여 사안의 길흉(吉凶)을 판단하는 것이다."

　상병화 선생의 설명을 구체적·실제적인 방법으로 풀이해 보면 다음과 같이 된다.
  우선 갑(甲), 을(乙), 병(丙), 정(丁), 무(戊), 기(己), 경(庚), 신(辛), 임(壬), 계(癸)의 천간(天干) 10개를 [주역]의 8개 순괘(純卦)-건(乾), 태(兌), 이(離), 진(震), 손(巽), 감(坎), 간(艮), 곤(坤)에 나누어 들이는 방법부터 알아보자.

  <<건(乾)>> 괘의 내괘 3효는 납갑(納甲), 외괘 3효는 납임(納壬)
  <<곤(坤)>> 괘의 내괘 3효는 납을(納乙), 외괘 3효는 납계(納癸)
  <<간(艮)>> 괘는 내, 외괘 모두 납병(納丙)
  <<태(兌)>> 괘는 내, 외괘 모두 납정(納丁)
  <<감(坎)>> 괘는 내, 외괘 모두 납무(納戊)
  <<이(離)>> 괘는 내, 외괘 모두 납기(納己)
  <<진(震)>> 괘는 내, 외괘 모두 납경(納庚)
  <<손(巽)>> 괘는 내, 외괘 모두 납신(納辛)

  우선 천간 10개는 이상과 같이 8개 괘 속에 나누어 들게 된다. 그리고 이렇게 시작되는 천간의 제일 첫 번째가 '갑'이므로, [주역]의 순괘 8개의 제일 첫머리에 [갑]이 든다고 해서 옛사람들은 [납갑]이라는 명칭을 붙였던 것이다.

  [납갑서법]으로 점을 칠 때는 10개의 천간만 8괘 속으로 배열하는 것이 아니라, 12개의 지지(地支)도 함께 8괘 속으로 나누어 들여야 한다. 12지지는 8괘 속에다 어떻게 배열하는가?
  <<건(乾)>>괘를 예로 삼아 살펴보면, 초효에서부터 시작해서 효위가 바뀔 때마다 지지의 순서대로 하나씩 건너뛰어서 나아가 상효에서 끝나게 된다.
  그래서 <<건>>괘 같으면 다음과 같이 된다.

초구효납(初九爻納) '자(子)', 구이효납(九二爻納) '인(寅)'
구삼효납(九三爻納) '진(辰)', 구사효납(九四爻納) '오(午)'
구오효납(九五爻納) '신(申)', 구육효납(九六爻納) '술(戌)'

이어서 <<진(震)>>괘는 <<건>>괘와 마찬가지 방법으로 12지지를 받아 들이는데, 그 이유는 <<진>>괘는 곧 장자(長子)를 가리키기 때문이다.

<<감(坎)>>괘는 '인(寅)'에서부터 시작하는데, 마찬가지 방법으로 지지를 하나씩 건너뛰어서 '자(子)'에서 끝이 난다.

<<간(艮)>>괘는 '진(辰)'에서부터 시작해서 마찬가지 방법으로 '인(寅)'이 상효에 배열되면서 끝이 난다.

<<건>>, <<진>>, <<감>>, <<간>> 괘의 경우는 이상과 같이 지지의 순방향에 따라 진행이 되지만, 남은 4개의 순괘인 <<곤(坤)>>, <<손(巽)>>, <<이(離)>>, <<태(兌)>>의 경우는 12지지의 순방향으로 따라가면서 순서가 정해지는 것이 아니라, 해(亥), 술(戌), 유(酉), 신(申)의 순서에 따라 지지의 역방향으로 들이는 차례가 정해진다.

그래서 <<곤(坤)>>괘의 경우에는 초효가 '미(未)'를 받는데, '미'에서부터 역순으로 하나씩 건너 뛰어 진행해서 다음과 같이 된다.

초육효(初六爻)는 '미(未)'
육이효(六二爻)는 '사(巳)'
육삼효(六三爻)는 '묘(卯)'
육사효(六四爻)는 '축(丑)'
육오효(六五爻)는 '해(亥)'
상육효(上六爻)는 '유(酉)'

《손(巽)》괘는 '축(丑)'에서부터 시작해서 12지지의 역순에 따라 상구 효가 '묘(卯)'로 끝이 난다. 《이(離)》괘도 같은 방식으로 진행되는데, 《이》괘의 초효는 '묘(卯)'에서 시작한다. 그래서 상구 효는 '사(巳)'로 끝이 난다. 그리고 《태(兌)》괘는 '사(巳)'에서 시작해서 상육 효가 '미(未)'로 끝이 난다.

이상의 내용을 표로 만들어 보면 다음과 같다.

팔괘간지배납도(八卦刊支排納圖)

	건(乾)	곤(坤)	간(艮)	태(兌)
상효	임술(壬戌)	계유(癸酉)	병인(丙寅)	정미(丁未)
5효	임신(壬申)	계해(癸亥)	병자(丙子)	정유(丁酉)
4효	임오(壬午)	계축(癸丑)	병술(丙戌)	정해(丁亥)
3효	갑진(甲辰)	을묘(乙卯)	병신(丙申)	정축(丁丑)
2효	갑인(甲寅)	을사(乙巳)	병오(丙午)	정묘(丁卯)
초효	갑자(甲子)	을미(乙未)	병진(丙辰)	정사(丁巳)
	감(坎)	리(離)	진(震)	손(巽)
상효	무자(戊子)	기사(己巳)	경술(庚戌)	신묘(辛卯)
5효	무술(戊戌)	기미(己未)	경신(庚申)	신사(辛巳)
4효	무신(戊申)	기유(己酉)	경오(庚午)	신미(辛未)
3효	무오(戊午)	기해(己亥)	경진(庚辰)	신유(辛酉)
2효	무진(戊辰)	기축(己丑)	경인(庚寅)	신해(辛亥)
초효	무인(戊寅)	기묘(己卯)	경자(庚子)	신축(辛丑)

그리고 [납갑서법]에서 사용하는 12지지(地支)의 배열은 다음과 같다.

사(巳)	오(午)	미(未)	신(申)
진(辰)			유(酉)
묘(卯)			술(戌)
인(寅)	축(丑)	자(子)	해(亥)

[납갑서법]을 능숙하게 다루기 위해서는 천간과 지지를 괘 속에 들이는 방법을 기억해 두는 것이 대단히 중요하다.

3. '세효(世爻)'와 '응효(應爻)'

[납갑서법]에서는 주역의 64괘를 8궁으로 나누어 사용하고 있다.
 이 8개의 궁은 <<건(乾)>>, <<진(震)>>, <<감(坎)>>, <<간(艮)>>, <<곤(坤)>>, <<손(巽)>>, <<이(離)>>, <<태(兌)>> 등 8개의 순괘(純卦)를 본궁 괘로 삼고 있으며, 이런 본궁 괘에는 물론 금(金), 목(木), 수(水), 화(火), 토(土)의 오행 가운데 하나의 성질이 부여되어 있다. 이상의 설명을 그림으로 나타내면 다음과 같다.

八宮世应图

	乾宮金	震宮木	坎宮水	艮宮土	坤宮土	巽宮木	離宮火	兌宮金
本宮	☰	☳	☵	☶	☷	☴	☲	☱
	乾	震	坎	艮	坤	巽	離	兌
一世								
	姤	豫	節	賁	復	小畜	旅	困

二世	䷠	䷧	䷂	䷙	䷒	䷤	䷱	䷬
	遯	解	屯	大畜	臨	家人	鼎	萃
三世	䷋	䷟	䷾	䷨	䷊	䷩	䷿	䷞
	否	恒	既濟	損	泰	益	未濟	咸
四世	䷓	䷭	䷰	䷥	䷡	䷘	䷃	䷦
	觀	升	革	睽	大壯	无妄	蒙	蹇
五世	䷖	䷯	䷶	䷝	䷪	䷔	䷺	䷎
	剝	井	豊	履	夬	噬嗑	渙	謙
游魂	䷢	䷛	䷣	䷼	䷄	䷚	䷅	䷽
	晉	大過	明夷	中孚	需	頤	訟	小過
歸魂	䷍	䷐	䷆	䷴	䷇	䷑	䷌	䷵
	大有	隨	師	漸	比	蠱	同人	歸妹

[변괘]는 이런 본궁 괘 가운데 있는 양효가 음효로 바뀐다거나, 음효가 양효로 바뀌어서 생긴 또 다른 괘를 가리키는 용어다. 팔궁세응도에 나타난 변괘는 본궁 괘가 초효에서부터 하나씩 변한다. 그래서 1세(一世) 괘는 초효 하나만 변한 변괘이고, 2세 괘는 1세 괘에서 다시 2효 하나가 더 변한 상태다.

이와 같은 방식으로 3효, 4효로 진행해서 5효까지 진행되면 일단 5세 괘로 한 차례의 변화는 끝이 난다. 그리고 이 다음의 변화는 5세 괘의 5효로부터 더 이상 상효로 나아가지 않고 초효 쪽으로 방향을 바꾸어 4효로 내려온다. 그래서 4효가 한 번 더 변한 변괘가 '유혼(遊魂)' 괘가 된다.

그리고 마지막으로는 유혼 괘의 초효, 2효, 3효가 모두 한 번 더 변하여 본래 본궁 괘였을 때의 '내괘'의 모습을 다시 회복하는 변화를 겪게 되는데, 이렇게 해서 나온 변괘를 '귀혼(歸魂)' 괘라고 부른다.

이처럼 독특한 괘의 배열순서와 괘의 변화 방식은 1972년 말, 장사(長沙) 마왕퇴(馬王堆)에서 출토된 비단에 쓰인 [역경(易經)], 즉 [백서본(帛書本) 주역]이 64괘를 배열해 놓은 순서와 아주 비슷해서, 현대의 중국 역학자들 가운데는 [납갑서법]의 근원이 마왕퇴에서 출토된 [백서본(帛書本) 주역]이라고 주장하는 사람들까지 있다.

그럼 다음으로 '세효(世爻)'와 '응효(應爻)'가 어떤 개념인지 알아보자.

'세효(世爻)'와 '응효(應爻)'는 한 마디로 괘의 으뜸과 버금이 되는 효로서, 점괘의 길흉(吉凶)을 판단하는 '벼리'가 되는 것이다. 그 중에서도 '세효(世爻)'는 점괘 속에 나타난 나와 관련된 모든 길흉화복의 요소를 다 포함하고 있는 효이며, '응효(應爻)'는 나와 대립관계를 형성하고 있는 상대방의 모든 요소를 포함하고 있는 효다.

그러니까 만약 내가 상대방과 소송을 했는데 그 결과가 어떻게 될지 궁금해서 점을 쳤다면 '세효'와 '응효'의 상관관계를 비교해 보아 '세효'가 금(金)이고 '응효'가 목(木)으로 나타났다면 '금극목(金克木)' 해서 내가 이길 것으로 판단하는 식이다.

그런데 만약 점술사가 나를 가리키는 효와 상대방을 가리키는 효를 제대로 가려내지 못하고 엉뚱한 소리를 한다면 이런 경우야말로 맥(脈)도 모르고 침통을 흔드는 것과 같은 경우가 되니 적어도 나의 점을 치러 갔을 때는 무엇을 기준으로 점 풀이를 해야 할까 하는 것만이라도 알았으면 하는 의미에서 '세효'와 '응효'를 소개하였다.

[주역]의 64괘에는 모두 '세효'와 '응효'가 있다.

본궁 괘는 모두 상효가 '세효'가 된다. 그리고 나머지 7개의 괘 중 일세 괘부터 오세 괘까지는 일세 괘는 초효, 이세 괘는 이효……이런 식으로 곧 변효가 '세효'가 된다. 그리고 '유혼 괘'에서는 다시 4효가 변하였으므로 4효가 '세효'가 되고, 마지막으로 '귀혼 괘'에서는 초효, 2효, 3효가 다 변하였지만 3효가 '세효'가 된다.

이상의 설명을 가지고 '본궁 괘'가 <<건>>에 속하는 8개의 괘들로 풀이해 보면, 다음과 같이 된다.

본궁 괘인 <<건>>괘는 상구(上九) 효가 '세효'가 되고, 초효가 변한 천풍(天風) <<구(姤)>> 괘는 변효가 초효이므로 초육(初六) 효가 '세효'가 된다.

1세 괘 천풍(天風) <<구(姤)>>에서 다시 제2효가 변하여 천산(天山) <<돈(遯)>>이 되었을 때는 제2효가 변효이므로, 육이 효가 '세효'가 되고, 천산(天山) <<돈(遯)>>괘로부터 다시 제3효가 변하여 천지(天地) <<비(否)>>괘가 되면 육삼 효가 '세효'가 된다.

천지(天地) <<비(否)>>의 4효가 변하여 된 풍지(風地) <<관(觀)>>괘는 육사 효가 '세효'가 되고, 풍지(風地) <<관(觀)>>에서 다시 5효가 변하여 산지(山地) <<박(剝)>>괘가 되었을 때는 육오 효가 '세효'가 된다.

이렇게 해서 초효부터 5효까지는 다 변하는데, 상효는 절대로 변하지 않는다. 그래서 옛날 사람들은 상효를 가리켜 변하지 않는 효, 즉 '종묘 효(宗廟爻)'라고 불렀다. '종묘 효'라는 단어에서도 짐작할 수 있듯이 조상과 할아버지는 바꿀 수 없는 존재이므로, 제5효가 변한 다음에는 더 이상 위로 진행하지 못하고 진행 방향을 아래로 바꾸어 다시 4효가 바뀌게 되는데, 건궁 괘에서는 이렇게 변한 '유혼 괘'가 화지(火地) <<진(晉)>>이다.

<<진>>괘에서는 물론 구사(九四) 효가 '세효'가 되고, 괘의 이름은 제5효에서 다시 한 발 물러나 4효가 변하였다고 해서 '유혼 괘'가 된다. 이렇게

'유혼 괘'가 된 <<진(晉)>> 다음에는 내괘의 3효가 모두 변하여 화천(火天) <<대유(大有)>>괘가 되는데, 이렇게 변한 <<대유>>괘는 본궁 괘인 <<건>> 괘의 [내괘]와 같은 모양을 회복하게 되므로 그 이름을 '귀혼 괘(歸魂卦)'라 고 한다. '귀혼 괘'의 경우에는 제3효가 '세효'가 된다.

이렇게 '세효'가 결정되면 '응효'는 '세효'로부터 두 개의 위가 떨어져 있는 효로 자동 결정된다. 그래서 <<건(乾)>>괘와 같은 경우에는 제3효가, 천풍(天風) <<구(姤)>>괘와 같은 경우는 제4효가, 다시 제2효가 '세효'인 천산(天山) <<돈(遯)>>같은 경우는 5효가 '응효'가 된다.

옛날 사람들은 [납갑서법]의 8궁에 속한 각 괘의 순서를 쉽게 기억하기 위한 방편으로 64괘가를 지었는데, 참고로 소개하면 다음과 같다.

건위천(乾爲天), 천풍구(天風姤), 천산둔(天山遯), 천지비(天地否),
풍지관(風地觀), 산지박(山地剝), 화지진(火地晉), 화천대유(火天大有).
진위뢰(震爲雷), 뇌지예(雷地豫), 뇌수해(雷水解), 뇌풍항(雷風恒),
지풍승(地風升), 수풍정(水風井), 택풍대과(澤風大過)
감위수(坎爲水), 수택절(水澤節), 수뢰둔(水雷屯), 수화기제(水火旣濟),
택수혁(澤水革), 뇌화풍(雷火豊), 지화명이(地火明夷), 지수사(地水師).
간위산(艮爲山), 산화비(山火賁), 산천대축(山天大畜), 산택손(山澤損),
화택규(火澤睽), 천택리(天澤履), 풍택중부(風澤中孚), 풍산점(風山漸)
곤위지(坤爲地), 지뢰복(地雷復), 지택림(地澤臨), 지천태(地天泰),
뇌천대장(雷天大壯), 택천쾌(澤天夬), 수천수(水天需), 수지비(水地比).
손위풍(巽爲風), 풍천소축(風天小畜), 풍화가인(風火家人), 풍뢰익(風雷益),
천뢰무망(天雷无妄), 화뢰서합(火雷噬嗑), 산뢰이(山雷頤), 산풍고(山風蠱).
이위화(離爲火), 화산려(火山旅), 화풍정(火風鼎), 화수미제(火水未濟),
산수몽(山水蒙), 풍수환(風水渙), 천수송(天水訟), 천화동인(天火同人).

태위택(兌爲澤), 택수곤(澤水困), 택지취(澤地萃), 택산함(澤山咸), 수산건(水山蹇), 지산겸(地山謙), 뇌산소과(雷山小過), 뇌택귀매(雷澤歸妹).

이 요결가(要決歌)는 어느 괘가 어느 궁에 속하는지 빨리 알아내기 위한 목적으로 만들어졌는데, 이 요결가를 이용하지 않더라도 어느 괘가 무슨 궁에 속하는지 간단하면서도 빠르게 알아내려면 다음과 같은 방법을 이용하면 된다.

먼저 어떤 점괘가 나오면 그 점괘를 초효부터 순서대로 차례차례 음양을 변화시켜 나간다. 그래서 어떤 효를 바꾸었을 때, [내괘]와 [외괘]가 같아지는 8순괘 중 하나가 되었다면 이렇게 바꾼 마지막 효가 '세효'가 되는 것이다. 물론 '응효'는 이렇게 정해진 '세효'로부터 2개의 위(位)를 건너뛴 효가 되는 것이니까 아무런 어려움 없이 알 수 있다.

다음으로 이렇게 '세효'가 정해진 점괘는 어느 본궁에 속하는지, 그래서 금, 목, 수, 화, 토의 오행 중 어디에 속하는지 찾아내는 방법에 대해 알아보자.

이것은 간단하게 [내괘]와 [외괘]가 같아진 순간의 순괘(純卦)가 8개의 순괘 가운데 어느 순괘인가를 확인하는 것만으로 쉽게 찾을 수 있다. 가령 그 순괘가 <<건(乾)>>이었다면 건은 금(金)이니까 금이 본궁 괘의 오행이 되고, <<진(震)>>이 나왔다면 진은 목(木)이므로 목으로 판단하면 된다. 마찬가지 방식으로 <<감(坎)>>, <<간(艮)>>, <<곤(坤)>>, <<손(巽)>>, <<이(離)>>, <<태(兌)>> 등 8개의 순괘 중 어느 괘인지 찾아내면, 곧 그 순괘가 본궁 괘가 되는 것이다.

이상의 설명에 대해 예를 들어 풀이해보자. 가령 점을 쳐서 천풍(天風) <<구(姤)>>괘를 얻었을 때, <<구>>괘의 첫 효, 즉 초육을 양으로 바꾸어 보면, [내괘]와 [외괘]가 모두 <<건>>으로 같은 모양이 된다. 그러면 <<구>>괘는 당연히 <<건>>괘가 그 본궁 괘가 되고, 초효가 변하여 [내괘]와 [외괘]가 동일해졌으므로, '세효'는 초효가 된다.

이상의 모든 것을 종합한 다음, 우리는 <<구>>괘를 "건궁1세괘(乾宮一世卦)"로 결론을 지을 수 있다.

연습 문제 하나.

화지(火地) <<진(晉)>>괘는 무슨 궁(宮)에 속하며, '세효'는 어느 것인지 찾아보자. 먼저 화지 <<진>>괘의 초육 효를 양으로 변화시켜 보면, 화풍(火風) <<정(鼎)>>이 되며, [내괘]는 <<진(震)>>이 되고, [외괘]는 <<이(離)>>가 되어 서로 같은 모양이 되지 않는다. 그래서 다시 화풍(火風) <<정(鼎)>>의 제2효, 음을 양으로 바꾸어 보면, 화택(火澤) <<규(睽)>>로 변하면서 이번에도 역시 [내괘]는 <<태(兌)>>, [외괘]는 <<이(離)>>로 그 모양이 같아지지 않는다.

그래서 제5효까지 음과 양을 바꾸어 보아도 풍천(風天) <<소축(小畜)>>으로 [내괘], [외괘]가 서로 같아지지 않는다. 그래서 이제는 풍천(風天) <<소축(小畜)>>의 육사(六四) 효를 다시 한 번 더 양으로 변화시켜 본다. 그러면 비로소 [내괘]와 [외괘]가 <<건(乾)>>으로 동일해진다.

이 결과로부터 <<진(晉)>>괘는 <<건(乾)>>궁에 속하는 괘임을 알 수 있고, 네 번째 효가 두 번 변하여 '세효'가 되었으므로 '유혼 괘'임을 알 수 있다.

다른 예를 하나 더 들어 보자.

화천(火天) <<대유(大有)>>의 괘를 앞에서와 같은 방법으로 초효에서부터 하나씩 음양을 변화시켜 나가보면 제5효까지 변화를 시켜 봐도 [내괘]와 [외괘]가 같아지지 않는다.

그래서 다시 5효로부터 4효로 내려와, 4효까지 한 번 더 바꾸어 봐도 천지(天地) <<비(否)>>괘로, [외괘]는 <<건(乾)>>, [내괘]는 <<곤(坤)>>으로 동일하지 않다.

결국 천지(天地) <<비(否)>>괘의 [내괘]에 속한 3개의 효를 모두 바꿔야만 [내괘], [외괘]가 <<건(乾)>>으로 순괘(純卦)가 된다.

그렇기 때문에 화천(火天) <<대유(大有)>>괘는 건궁에 속한 '귀혼 괘(歸魂卦)'로 제3효가 '세효'가 된다.

이와 같은 방식으로 하면, 어떤 괘든지 그 괘가 무슨 궁에 속하며, 몇 번째 효가 '세효'인지 정확하게 찾아낼 수 있다. 그리고 처음에는 일일이 그 효를 변화시켜 보아야 하지만, 조금만 이 방법에 익숙해지면 일일이 그 효를 변화시켜 보지 않아도 금방 그 본궁(本宮)과 '세효(世爻)'를 찾아낼 수 있을 것이다.

이렇게 주역의 64괘는 8개의 본궁 가운데 하나에 속하면서 금(金), 목(木), 수(水), 화(火), 토(土)의 오행(五行) 중 하나에 속하게 된다. 이렇게 해서 본궁에 속한 8괘는 다음과 같은 성질을 갖게 된다.

건궁(乾宮)에 속한 8괘는 금(金)
진궁(震宮)에 속한 8괘는 목(木)
감궁(坎宮)에 속한 8괘는 수(水)
간궁(艮宮)에 속한 8괘는 토(土)
곤궁(坤宮)에 속한 8괘는 토(土)
손궁(巽宮)에 속한 8괘는 목(木)
이궁(離宮)에 속한 8괘는 화(火)
태궁(兌宮)에 속한 8괘는 금(金)

[납갑서법]이란 주역의 64괘, 384개의 효에다 천간(天干) 10개와 12개의 지지(地支)를 나누어 배치하여, 그 천간지지들과 '동효', '일진', '월건', '세군' 같은 다른 여러 가지 변수들로부터 이루어지는 오행 생극(生剋)의 관계를 가지고, 길흉을 판단하는 점법이다. 따라서 무엇보다도 먼저 10개의 천간과 12개의 지지가 속한 오행과 이 오행들의 생극(生克) 관계를 정확하게 알아야 한다. 그래서 천간 10개가 속한 방향과 오행, 지지 12개가 속한 방향과 오행을 소개하고자 한다. 먼저 천간 10개의 속한 방위(方位)와 오행(五行)은 다음과 같다.

   갑(甲)과 을(乙)은 동쪽과 목에 속하고(東方甲乙木),
   병(丙)과 정(丁)은 남쪽과 화에 속한다(南方丙丁火),
   경(庚)과 신(辛)은 서쪽과 금에 속하고(西方庚辛金),
   임(任)과 계(癸)는 북방과 수에 속하며(北方壬癸水),
   무(戊)와 기(己)는 중앙과 토에 속한다(中央戊己土).

그리고 12지지(地支)의 오행은 다음과 같다.

   자수(子水), 축토(丑土), 인목(寅木), 묘목(卯木), 진토(辰土), 사화(巳火),
   오화(午火), 미토(未土), 신금(申金), 유금(酉金), 술토(戌土), 해수(亥水).

나아가 오행(五行) 사이의 생극(生剋) 관계는 다음과 같다.

   금생수(金生水), 수생목(水生木), 목생화(木生火), 화생토(火生土),
   토생금(土生金), 금극목(金克木), 목극토(木克土), 토극수(土克水),
   수극화(水克火), 화극금(火克金).

[납갑서법]에는 10개의 천간과 12개의 지지가 하나의 시스템으로 구축되어 있다. 이 시스템 속에는 10개의 천간과 12개의 지지에 의해 우주 천체의 시간과 공간의 요소가 다 기록되어 있다. 이런 시·공간적 요소들을 해석하여 다가올 미래의 길흉을 판단하는 것이 바로 점(占)이다. 이런 시·공간적 구성을 해석하는 방법의 원칙은 먼저 8개의 순괘(純卦)를 기본 요소로 해서, 이것들을 인수(因數)로 삼아 정해진 공식에 따라야 한다는 것이다.

옛날 사람들이 [납갑서법]으로 이런 시스템을 만든 목적은 무엇일까? 이런 시스템을 통하여 우리가 살고 있는 우주와 천지만물에 대하여 근원적으로 이해하기를 원했기 때문이다. 그래서 만약 인간이 천지 만물의 운행 원리를 정확하게 이해한다면, 지금 현재의 상황을 원인으로 해서 앞으로 다가올 미래의 변화까지도 예측해서 알 수 있을 것이라고 생각하였다.

아울러 만약 다가올 미래가 흉하다면 이것을 피할 수 있는 방법을 찾고자 노력하였으며, 우주 천체의 운행이 순하고 길하다면 그대로 그 미래에 순응하는 것이 인간의 도리라고 생각했다. 이것이 [납갑서법]을 만든 사람들의 근본적인 의중(意中)이었을 것이다.

문헌에 나타난 [납갑서법]에 관한 최초의 기록은 [경방역(京房易)]에 있다고 앞에서 언급하였는데, 이 [경방역]에서는 [납갑서법]의 원리를 한 마디로 '적산(積算)하여 점을 치는 방법'이라고 정의하였다.

'적산'이라는 용어에 대해서는 여러 가지 해설이 있으나, 조공무(晁公武)가 [경씨역전(京氏易傳) 후기에 '적(積)이란 곧 끝도 시작도 없는 무한대의 수'를 가리키는 것이라고 그 개념을 정리해 놓았는데, 아마도 이것이 경방의 견해를 가장 잘 설명한 이론이 아닌가 싶다. 이 설명에 따르면 [납갑서법]에서 생각한 수의 개념은 직선으로 무한정 연장되는 개념이 아니라, 원형의 끝이 곧 다시 시작이 되는 순환 개념으로서 수를 염두에 두었다고 할 수 있다.

물론 [납갑서법]의 모태가 되는 경전은 [주역]이다.

[주역]이 일찍부터 점(占)을 치는 책으로 사용되었다는 증거는 [주역] 그 자체 속에서도 많이 나타나고 있다.

우선 [주역]의 '계사(繫辭)'를 보면 "길한 것과 흉한 것은 상으로서 말하여지고(吉凶以象告), 효사(爻辭)와 단사(彖辭)는 정으로써 말한다(爻象以情言)."라는 구절이 나오고, 또 "강한 것과 유한 것이 한데 섞여 자리를 잡고 있어(剛柔雜居), 그로써 길한 것과 흉한 것을 가히 볼 수 있다(而吉凶可見矣)."라는 구절이 나오는데, 여기서 등장하는 '길(吉)'과 '흉(凶)'이라는 단어는 전적으로 점을 치는 데 사용하는 단어다.

뿐만 아니라 "음양의 덕이 합해져서 강한 것과 유한 것의 체를 이루게 되며(陰陽合德剛柔有體), 또한 이런 체로써 천지를 찬하며, 신명한 덕과 서로 통한다(以體天地之撰, 以通神明之德)."라는 구절에 이르게 되면 단순히 길흉뿐만 아니라 천지만물의 본말에 대한 문제까지도 조심스럽게 언급하고 있음을 볼 수 있다.

여기서 '천지를 찬하며'라고 할 때의 찬을 유사(猶事)로 해석한 사람도 있고, 수(數)로 해석한 책도 있다.

이런 몇 개의 구절들만 보아도 우리는 [주역]이 점치는 책으로 사용된 것 같다는 사실을 쉽게 추측할 수 있다.

4. '육친(六親)'과 '육신(六神)'

[납갑서법]으로 점을 치는 방법은 '본서법'이나 '문왕신과'로 괘를 뽑은 후에, 이 괘에다 '천간(天干)'과 '지지(地支)'를 넣어 각 효가 지닌 '오행'을 확정한다. 그런 다음 이 효들이 지닌 '오행'과 '본궁 괘'의 '오행'을 생극 관계로 따져서 '육친(六親)'을 정하게 된다.

이때 '육친(六親)'이란 '나', '부모(父母)', '형제(兄弟)', '처재(妻財)', '자손(子孫)', 그리고 '관귀(官鬼)'의 여섯이다. 이런 '육친(六親)'이란 개념이 등장하게 된 것은 바로 앞에서도 인용한 '계사(繫辭)'전 속의 "효사(爻辭)와 단사(彖辭)는 정으로써 말한다(爻象以情言)."라는 구절에서 나온 것으로, 정으로써 이루어진 관계를 구체적으로 형상화한 것이 바로 '나'와 '부모(父母)', '형제(兄弟)', '처재(妻財)', '자손(子孫)', 그리고 '관귀(官鬼)'인 것이다.

이렇게 '육친'이 정해진 다음에야 비로소 [주역]의 육효로 점을 칠 수 있는 시스템이 기본적으로 갖추어지는 셈이다.

앞서 '육친'을 정하는 설명을 실제 점괘를 가지고 연습해 보면 다음과 같다. 화천(火天) <<대유(大有)>>의 괘를 예로 삼아 보자.

이 괘의 '내괘'는 '천(天)'으로 <<건(乾)>>괘가 되기 때문에 초효, 이효, 삼효에 드는 천간과 지지, 그리고 그에 따른 오행은 다음과 같다.

<<대유>>괘의 내괘는 <<건(乾)>>이므로 초구(初九)는 갑자(甲子), 2위의 양효는 갑인(甲寅), 3위의 양효는 갑진(甲辰)을 받게 된다.

삼효 ㅣ 갑진(甲辰), 토(土)
이효 ㅣ 갑인(甲寅), 목(木)
초효 ㅣ 갑자(甲子), 수(水)

그리고 '외괘'는 <<이(離)>>이므로, 상구(上九) 효는 기사(己巳), 오육 효는 기미(己未), 사구 효는 기유(己酉)가 된다. 따라서 이에 따른 오행은 다음과 같다.

상효 ㅣ 기사(己巳), 화(火)
오효 ‖ 기미(己未), 토(土)
사효 ㅣ 기유(己酉), 금(金)

이상으로 <<대유>>괘의 각 효가 지니는 오행의 속성은 확정되었다. 그러면 다음으로 살펴보아야 하는 것이 '본궁 괘'의 '오행'이다.

화천(火天) <<대유(大有)>>괘는 '건금궁(乾金宮)' 괘의 '귀혼(歸魂) 괘'이므로, 그 '본궁 괘'의 '오행'은 '금'이 된다. 이제 '본궁 괘'의 '오행' '금'과 <<대유>>괘의 각 효의 '오행'을 '생극' 관계로 따져보면 된다. 오행 생극 관계로 '육친'을 결정하는 방법은 다음과 같다.

먼저 괘의 효가 '본궁 괘'의 '오행'을 생(生)한다면 그 효는 '부모' 효가 된다. 당연히 부모가 자식을 낳은 것이니까. 마찬가지로 효의 오행과 '본궁 괘'의 오행이 서로 상(相)하는 관계면 '형제' 효가 된다. 그리고 효의 오행이 '본궁 괘'의 오행을 극하면 '관귀', '본궁 괘'의 오행이 효의 오행을 생(生)하면 '자손', '본궁 괘'의 오행이 효의 오행을 극하면 '처재'가 된다.

초효는 갑자(甲子), '수(水)'이므로 '금'과 '수'의 오행 생극 관계를 따져보면 '금생수(金生水)'가 된다. 즉 '본궁 괘'의 '금'이 초효의 '수'를 '생'하기 때문에 초효는 '육친'으로 '자손'이 된다. 마찬가지 방법으로 이효 갑인(甲寅), 목(木)과 '본궁 괘' '금'의 오행 생극 관계를 따져보면 '금극목(金克木)' 해서 '본궁 괘'의 '금'이 이효의 '목'을 극하는 관계가 되기 때문에 이효의 '육친'은 '본궁 괘'로부터 꼼짝 달싹하지 못하는 '처와 재물' 곧 '처재(妻財)'가 되는 것이다.

현재는 어림도 없는 소리지만, 고대 중국에서 아내는 재산처럼 취급되어 재물과 아내가 같은 항목으로 분류되었다.

이와 같은 방법으로 삼효, 사효, 오효, 상효도 '육친'을 찾아보면 삼효 갑진(甲辰), 토(土)는 '토생금' 해서 육친으로 '부모'가 되고, 사효 기유(己酉), 금(金)은 같은 '금'이기 때문에 육친으로는 '형제'가 되고, 오효 기미(己未), 토(土)는 '토생금' 해서 삼효와 마찬가지로 '부모' 효가 되고, 상효는 기사(己巳), 화(火)인데 '화극금'이기 때문에 '본궁 괘'를 극하는 '관귀(官鬼)' 효가 된다. 극하는 존재를 '관'과 '귀'로 정하여 '관'을 귀신과 같은 반열에 올려놓은 것을 보면 예나 지금이나 사람들은 '관'을 귀신만큼이나 싫어하고, 무서워했던 모양이다.

여기에다 《대유》괘는 '귀혼 괘'이므로, 제삼효가 '세효'가 되는 것을 종합하여 하나의 도식으로 나타내면 다음과 같이 된다.

관귀(官鬼) ▎ 기사(己巳) 응(應)효
부모(父母) ▎▎ 기미(己未)

형제(兄弟) l 기유(己酉)
부모(父母) l 갑진(甲辰) 세(世)효
처재(妻財) l 갑인(甲寅)
자손(子孫) l 갑자(甲子)
<<대유>> 건궁귀혼괘(乾宮歸魂卦)

이상으로 <<대유>>괘의 '육친'에 대해 알아보았는데, 다른 괘들도 마찬가지 방법으로 '육친'이 정해진다.

앞에서 각 효마다 10개의 천간과 12개의 지지가 나누어 배열된다고 했는데, [납갑서법]으로 점을 치는 데 있어서는 이렇게 나누어 들인 천간과 지지가 모두 다 중요하게 취급되는 것은 아니다. 실제로 점의 길흉을 판단하는 데 있어서는 천간보다 지지를 중요하게 고려한다.

이렇게 천간을 지지보다 비중 있게 생각하지 않았던 것은 [납갑서법]이 처음 생겨난 한나라 때부터의 풍조 같은데, 이런 경향은 이후로 내려오면서 더욱 강해져서 송(宋), 원(元) 시대를 거쳐 지금에 이르러서는 점의 길흉을 판단하는 데 있어서 천간은 전혀 고려 대상이 되지 않는다고 해도 과언이 아니다.

다만 예외로 '순공(旬空)'을 추론해낼 때만큼은 천간을 이용한다는 사실만 기억해 두면 좋을 것 같다.

[납갑서법]에는 '육친' 이외에 '육신(六神)'이라는 또 다른 개념이 있다.

'육신'은 "신은 밝은 덕으로써 통한다(以通神明之德)."는 구절로부터 나온 개념인데, 곧 '청룡(靑龍)', '주작(朱雀)', '구진(句陳)', '등사(螣蛇)', '백호(白虎)', '현무(玄武)'를 가리킨다. 이들 '육신'은 초효로부터 상효까지 순서대로 배열되는데, 배열하는 방법은 점을 쳐서 알고자 하는 일의 시간과 관련하여 결정된다.

 가령 '천간'으로 '갑을(甲乙)'일에 관한 점이라면, 초효에 '청룡'을 배열하기부터 시작해서 마지막 상효는 '현무'로써 끝이 난다. '병정(丙丁)'일의 점이라면 초효는 '주작'으로부터 시작하고, 상효는 '청룡'이 된다.

 이와 같은 방식으로 '무(戊)'일은 초효가 '구진', 상효가 '주작', '기(己)'일은 '등사'로부터 시작해서 마지막 '구진'에서 끝이 난다. '경신(庚辛)'일은 '백호'에서 시작해서 '등사'에서 끝이 나고, '임계(壬癸)'일은 '현무'에서 시작, '백호'로써 끝이 난다.

 이 중에서 '갑을(甲乙)'일, '병정(丙丁)'일의 점을 예로 들어 표시해보면 다음과 같다.

갑을일	병정일
상효 현무	상효 청룡
5효 백호	5효 현무
4효 등사	4효 백호
3효 구진	3효 등사
2효 주작	2효 구진
초효 청룡	초효 주작

 옛날 사람들은 '육신'과 관련하여 '청룡'은 대체로 길한 것으로 보았고, 반대로 '백호'는 흉한 것으로 간주했다. 예를 들어 질병에 관한 점에서 '백호'가 나왔다면, 오랫동안 병마에 시달릴 것으로 추측했고, '등사'가 나왔다면 일정 기간 앓고 나면 나을 것이라고 생각했다.

 '육신'은 저마다 특정한 분야와 깊은 관계를 가지고 있는데, 예를 들어 '현무'는 도적과 관련이 있는 것으로 생각하였고, '주작'은 시비나 구설과 연관이 있는 것으로 생각했다. 그 까닭은 바로 '작(雀)'이라는 글자의 뜻이 지저귀는 것과 관계가 있기 때문이 아닐까 추측한다.

'육신'에도 오행이 있는데, 그것은 다음과 같다.

'청룡'은 '목', '주작'은 '화', '구진'은 '토', '등사'도 '토', '백호'는 '금', '현무'는 '수'에 속한다. 점의 길흉을 판단하는 데 있어서 '육신'의 오행 생극 관계는 '육친'의 오행 생극 관계만큼 중요하게 생각하지는 않았다.

가령 용효(用爻)가 대단한 길상이면, 비록 '백호'가 끼어 있다 하여도 그렇게 흉하지 않을 것이라고 판단하였으며, 반대로 용효의 기운이 쇠패한 형상이면 비록 '청룡'을 만난다 하더라도 그렇게 길할 일이 없다고 생각하였다.

하지만 보편적으로 '청룡'은 길한 것으로 생각했고, 반대로 '백호'는 흉한 것으로 생각했다. 그리고 앞에서 말한 바와 같이 특별한 경우를 제외하고는 점의 길흉을 판단하는 데 있어 '육신'은 그렇게 중요한 고려 대상이 되지 않았다.

5. 용신(用神)

　[주역] 괘의 육효에다 천간과 지지를 나누어 배열하여 '육친'을 결정하고 나면, 이 '육친'의 오행 생극을 기초로 해서 알고자 하는 일의 길흉을 판단하게 되는데, 그렇게 하려면 먼저 6효 가운데 어느 효를 중심으로 해서 판단할 것인가 하는 문제가 중요하게 대두된다.
　야학노인(野鶴老人)이 쓴 <<증산복역(增刪卜易)>>을 보면 "만약 아픈 사람 때문에 친 점에서 '세효'가 '육친'으로 '자손' 효에 해당되어 있다면 크게 걱정할 것이 없겠으나, '관귀'가 '세효'를 붙잡고 있는 형상이라면 이는 걱정이 쉽사리 풀리지 않을 것"이라고 했다.
　그리고 공명(功名)을 얻을 수 있을까 하는 문제를 가지고 점을 쳤는데, '세효'에 '육친'으로 따져 '관귀'가 들어 있다면 이는 곧바로 원하는 공명을 얻을 수 있을 것으로 보았다. 그러나 '세효'에 육친의 '자손' 효에 들어 있는 점괘가 나왔다면, 이때는 어쩔 수 없이 시간을 기다려야만 하는 것으로 보았다.
　또 다른 예로 재물을 얻기 위한 점에서는 '세효'가 '육친'의 '처재' 효에 들어 있으면 당연히 재물을 얻게 될 것으로 판단하지만, 만약 '육친'의 '형제' 효가 '세효'에 들어 있다면 이런 경우에는 재물을 얻기가 어렵다고 보았다.

'세효'에 '육친'의 '자손' 효가 들었을 때는 '자손지세(子孫持世)'라고 표현하고, 앞에서 예로 든 화천(火天) «대유»괘와 같이, '세효'에 '육친'의 '부모' 효가 든 경우는 '부모지세(父母持世)'라고 표현한다. 그리고 이와 같은 표현은 '육친'의 다른 예인 '관귀', '처재', '형제'의 경우에도 마찬가지 방식으로 표현한다.

그렇다면 6효 가운데 어느 효를 중심으로 점을 해석할 것인가?
다시 말해 어떤 효를 '용신(用神)'으로 삼을 것인가에 대하여 생각해 보기로 하자. 점의 경우 대부분 '세효'가 '용신'이 된다. 그러나 모든 점에서 다 그런 것은 아니고, 일반적으로 점을 쳐서 알고자 하는 문제가 '육친' 중 누구의 문제인가를 따져서 그 문제를 안고 있는 주체를 '용신'으로 결정하는 것이 가장 일반적인 방법이라고 생각하면 될 것 같다.

예를 들어 부모님의 병환과 관련하여 점을 친 것이라면 당연히 '용신'은 '본괘' 중에 있는 '부모' 효가 되어야 한다. 그리고 이렇게 '부모' 효가 '용신'이 되는 경우는, 꼭 부모와 관련된 점에서만 그런 것이 아니라, 할아버지, 큰아버지, 작은아버지, 고모, 이모, 장인, 장모… 등 자신보다 손위 인척은 물론 스승과 어른들에 관한 점에서는 모두 '부모' 효를 '용신'으로 삼는다. 이외에도 집과 차량, 선박, 의복, 계약서 등의 문서에 관한 점에서도 '부모' 효를 '용신'으로 삼는다.

이상의 경우를 종합해서 생각해볼 때, 나를 도와주거나 나의 뒷배를 돌봐주는 것들에 관한 점에서는 '부모' 효를 '용신'으로 삼는다고 보면 무난할 것 같다.

공명(功名), 관운(官運), 관청과 연관된 일, 부인이 남편에 관한 일로 점을 칠 때는 '관귀' 효를 '용신'으로 삼는다.

부인이 남편에 관한 일로 점을 칠 때도 '관귀' 효로 용신을 삼는 까닭은 남편이라는 존재가 아내를 구속하는 존재라고 생각했기 때문이다. 여기서 외연을 좀 더 확대해서 생각해 보면, 일반적으로 점을 치고자 하는 사람을 구속하는 모든 것들에 관한 점에서는 '관귀' 효가 '용신'이 된다.

형제, 자매, 일가친척 중의 사촌, 육촌 형제와 매제, 매부……그렇게 맺어진 형제 항렬의 사람들과 관련된 점에서는 '형제' 효가 '용신'이 된다.

'형제' 효가 '용신'이 된 경우, 재물에 관한 점에서는 '형제'를 곧 재물을 겁탈하는 신으로 판단하여 좋지 않은 것으로 생각했다. 그리고 직업에 관한 점에서 '형제' 효는 곧 내 앞길을 가로막는 장애물로 간주하였기 때문에 이것 또한 좋지 않다. 그리고 처(妻)에 관한 점에서 '형제' 효는 사람을 상하게 하고, 이간질을 시키는 아주 좋지 못한 신으로 작용한다. '형제' 효에 대한 이런 해석은 일상적인 우리 생활에서의 형제라는 의미와는 상당히 거리가 있을 수도 있지만, 일단 [납갑서법]에서 '형제' 효는 그런 의미로 해석된다는 것을 잊지 말았으면 한다.

다음으로 아내와 나의 부림을 받는 아랫사람들, 나의 보살핌을 받거나 나로부터 제약을 받는 사람들에 대한 점이다. 이런 사람들에 관한 점에서는 '처재' 효가 '용신'이 된다.

금전과 재물의 경우에도 '처재' 효를 '용신'으로 삼고, 옛날에는 귀중한 그릇과 관련된 점에서도 '처재' 효를 '용신'으로 삼았다.

'자손' 효를 '용신'으로 삼는 경우를 보자. 자손들, 딸과 사위, 조카, 나에게서 배우는 학생 등은 자손들과 같은 항렬의 사람들로 취급해서 이런 사람과 관련된 점에서는 '자손' 효를 '용신'으로 삼았다. 가축에 대한 점에서도 '자손' 효가 '용신'이 된다. 고대에는 반려동물이 많지 않아서 반려동물에 대한 이야기는 등장하지 않지만, 지금처럼 반려동물이 많은 시대에 만약 반려동물과 관련된 점을 친다면 그때는 당연히 '자손' 효로서 '용신'을 삼아야 할 것이다.

많은 점서(占書)에서는 자신의 하속(下屬)에 관한 점들에서도 '자손' 효를 '용신'으로 삼는데, 하속의 경우 '자손' 효가 아닌 '처재' 효를 '용신'으로 삼은 점서(占書)도 많이 볼 수 있다. 따라서 하속에 관한 점에서는 '용신'을 어떤 것으로 삼을 것인가 하는 문제에 대하여 한 번 더 생각하여 보다 합리적으로 '용신'을 결정하는 것이 현명한 점술사의 태도일 것 같다.

자손에 관한 점에서는 보편적으로 '자손' 효의 기세가 왕성한 쪽을 길한 것으로 판단하는데, 특이하게도 공명(功名)을 얻고자 하는 점에서는 '자손' 효의 기세가 왕성하면 불리하다고 판단하는 것이 매우 특이한 경우이므로 특별히 기억해 두어야 할 일이다.

이상으로 점괘 속의 6효 가운데 어떤 효를 '용신'으로 삼는 것이 합당한가에 대하여 대략적으로 살펴보았다.

6. 원(元), 용(用), 기(忌), 구(仇)의 사신(四神)

이번에는 '용신(用神)'과 관계를 맺고 있는 다른 신들에 대해 알아보자.

'용신'과 관계를 맺고 있는 다른 신들로는 '원신(元神)', '기신(忌神)', '구신(仇神)'이 있는데, 먼저 이 신들에 대한 개념을 알아보자.

먼저 '원신'은 '용신'을 생(生)하는 신을 가리킨다. 이와 반대로 괘 가운데 '용신'을 극하는 효가 있으면 그것은 바로 '기신(忌神)'이 된다. 그리고 마지막으로 '용신'을 생(生)하는 '원신'을 극하는 신이 있으면 이 신이 바로 '구신(仇神)'이 된다.

이상의 설명을 도식으로 표시하면 다음과 같다.

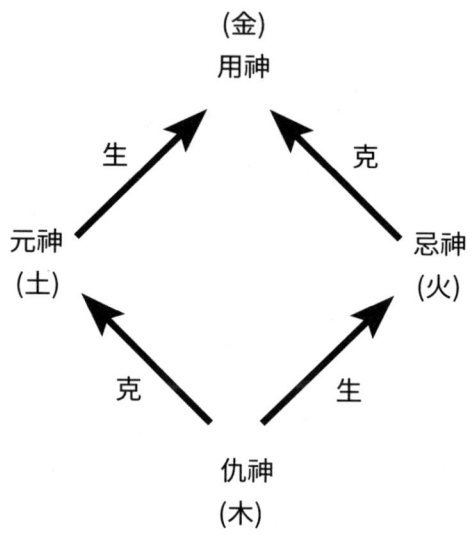

　이런 네 신들은 점괘와 연관된 시간, 그리고 괘중에 있는 동효(動爻)의 변화와 어떤 관계를 갖는가를 따져서, '생(生)', '합(合)', '형(刑)', '충(沖)', '극(克)' 여부로 길흉을 판단한다. 그러나 이것들은 점의 길흉을 판단하는 데 있어서 가장 먼저 고려해야 할 1차적인 요소들은 아니다. 점의 길흉을 판단하는 데 있어서 1차적으로 고려해야 할 요소는 아니고, 2차적으로 참고해야 할 사항들이므로 그렇게 중요하게 알아둘 필요는 없는 것 같다.

　[납갑서법]으로 점을 쳐서 길흉을 판단하는 일은 수학의 1차 방정식을 풀듯 그렇게 간단하지가 않다. 왜냐하면 고려해야 할 사항들, 수학의 방정식으로 말하자면 변수(變數)들이 너무나도 많이 존재하고 있기 때문이다.

우선 점의 길흉은 본괘(本卦)의 길흉이 어떠한가 하는 것부터 살펴보아야 하는데, 단순하게 본괘의 길흉만으로 전체 점의 길흉이 판단되지 않는다는 데 점측의 어려움이 있는 것이다.

일차적으로는 본괘의 길흉을 살펴보아야 하지만, 이때 반드시 고려해야 할 사항이 또 있다. 우선 점을 친 시간과 '용신'이 어떤 생극(生剋) 관계를 형성하고 있는가를 살펴보아야 하는 것이다. 그리고 만약 본괘 가운데 동효(動爻)가 있으면, 이렇게 이루어진 변괘(變卦)의 길흉은 어떠한가도 살펴보아야 하며, 변괘의 변효와 본괘의 '용신'은 또 어떤 생극 관계를 형성하고 있는가도 살펴보아야 한다.

그런 다음 본괘의 '용신은 그 기운이 왕성한가, 또는 묘(墓)나 절(絶)에 든 것은 아닌지 등등의 요소까지도 다 고려하여 점의 길흉을 살펴보아야 한다.

그러니까 [납갑서법]으로 점을 치는 것은 고려해야 할 변수들이 많은 고차 방정식을 푸는 것과 같다고 할 수 있다. 수학의 방정식에서도 차수가 높아지면 높아질수록 풀이의 답이 여러 가지로 많아지듯이, [납갑서법]에 의한 점의 판단도 마찬가지다. 변수를 많이 고려하면 고려할수록 더 많은 해석들이 도출되어 나온다.

이렇게 나온 수많은 해석들은 모두 가능성은 지니고 있지만 그것이 다 현실로 이루어지는 것은 아니다. 훌륭한 점술사란 모든 가능성을 지닌 이런 점괘의 해석 가운데서 가장 합리적이면서도, 인간의 정도(正道)를 실현할 수 있는 결론을 선택해낼 줄 아는 사람이 아닐까?

7. '변(變)'과 '화(化)'

　[주역]이 현재와 같은 경전(經典) 형태를 갖추게 된 것은 대략 춘추전국(春秋戰國) 시대쯤으로 추측하는데, 이 무렵에는 대부분 시초(蓍草)를 사용하여 점을 쳤을 것으로 생각한다.
　이렇게 시초를 사용하여 점을 치는 설시법은 [주역]에도 그 방법이 자세하게 소개되어 있는데, 총 50개의 시초를 가지고, 모두 18번에 걸쳐 괘를 뽑았기 때문에 그 과정이 매우 복잡하고, 시간도 많이 소요되어 지금은 이런 설시법이 거의 사용되지 않는다.
　그 대신 지금은 3개의 동전을 6차례 던져 6효를 얻는 문왕신과(文王神課)라는 간단한 방법이 많이 이용되고 있는데, 이 법은 대략 한(漢)나라 때부터 시작되었을 것으로 생각된다.
　한나라 때 기록에 의하면 주로 한(漢) 무제(武帝)가 주조한 오수전(五銖錢)을 사용하였고, 먼저 '오수(五銖)'라는 글자가 쓰인 면을 전면, 글자가 없는 면을 뒷면으로 정한다. 손을 씻고 마음을 가다듬은 다음 통 속에다 동전을 넣어 몇 번 흔든 다음 바닥에 쏟아 결과를 보았다.
　옛날 사람들은 이런 과정을 행할 때, 향을 피우고, 상을 청소하고, 묵념

하고, 기도하는 등의 여러 가지 경건한 의식을 행하기도 했지만, 지금은 이런 외형적인 절차는 간략하게 하고 마음만 경건하게 한 다음 동전을 쏟는다.

이렇게 던진 동전에서 뒷면이 하나, 나머지 두 개가 앞면이면 '양효(陽爻)'로 간주해서, 종이에다 점 하나를 찍어 놓는다. 반대로 뒷면이 두 개가 나오고, 앞면이 하나 나왔다면 '음효(陰爻)'로 점 두 개를 찍어 표시해 둔다. 이때 만약 세 개의 동전이 모두 뒷면으로 뒤집어지면 이것은 '노양(老陽)'으로 간주하는데, '노양'을 나타내는 기호로는 [△] 또는 [○]을 사용하였다. 반대로 세 개의 동전이 전부 앞면으로 쏟아지면 '노음(老陰)'으로 간주하고 그 기호는 [X]로 표시하였다.

(참고 : 옛 점에서는 이와 같이 앞면을 '음'으로, 뒷면을 '양'으로 간주하였다. 그래야만 하는 특별한 이유는 밝혀져 있지 않지만 습관적으로 이렇게 사용하였으므로 지금 사람들도 이런 전례를 따르고 있다. 따라서 혼자서만 전면을 '양'으로, 후면을 '음'으로 간주해서 3개가 모두 전면이 나왔다고 해서 '노양'으로 취급하는 것은 독선적인 행위이므로 삼가야 한다.)

'노양'과 '노음'은 각각 양과 음의 기운이 극에 달해 '소음'과 '소양'으로 변할 수 있는 가능성을 내포하고 있으므로, 만약 괘 가운데서 이렇게 '노양'과 '노음'이 출현하면, 이것은 장차 '노양'은 '소음'으로, '노음'은 '소양'으로 바뀌어 본래의 괘와는 다른 또 하나의 괘가 탄생하게 된다. 이렇게 탄생한 괘를 '변괘(變卦)' 또는 '지괘(之卦)'라고 부르는데 '변괘'와 대비해서 본래의 괘는 '본괘(本卦)'라고 부른다.

정양옥은 그의 저서 『역모(易冒)』에서 '노음(老陰)'이 '소양(少陽)'으로 바뀌는 현상을 '변(變)', '노양(老陽)'이 '소음(少陰)'으로 바뀌는 현상을 '화(化)'라고 명명하였다.

'노양'이 '소음'으로 바뀌고, '노음'이 '소양'으로 바뀌는 현상은 자연세계에서도 쉽게 관찰된다. 사라졌던 그믐달이 초승달이 되어 다시 생장하는 것이라든가, 썰물로 밀려 나갔던 바닷물이 만조가 되어 다시 육지로 들어오는 것, 밤의 어둠이 지나간 다음에 낮의 밝음이 시작되는 것 등등의 현상은 모두 '변'의 현상이라 할 수 있으며, 이와 반대로 한여름의 무성했던 나뭇잎들이 가을에 낙엽이 되어 떨어지는 것처럼 왕성했던 사물이 쇠퇴해가는 현상은 '화'의 현상이라고 할 수 있다.

정양옥은 이렇게 '변'과 '화'를 구분해 사용했지만 명(明), 청(淸) 시대의 중국 역술인들은 '변'과 '화'의 의미를 이처럼 명확하게 구분하여 사용하지는 않았다. 그래서 '변'과 '화'의 두 가지 현상을 하나로 통합하여 '동(動)'이라는 새로운 개념으로 사용하였다.

그러면 이제 실전 연습. 지금까지 공부한 용어들과 개념을 가지고, 구체적으로 점을 한 번 쳐 보도록 하자.

오월(午月) 임술(任戌) 일에 '재물'에 관하여 점을 쳐서, '본괘'로 택수(澤水) <<곤(困)>>을 얻었다고 하자. 그런데 제4효로는 '노양'이 나왔다.

이런 경우 '본괘'는 택수(澤水) <<곤(困)>>이 되지만, 제4효 '노양'이 '소음'으로 변하여 탄생한 '변괘'는 중수(重水) <<감(坎)>>이 된다. 이것을 전통적 방식에 따라 기록을 하고, '육친(六親)'의 관계를 함께 표기를 해보면 다음과 같이 된다.

(앞으로 이 책에 등장하는 점괘는 대부분 이와 같은 방식으로 표기하게 될 것이다. 음과 양의 부호는 --과 -로 많이 표시하나 여기서는 가로쓰기의 이점을 살리기 위하여 l과 ll로 표기하였다.)

부모(父母) 미(未) ll
형제(兄弟) 유(酉) l
자손(子孫) 해(亥) △ [신(申)]

관귀(官鬼) 오(午) ⚋
부모(父母) 진(辰) ⚊
처재(妻財) 인(寅) ⚋
<<곤(困)>>괘는 [태궁일세괘(兌宮一世卦)], 변괘는 <<감(坎)>>

앞에서도 말한 바와 같이 [납갑서법]에서 점의 길흉을 판단하기 위해서는 먼저 그 기준이 되는 효, 즉 '용신'을 결정하는 것이 중요하다. 그런데 이 점은 '재물'에 관하여 점을 친 것이므로, '육친'으로 '처재(妻財)'에 해당하는 효가 '용신'이 되는 것이 마땅하다. 그리고 '본괘'에서는 초효(初爻)인 인목(寅木)이 '처재' 효이므로 이것이 '용신'이 된다.

그런 다음에는 이 '용신'과 점을 친 시간과의 관계를 알아보기 위하여 '일진', '월건'과의 오행 상극을 따져 본다. 이 점은 '오월(午月)'의 점인데, '오(午)'는 '화(火)'이고, '용신'은 '인'으로서 '목'이니 '목생화(木生火)' 해서 '용신'이 '월건'을 '생(生)'하고 있다.

이렇게 '용신'이 '월건'을 '생'하는 괘는 재물을 얻는 데 있어서 좋은 점괘가 되지 못한다. 그러니까 반대로 말하자면 재물을 얻기에 좋은 점은 '월건'이 '용신'을 '생'해야 하는 것이다.

여기에 덧붙여 '용신'을 '생'하는 '원신(元神)'은 '수(水)'가 되어야 하는데, '본괘'의 제4효 가 '해수(亥水)'로 '원신'이 되긴 하는데, 제4효의 '양'이 '노양(老陽)'인 관계로 '소음'으로 변한다. 그래서 나온 새로운 '변괘'에서는 '해수'가 '신금(申金)'으로 바뀐다. 그리고 이렇게 변한 '신금(申金)'은 '본궁' 괘의 '태금(兌金)'과 '장생(長生)'의 관계를 이루게 된다.

거기다 덧붙여 '오월(午月)'은 시기적으로 '화'의 기운이 강한 때이므로 '원신'인 '해수(亥水)'가 크게 힘을 쓰지 못한다. 이런 '원신'인 '해수(亥水)'가 힘을 얻기 위해서는 '오월(午月)'이 지나고 '화(火)'의 기운이 쇠하여진 다음, '금(金)'의 기운이 왕성해지는 가을이 되어야만 '금생수(金生水)'해서 기운을 얻게 될 것이라고 보았다.

그래서 옛날 사람들은 이 괘를 풀어 말하기를 "시간이 지나면 반드시 재물을 얻을 수 있을 점괘"라고 추단하였다.

다른 점괘 하나를 더 보면, '미월(未月)' '임신일(壬申日)'에 '형제'의 '병'에 관하여 점을 쳐서, '본괘'로 천화(天火) <<동인(同人)>>, '변괘'로 화산(火山) <<려(旅)>>를 얻었다.

 자손(子孫) 술(戌) l
 처재(妻財) 신(申) △ [미(未)]
 형제(兄弟) 오(午) l
 관귀(官鬼) 해(亥) l
 자손(子孫) 축(丑) ll
 부모(父母) 묘(卯) △ [진(辰)]
 <<동인>>괘는 [이궁귀혼괘(離宮歸魂卦)], 변괘는 <<려>>

이 점은 '형제'의 '병'에 관한 것이니 '형제' 효로 '용신'을 삼아야 하는데, '본괘' 중에서는 제4효가 '육친'으로 '형제'이므로 이것이 '용신'이 된다. 그리고 '용신'을 '생'하는 '원신'으로서는 오(午)의 '화(火)' 기운을 '생(生)'하는 것은 '목생화(木生火)'의 '목(木)'인데 '본괘'에서는 초효가 묘목(卯木)이므로 초효가 '원신(元神)'이 된다.

그런데 점을 친 시기가 '미월(未月)'이어서, '원신' '묘목'의 기운이 '묘(墓)'에 들어 있다. 이와 같이 '원신'의 기운이 '묘(墓)'에 들게 되면 '원신'이 '용신'을 생(生)할 수가 없게 된다. 참고로 생(生), 왕(旺), 절(絶), 묘(墓)에 대해서는 다음 항목에 자세한 설명이 나온다.

뿐만 아니라 '본괘'의 제5효 '신금(申金)'은 '원신' '묘목'을 극하는 '구신(仇神)'이 되는데, 이 '구신'이 화산 <<려>>, '변괘'에서는 '미토(未土)'로 변하면서 '진신(進神)'의 모양을 갖추게 된다. 이렇게 '변괘'로 변하면서 '원신'의 '목' 기운을 '극(克)'하는 기운이 더 강해지는 것이다.

그래서 점술사는 '용신'을 해치거나, '극'하는 요소들이 다 사라지기 전까지는 절대로 그 병이 낫지 않는다고 보았다. 그래서 유월(酉月) 정해(丁亥)일이 되면 그 병이 낫는다고 판단했는데, 점술사들이 이런 판단을 한 까닭은 이때가 되면 '용신'을 해치거나 '극'하는 요소들이 다 사라진다고 보았기 때문이다.

이 점괘는 '유월 정해일 점'이라는 고유 명칭을 가지고 있을 만큼 점술사들에게는 널리 알려진 점괘인데, 그러면 어떤 근거로 '유월 정해일'이 되면 '용신'을 '극'하는 모든 요소들이 다 사라진다고 본 것인지 지금부터 함께 살펴보기로 하자.

우선 '유월(酉月)'이 되면 '구신(仇神)' '신금(申金)'의 기운이 더욱 왕성해져서 '용신'을 '생'하는 '원신'을 더욱 강하게 '극'하는 데다 '정해'일이 되면 '용신'인 '오화(午火)'의 기운까지 '절(絶)'에 들어 '용신'의 기운이 약해질 대로 약해진다.

이와 같이 옛날 사람들은 병에 관한 점에서는 '용신'을 '생'하는 '원신'을 '극'하는 '구신'의 기운이 왕성해지고, '용신'의 기운이 쇠패해지면 병이 나을 수 있다고 생각했다.

8. '생(生)', '왕(旺)', '묘(墓)', '절(絶)과 '왕(旺)', '상(相)', '휴(休)', '수(囚)', '사(死)'

옛날 사람들은 병에 관한 점에서 '구신(仇神)'이 '왕(旺)', '상(相)'한 상태이거나, '용신'이 '묘(墓)'나 '절(絶)'에 든 상태가 되면 병이 낫는다고 생각했다. 이제 '왕(旺)', '상(相)', '묘(墓)', '절(絶)'에 관한 개념을 설명해야겠다.

앞에서 우리는 어떤 문제로 점을 쳐서 괘를 얻은 다음, 그 괘를 통하여 길흉을 판단하고자 할 때, 먼저 그 점괘 속에 들어 있는 6효 간의 오행 생극 관계를 살펴본다고 말했다. 그런 다음에는 그 점과 관련된 시간적 요소를 고려해야 한다고 말했는데, '왕(旺)', '상(相)', '묘(墓)', '절(絶)'은 바로 이런 시간적 요소와 관련된 용어라고 생각하면 이해가 쉬울 것 같다.

[납갑서법] 속에 포함되어 있는 시간과 관련된 개념은 '왕(旺)', '상(相)', '묘(墓)', '절(絶)' 이외에 '삼형(三刑)', '육충(六沖)', '육합(六合)', '월건(月建)', '일진(日辰)', '순공(旬空)' 등도 있는데, 지금부터 이 용어들이 지닌 개념들에 대하여 하나씩 살펴보고자 한다.

먼저 12지지(地支) 사이의 '생(生)', '왕(旺)', '묘(墓)', '절(絶)'의 관계를 나타낸 옛사람들의 글귀에 이런 것이 있다.

금장생재사(金長生在巳), 왕재유(旺在酉), 묘재축(墓在丑), 절재인(絶在寅)
목장생재해(木長生在亥), 왕재묘(旺在卯), 묘재미(墓在未), 절재신(絶在申)
수토장생재신(水土長生在申), 왕재자(旺在子), 묘재진(墓在辰), 절재사(絶在巳)
화장생재인(火長生在寅), 왕재오(旺在午), 묘재술(墓在戌), 절재해(絶在亥)

이 글귀를 근거로 해서 '오행'의 기운이 '왕', '상', '묘', '절'한 상태를 판단한다면, 가령 점을 쳐서 '금(金)'의 효를 '용신(用神)'으로 한 점괘를 얻었는데, 점을 친 날이 '사일(巳日)'이었다고 가정한다면, 이 '용신'이 지닌 '금'의 기운은 "금장생재사(金長生在巳)"하여 이제 막 지상으로 떠올라서 퍼져 나가기 시작하는 햇살처럼 생각해도 좋다는 의미일 것이다.

그런데 만약 이 점을 '유일(酉日)'에 쳤다고 한다면 '금왕재유(金旺在酉)'해서 '용신'의 기운이 최고로 왕성할 것이라고 판단했다. 그런데 이와는 반대로 '축일(丑日)'에 친 점이라면 '묘재축(墓在丑)'해서 '용신'의 '금' 기운이 '묘'에 들어 꿈쩍도 하지 않을 것이라고 생각했다. 여기서 한 걸음 더 나아가 '인일(寅日)'에 점을 쳐서 '금'을 '용신'으로 하는 점괘를 얻었다면, '절재인(絶在寅)'해서 '용신'의 '금' 기운은 완전히 끊어져 없는 것과 마찬가지라고 생각했다.

'생', '왕', '묘', '절'은 '용신'의 기운을 사람의 일생에다 비교해서 말한 것과 같은 용어인데, 언제 태어나서, 언제 그 기운이 왕성해지며, 언제 그 기운이 끊어지고, 완전히 끝나 버리는지를 이야기하고 있다.

하지만 사람의 일생과 같이 오행의 '생', '왕', '묘', '절'에 뚜렷한 법칙이 있는 것은 아니다. 오행의 '생', '왕', '묘', '절'은 오래 전부터 전해 오고 있는 관습에 따르고 있는 것 같은데, 한 가지 공통된 특징을 꼽자면 모든 '오행'이 '묘'에 드는 것은 반드시 진술축미(辰戌丑未)의 '토(土)' 기운에서만 '묘'에 든다는 사실이다. 그러니까 다른 '금', '목', '수', '화'에서 '묘'에 드는 경우는 없다는 말이다.
 이런 대략적인 개념을 염두에 두고, 지금부터는 '생', '왕', '묘', '절'의 개념을 실제로 점괘를 해석하는 데 어떻게 사용했는가를 구체적으로 살펴보고자 한다.
 가령, 어떤 점괘에서 '목(木)'을 '용신'으로 얻었다고 하자. 그리고 괘 가운데 '동효'가 있어, 이 '동효'가 변하여 '해수(亥水)'가 되었다고 하면, 이런 경우의 '용신'의 '생', '왕', '묘', '절'은 어떻게 될까?
 우선 '목장생재해(木長生在亥)'이므로 '용신'의 목 기운이 '변효' '해수'에 의하여 '장생'하는 것으로 본다.
 그래서 비록 '본괘'에서는 '용신'의 기운이 그렇지 않지만, '변괘'에서는 '용신'의 기운이 '장생'하는 것으로 판단했다.
 그렇다면 이번에는 '본괘'의 '변효'가 '해수'가 아닌 다른 효로 변했을 때는 어떻게 될까 하는 점을 가지고 한 번 더 공부해 보자.
 이번에는 '본괘'의 '묘목'이 '미토(未土)'로 변했다고 가정해 보면, '목(木)은 묘재미(墓在未)' 해서 '용신' '묘목'이 '변효' '미토'로 인하여 '묘'에 든다고 판단한다. 마찬가지로 '본괘' 중의 '묘목'이 변해서 '신금(申金)'이 되었다면, '목(木)은 절재신(絶在申)'이므로, '용신'의 기운이 완전히 끊기어 버린다고 판단한다.
 '용신'의 기운을 파악하고자 할 때는 단순하게 점을 치는 날의 '일진(日辰)'이나, 그날이 속한 '월건(月建)'만을 가지고서 판단해서는 안 되고, 위에 든 예와 같이 '본괘' 중에 포함되어 있는 '동효'의 변화도 함께 살펴보아야 한다. 그리고 이렇게 '용신'의 '생', '왕', '묘', '절'이 '변효'에 의해 결정되었다 하더라도, 이것을 최종 결론으로 생각해서는 안 된다는 것이 유명한 옛날 점술가들의 한결 같은 충고다.
 그러면 '생', '왕', '묘', '절' 이외에 무엇을 더 고려해야 한단 말인가?

'동효'에 의해 '생', '왕', '묘', '절'이 결정되었다 하더라고 한 번 더 점을 친 구체적인 상황을 고려해서 최종적으로 '생', '왕', '묘', '절'의 결론을 내야 한다는 것이다.

위의 충고를 구체적인 예를 들어 설명하면, 다음과 같은 것이 있다.

'해(亥)'일에 점을 쳐서 '용신'으로 '목(木)'이 나왔다면 '목장생재해(木長生在亥)' 하여 1차적으로는 목의 기운이 장생한다고 판단한다. 그러나 점을 친 날의 '일진' 해(亥)만 보지 않고, 그날이 속한 계절도 함께 살펴본다면, 또 다른 판단이 나올 수도 있다는 것이다.

예를 들어 점을 친 그날이 봄이나 여름에 속하였다면 봄과 여름에는 목의 기운이 '장생'하는 데 아무런 문제도 없지만, 그 계절이 가을이나 겨울이라면, 특히 모든 나무가 말라 죽게 되는 엄동설한(嚴冬雪寒)이라면, 아무리 '목'의 기운이 '해수(亥水)'에서 '장생'한다고 해도 어떻게 얼어버린 물속에서 나무가 장생할 수 있겠는가? 그러니까 단순하게 '일진'이나 '월건'만 가지고 '생', '왕', '묘', '절'을 판단하지 말고, 시야를 확대해서 그날이 속한 계절도 함께 보는 그런 열린 사고로 '용신'의 '생', '왕', '묘', '절'을 판단해야 한다고 충고하는 것이다.

여기까지 공부하면서 우리가 점을 해석할 때 고려해야 할 사항들을 다시 한 번 정리해 보자. 우선 점을 풀이하는 데는 가장 먼저 '본괘'를 고려의 대상으로 삼아야 한다. 그리고 '본괘'로 가장 먼저 길흉을 판단할 때 우리는 '용신'이라는 점의 주체가 되는 효를 확실하게 알아야 한다. 이 '용신'의 길흉을 가지고 1차적으로 점괘의 길흉을 말하게 되는데, 이것이 최종 결론은 아니라는 것이 중요하다.

이렇게 '본괘'의 길흉을 살펴본 다음에는 '본괘' 중에 '동효'가 있는지 여부를 살펴, '동효'로 인하여 생기는 '변괘'의 길흉도 함께 살펴보아야 한다.

'본괘' 중의 이런 '동효'는 '노양'이나 '노음' 효가 '소음'이나 '소양'으로 변함으로써 생기게 되는데, 점에서의 '본괘'와 '변괘'의 의미는 가령 소송에 관한 점이라면 '본괘'는 지금 현재의 상태를, 그리고 '변괘'는 최종적으로 내려질 법원의 판결 결과를 나타내는 것으로 생각한다.

이렇게 '변괘'까지 살펴본 다음에는 점을 친 시간과 관련된 요소들을 살펴보아서 '용신'의 '생', '왕', '묘', '절'을 판단해야 한다.

물론 이것도 단순히 '일진(日辰)'이나 '월건(月建)'만 가지고 판단해서는 안 되며, 좀 더 시야를 확대하여 그런 시간들이 속한 계절이나, 점을 치게 된 상황까지도 함께 고려해서 최대한 종합적으로 판단해야만 한다.

특히 '용신'의 '생', '왕', '묘', '절'은 질병과 관련된 점(占)에서 아주 중요한 요소로 작용한다. 옛날에는 지금보다 공중위생과 보건환경이 열악하여, 질병과 관련하여 점을 치는 경우가 많았다. 그런데 이런 병점(病占)에서 '용신'이 '묘'와 '절'의 상태로 나타나면, 문제가 아주 심각해진다.

그래서 옛날 점술가들은 '묘'만 하더라도 그 종류를 여러 가지로 이름을 나누어 붙였다. 그래서 '명묘(命墓)', '세묘(世墓)', '화효묘(化爻墓)', '괘신묘(卦身墓)', '세신묘(世身墓)' 등 한두 가지가 아니다. 이 중에서 '세묘(世墓)'와 같은 경우는 그 이름을 '세절(世絶)'이라고 달리 부르기도 하는데, '세효'에 '관귀(官鬼)' 효가 임한 데다 덧붙여 점을 친 그날이 바로 '세효'가 '묘' 아니면 '절'에 드는 바로 그런 시간을 가리키는 경우인데, 질병과 관련된 점에서는 이보다 더 흉한 점괘는 없는 것으로 생각하였다.

또 '명묘'라는 용어는 '용신'의 효가 점을 친 그날 바로 '묘'에 빠지거나, 아니면 '본괘'의 '동효'가 변하여 나온 '변효'가 '묘'에 빠지는 경우로, 이것 역시 크게 흉한 점괘로 간주하였다. '화효묘'는 '용신'이나 '세효' 내지는 '신효(身爻)'가 동하여 '묘'에 드는 경우를 가리키는 용어이고, '신묘(身墓)'란 '신효'에 '관귀' 효가 임하였을 뿐 아니라, 이 '신효'가 점을 친 그날 바로

'묘'에 든 경우를 가리키는 말이다.

(註 : 신효는 점괘로 알고자 하는 사람을 나타내는 효로 나에 관한 점이면 '세효', 아내의 병에 관한 점이면 '처재'효, 자식의 공명을 알고자 하는 점이면 '자손'효가 '신효'가 된다.)

질병과 관련된 점에서는 '세효'나 '신효' 또는 '용신'이 '절'에 들면 모두 흉한 점괘로 생각했다. 그 중에서도 특별히 '세효'에 '관귀'효가 임한 데다, 점을 친 그날 '용신'이 '묘'에 든 경우는, 어떤 사람이 병에 관하여 점을 쳤다면 병자는 물론 병자를 대신하여 점을 친 사람까지도 흉액(凶厄)을 당하기가 십상이라고 생각했다.

정양옥이 쓴 『역모(易冒)』를 보면 이런 점괘의 사례가 소개되어 있는데, 사월(巳月) 계미(癸未)일에 아내의 병을 가지고 남편이 대신 점을 친 경우다. 이 날 그 남편은 '본괘'로 산천(山天) <<대축(大畜)>>, '변괘'로 산수(山水) <<몽(蒙)>>을 얻었다.

관귀(官鬼) 인(寅) l
처재(妻財) 자(子) ll 응(應)
형제(兄弟) 술(戌) ll
형제(兄弟) 진(辰) △ (午)
관귀(官鬼) 인(寅) l 세(世)
처재(妻財) 자(子) △ (寅)
<<대축(大畜)>>은 간궁이세괘(艮宮二世卦)이고, 변괘는 <<몽(蒙)>>

이 괘는 아내의 병에 관하여 묻는 점이므로, '처재' 효가 '용신'이 됨은 당연한 이치이고, 따라서 초육 효가 '용신'이다. 그런데 '본괘'에 있는 이 '용

신'의 '자수(子水)'가 '동'하여 '변괘'에서는 '인목(寅木)'이 되었다. 그리고 이렇게 변한 '인목'은 점을 친 그날, '미토(未土)'에서는 '목묘재미(木墓在未)'이므로, '묘(墓)'에 들게 된다.

그리고 아내를 대신하여 점을 친 남편의 운세는 '세효(世爻)'를 '용신'으로 봐야 하는데, '본괘'에서는 이구(二九) 효가 '세효'가 되는데, 이 '세효' 역시 '인목'으로 '미토(未土)'일에는 '묘'에 들게 된다. 그러니까 결과적으로 이 점괘는 병이 든 아내나 아내의 병을 가지고 대신 점을 친 남편, 두 사람 모두가 다 '묘'에 들기 때문에 흉한 것이다.

『역모』에서는 이 점괘의 결과에 대하여 바로 그 다음 달 '오월(午月)'에 아내가 먼저 사망하고, 뒤이어 남편도 사망했다고 전하고 있다. 『역모』에 쓰인 이런 결과가 사실인지 아닌지는 모르겠으나, 옛날 사람들은 점괘가 불리하게 나오면 그 흉액이 점의 당사자는 물론 대신 점을 친 사람에게도 영향을 미친다고 생각하여, 다른 사람을 대신하여 점을 치는 일을 대단히 조심스럽게 행했다.

그런데 이런 '생', '왕', '묘', '절'과 관련해서는 그 판단을 매우 신중하게 해야 한다고 말하는 사람도 있다. 『증산복역(增刪卜易)』의 저자, 야학노인(野鶴老人)이 바로 그 사람인데, 야학노인은 '생', '왕', '묘', '절'을 판단하려면 먼저 다음과 같은 4가지 상황을 참고하라고 말한다. 그 4가지 경우란 다음과 같다.

첫째, 먼저 '용신'의 효가 '묘'와 '절'에 들어 있으면, 이것은 일단 최악의 상황이라고 본다. 그렇지만 만약 '묘'와 '절'에 드는 시기가 '순공(旬空)'의 시기와 한데 겹쳐져 있지 않은지 살펴보아야 한다는 것이다. 만약 '순공'과 한데 겹쳐져 있다면, '묘'와 '절'이 강력하게 그 힘을 펼칠 수 없으므로 최악의 상태까지는 이르지 않는다고 판단해도 좋다는 것이다.

대신 이와는 반대되는 경우로 '용신'의 효가 '생'하고, '왕'한 경우에도 만약 이런 '생'하고 '왕'하는 시기가 '순공'의 시기와 겹쳐져 있다면, 역시 '생'하고, '왕'하는 기운이 제대로 그 기운을 펼치지 못한다고 볼 수 있기 때문에 아주 길한 형세라고 판단해서는 안 된다는 것이다.
　야학노인의 말은 '용신'이 '생', '왕', '묘', '절'에 들어 있다고 해서 단순하게 그것만 가지고 '생'하고, '왕'하고, '묘'하고, '절'한다고 판단하지 말고, 그 시기가 '순공'과는 어떤 관계를 형성하고 있는지도 함께 살펴보아야 한다는 뜻이다.
　그래서 만약 그것이 '순공'과 같은 시기에 겹쳐 든다면 '생', '왕', '묘', '절'의 기운도 그 영향을 받아 온전히 제 기운을 펼치지 못한다는 점을 명심해야 한다는 것이다. 이 점을 명심하여야 점술사로서 초보자의 수준을 벗어날 수 있다는 것이 야학노인의 충고다.
　둘째, '사일(巳日)'의 점에서는 '금(金)' 기운을 지닌 '용신'이 '장생(長生)'하는데, '월건'의 도움이 있다거나, '본괘' 중의 '동효'가 변하여 '사화(巳火)'의 기운을 지닌 '변효'로 바뀐다거나, '용신'의 효가 '동'하여 '금' 기운이 '화' 기운으로 바뀌는 경우에는, 정말로 '금(金)'의 기운이 '장생(長生)'하는 형세가 된다.
　그런데 만약 그렇지 못하고 '용신'의 '금' 기운이 '휴(休)'나, '수(囚)'의 상태에 들었거나, 또는 '사(巳)'나 '오(午)'의 '화' 기운을 지닌 다른 효나 '일진'으로부터 한꺼번에 '화' 기운의 억제를 받는 경우라면, 이런 맹렬한 '화' 기운이 '금'의 왕성한 기운을 억누르게 되므로 '금' 기운이 활발하게 펼쳐지지 못한다고 보았다.
　대신 '용신'의 '금' 기운이 '축(丑)' 일을 만나 '묘'에 들게 된 경우에 이 '축'을 '충(沖)'하는 '미토(未土)' 일이 오면, 비록 '용신'이 '묘'의 상태에 들어 있긴 하지만 '금'의 움직임이 전혀 없지는 않다고 보았다. 아울러 '본괘'

중에 '토' 기운을 지닌 효가 많이 있어 이런 효들이 왕성하게 '금'을 '생'하는 형상이라면, 이런 경우에는 '금'의 기운이 많이 '생'하는 것으로 판단하는 것이 합리적이고, 단순히 '금'의 기운이 '묘'에 빠져 있으니 '금'의 기운이 전혀 힘을 쓰지 못한다고 판단해서는 안 된다는 것이다.

셋째, '토' 기운을 지닌 '용신'이 '사(巳)' 일을 만난 경우에는 '수토절재사(水土絶在巳)' 해서 '토' 기운이 완전히 끊어진 것으로 보아야 하나, 이렇게 '토' 기운이 완전히 끊어지기 위해서는 반드시 '사(巳)'의 '화(火)' 기운이 '휴(休)'하거나, '수(囚)'하지 않아야 한다. 뿐만 아니라 '사(巳)'의 '화(火)' 기운을 '절(絶)'하는 다른 요소들도 없어야 한다.

만약 '토' 기운을 지닌 '용신'이 '왕(旺)'하고, '상(相)'한 형상인데, 여기에 덧붙여 '일진', '월건' 내지는 '동효'의 도움이 있다거나 '동효'가 '사화(巳火)'로 변해서 '토(土)'를 '생'하는 형상이 된다면, 이런 경우에는 '토'의 기운이 '생'한다고 보는 쪽이 '절'한다고 보는 경우보다 더 합리적이라고 하였다.

넷째, '사효(巳爻)'의 '화(火)'가 '인일(寅日)'의 '목(木)'을 만난 경우는 '화' 기운이 '장생'할 형상이지만, '일진'이나 '월건'의 오행이 '수(水)'로 '화'의 기운을 '극'하거나 '사효(巳爻)'가 '동'하여 '변효(變爻)'로 '신금(申金)'이 나타났다면, 이런 경우는 '화'의 기운이 '형(刑)'함을 당한다고 보는 것이 올바른 판단이지, '화'의 기운이 '생(生)'한다고 봐서는 곤란하다고 말했다.

『증산복역(增刪卜易)』에서는 이상의 4가지 경우를 가지고, '용신'의 '생', '왕', '묘', '절'에 대하여 살펴보았는데, 이것은 개략적으로 살펴본 경우이며, 다른 점서에서는 좀 더 많은 변수들을 고려하여 좀 더 세밀하게 '용신'의 '생', '왕', '묘', '절'을 살펴보기도 했다. 이렇게 '용신'의 '생', '왕', '묘', '절'을 살펴보면서 고려한 변수 중 하나의 예로 '비신(飛神)'

과 '복신(伏神)'을 들 수 있다.

'비신'과 '복신'에 대한 자세한 설명은 12번 항목에서 다시 나오기 때문에 여기서는 간단하게 그 개요만 설명하겠다.

예를 들어 어떤 사람이 아내의 병에 관하여 점을 쳤는데, 뽑혀 나온 '본괘' 중에는 '용신'으로 쓸 '처재' 효가 없다. 그러면 '용신'이 없으므로 점의 길흉을 판단할 수 없다고 결론을 내야 할까? 그렇지 않다. '본괘' 중에 '용신'이 없으면 달리 '용신'을 찾아야 한다.

이때 가장 먼저 '용신'이 될 수 있는 재료로 점을 친 날의 '일진(日辰)'을 살펴본다. '일진'으로 '용신'을 찾아서 '용신'이 나타나면 다행이지만, '일진'으로도 '처재' 효 '용신'이 나오지 않으면, 그 다음으로 '육친'이 고루 갖추어진 '본궁' 괘를 가져다가 거기서 '용신'을 뽑게 된다.

이런 절차를 거쳐서 가령 '본궁' 괘의 초효가 '육친'의 '처재'에 해당되어 '용신'이 되었다면 이 '처재' 효를 '복신(伏神)'이라고 부른다. 그리고 '용신'이 들어 있지 않은 '본괘'의 초효는 일컬어 '비신(飛神)'이라고 한다. '비신'과 '복신'은 이런 개념이다. 그리고 이런 '본괘'의 초효는 '비효'라고 부른다.

이와 같이 '용신'이 '복신'으로 자리 잡고 있는 경우, '비효'가 '순공'이나 '월파'를 만나게 된다면 과연 이런 경우 '용신'의 '생', '왕', '묘', '절'이 어떻게 된다고 판단해야 할까? 구체적인 점괘를 가지고 이런 경우를 한 번 살펴보자.

어떤 사람이 '재물'에 관한 점을 쳐서 천풍(天風) <<구(姤)>> 괘를 얻었다고 하자. 그런데 '본괘' 천풍(天風) <<구>> 가운데는 '용신'이 되는 '처재' 효가 없다. 그래서 '일진'에서 '용신'을 찾는 단계는 생략하고 그 다음 단계로 건너뛰어서 '본궁 괘'인 중천(重天) <<건(乾)>>에서 '용신'을 찾는다.

본궁 괘 <<건(乾)>>에서는 둘째 효인 '인목(寅木)'이 '처재' 효로 '용신'이 되는데, 이 '용신'은 [본괘] 천풍(天風) <<구>> 괘의 둘째 효, '해수(亥水)' 아래 '복(伏)'하고 있다. 그리고 '해수'와 '인목'의 오행 관계는 '수생목(水生木)'이므로, '본괘'의 '비신'이 '본궁 괘'의 '복신'을 '생(生)'하는 형상이다.

만약 이 점을 '미(未)일'이나 '신(申)일'에 쳤다고 가정한다면, '인(寅)'의 '목(木)' 기운은 '미(未)'에서는 '묘(墓)'에 들고, '신(申)'서는 '절(絶)'에 들기 때문에 '본괘'의 '비효(飛爻)'인 '해(亥)'의 '수(水)' 기운이 매우 약하다고밖에 볼 수 없다. 따라서 이와 같은 경우에는, '해수(亥水)'의 기운이 약하므로 '인목(寅木)'을 왕성하게 '생'하지 못한다고 보아야 한다.

'생', '왕', '묘', '절'의 개념 가운데서 옛날 사람들은 특별히 '생(生)'과 '절(絶)'을 중요하게 생각하였다. 그리고 금, 목, 수, 화, 토의 '오행'이 '생'하고, '절'하는 것에 대하여 기존의 오행 생극의 이론과는 다르게 생각하였다.

그래서 가령 '금(金)' 기운이 '사(巳)'의 '화(火)' 기운을 만나면 '생(生)'한다고 보았으며, '토(土)'가 '사(巳)'의 '화(火)' 기운을 만나면 '절(絶)'한다고 보았는데, 이와 같은 이론은 '화(火)'는 '금(金)'을 '극(克)'하고, '화(火)'는 '토(土)'를 '생'한다는, 점서(占書)에서 일반적으로 사용하는 오행 생극의 이론과는 전혀 다른 이론인 것이다.

그리고 또 옛날 사람들은 해를 하늘과 동일하게 생각하여 '생(生)'과 '절(絶)'을 판단하는 데 있어서는 무엇보다도 '일진(日辰)'을 가장 중요하게 고려하였다. 태양 다음으로는 달을 중요하게 생각해서 '일진' 다음으로는 '월건(月建)'을 가지고 '용신'의 '생'과 '절'을 판단하였다.

옛날 사람들은 비록 '용신'이 '묘'와 '절'에 들었다 하더라도 이것으로 끝이 난다고 생각하지 않고, 시간이 경과하면 '묘'와 '절'의 상태가 끝이 나면서, 다시 '생'하고, '왕'하는 기운이 돌아온다고 생각했다. [주역]의 <<계사>>에 "모든 것이 마지막에 다다르게 되면 변하고, 변한즉 통한다(窮則

變 變則通)."는 구절이 있는데, 이 구절을 가지고 모든 것은 순환한다고 생각했다. 그래서 '묘'와 '절'의 시기를 만나면 마음을 곧게 가지고, 언제 '묘절'의 시기가 끝나며, '생왕'의 기미가 돌아올지를 세심하게 관찰하였다.

그래서 실제로 신일(申日)에 점을 쳤는데 '용신'이 '목효(木爻)'라면, 이 점은 '신(申)'의 '금(金)' 기운으로 인하여 '용신'의 '목' 기운이 맥을 추지 못하는 상태가 된다. 그런데 만약 '본괘' 중에 '동효'가 있어 그것이 변하여 된 '변효'가 '수효(水爻)'로 나타났다면, 이 '수(水)' 기운으로 '용신'의 '목' 기운이 다시 살아날 수도 있다고 생각한다.

이와 같이 '용신'의 기운이 완전히 '절(絶)'한 상태에서 다른 '동효'의 도움을 받아 '용신'의 기운이 다시 살아나는 경우를 가리켜 '절처봉생(絶處逢生)'이라고 하는데, 우리는 현실 가운데서도 이와 같은 경우를 흔히 경험할 수 있다. 만약 이런 일이 있을 수가 없다면 우리가 어떻게 모든 것이 다 끝난 것 같은 절망적인 상황에서 다른 사람의 도움을 받아 새롭게 회생하는 그런 일이 일어나겠는가?

점(占)은 절망을 예고하기 위해서 치는 것이 아니라, 절망을 극복하고 희망을 갖기 위해서 치는 것이다. 그래서 옛날의 점서에서는 어떤 절망적인 상황 속에서도 끝까지 희망을 잃지 않도록 권유하면서, 어떤 경우에 '절처봉생(絶處逢生)'하게 되는가를 자세하게 소개하고 있다.

첫째, '본괘'의 '용신(用神)'이 '일진'이나 '월건'으로부터 '극(克)'함을 당하고 있으나, '변괘' 속의 '변효'가 '일진'이나 '월건'으로부터 '생(生)'함을 얻는 경우.

둘째, '용신'이 '본괘'의 '동효'로부터는 '극'함을 당하고 있지만, '변괘'의 '변효'로부터는 '생'함을 얻는 경우 또는 이와 정반대로 '변효'로부터는 '극'함을 당하고 있지만, '본괘'의 '동효'로부터는 '생'함을 얻고 있는 경우.

셋째, '복신(伏神)' 또는 '용신'이 '일진'이나 '월건'으로부터 '극'함을 당하고 있으나 '비신(飛神)' 또는 '동효'로부터는 '생'함을 얻고 있는 경우.

넷째, '복신'이나 '용신'이 '비신'이나 '동효'로부터는 '극'함을 당하고 있으나, '일진'이나 '월건'으로부터는 '생'함을 얻고 있는 경우.

이상의 네 가지 경우에는 '용신'이 '묘', '절'의 상태에 들어 있다고 해서 단정적으로 '묘', '절'이라고 말해서는 안 된다. 왜냐하면 위와 같은 네 가지의 경우에는 '용신'이 '절(絶)'한 바로 그 자리에서 새롭게 '용신'의 기운이 되살아나는 계기가 마련되고 있기 때문이다.

'해월(亥月)' 또는 '해일(亥日)'에 점을 쳐서, '본괘'로 천산(天山) <<둔(遯)>>, '변괘'로 중천(重天) <<건(乾)>>을 얻은 경우를 가지고 한 번 생각해 보자.

부모(父母) 술(戌)　l
형제(兄弟) 신(申)　l　응(應)
관귀(官鬼) 오(午)　l
형제(兄弟) 신(申)　l
관귀(官鬼) 오(午)　X　세(世) (寅)
부모(父母) 진(辰)　X　　　(子)
<<둔>> 괘는 건궁이세괘(乾宮二世卦) 변괘는 <<건>>

이 점에서는 '세효'가 '용신'이며 그 기운 '오화(午火)'는 '일진'과 '월건' '해수(亥水)'로부터 '극'함을 당하고 있는 모양이다. 하지만 '세효'가 '동'하여 '인목(寅木)'으로 변함으로써, '인목'이 '오화'를 '생'하는 모양이 되었다. 따라서 비록 '해수(亥水)' 일에 친 점이지만 '용신'이 '극'함을 당하

기보다는 '장생'할 확률이 더 높다고 말할 수 있다. 바로 이와 같은 경우가 '절처봉생(絶處逢生)'의 예다.

그러나 만약 이 점을 '신월(申月)'이나 '갑진(甲辰)' 순(旬)에 쳤다면 어떻게 될까? '인목'이 '신금(申金)'으로부터 '극'함을 당하는 것은 확실하지만, '갑진' 순에는 '인묘(寅卯)'가 '순공'에 들게 되므로, '신금'이 아무 것도 없는 '인'의 '목' 기운을 '극'할 수가 없게 된다. 그래서 이런 경우는 '용신'이 '월파(月破)'를 당하였거나, '순공(旬空)'에 들게 됨으로써 아무런 해도 입지 않는다고 생각했다.

다음으로는 '생(生)', '왕(旺)', '묘(墓)', '절(絶)'과 유사한 또 다른 개념인 '왕(旺)', '상(相)', '휴(休)', '수(囚)', '사(死)'에 대해 알아보자.

여기서 '왕'이란 사계절을 주관하는 별을 가리키는 말로 봄에는 '목(木)', 여름에는 '화(火)', 가을에는 '금(金)', 겨울에는 '수(水)'가 그 별의 주인이 된다고 보았다. 춘목하화(春木夏火), 추금동수(秋金冬水)라는 표현이 바로 사계절을 주관하는 별을 가리키는 말이다.

'상'은 '왕'을 모태로 해서 태어난 자식을 가리키는 말로 '봄'에는 목생화(木生火) 해서 '화(火)', '여름'에는 화생토(火生土)해서 '토(土)', '가을'에는 금생수(金生水)해서 '수(水)', '겨울'에는 수생목(水生木) 해서 '목(木)'이 '상'이 된다.

이렇게 '왕'이 '상'을 생산하게 되면 '왕'은 기운이 빠져 곧 바로 '휴'한 상태에 들어가게 된다. 그래서 '봄'에는 '수'가, '여름'에는 '목'이, '가을'에는 '토'가, 그리고 '겨울'에는 '금'이 '휴'한 상태가 된다.

'수(囚)'는 '왕'을 '극'한 오행의 기운으로, '봄'에는 목 기운을 극한 '금(金)'이, '여름'에는 화 기운을 극한 '수(水)'가, '가을'에는 '화(火)', '겨울'에는 '토(土)'가 '수(囚)'가 된다.

'사(死)'는 '왕'이 극한의 지경에까지 이른 경우를 말한다. '봄'에는 '토'가 '사(死)'요, '여름'에는 '금'이, 그리고 '가을'에는 '목'이, '겨울'에는 '화'가 곧 '사(死)'가 된다.

이런 관계를 1년 12달로 나누어 정리해 보면 다음과 같이 된다.

정월에는 '인(寅)'이 '월건(月建)'이 되고, '인목(寅木)'의 기운이 가장 '왕'성하며, '묘목(卯木)'의 기운은 그 다음으로 '왕'성하다. 이월에는 '묘(卯)'가 '월건'이 되고, '묘목'의 기운이 가장 '왕'성하며, '인목'의 기운이 그 다음으로 '왕'성하다. 정월과 이월에는 '목'의 기운이 '왕'하고, '화'는 '상'하며, '수'는 '휴'하고, '금'은 '수'하며, '토'는 '사'한 상태가 된다.

삼월에는 '진(辰)'이 '월건'이 되고, '진토'의 기운이 가장 '왕'성하며, '축(丑)'과 '미(未)'의 '토' 기운은 그 다음으로 '왕'성하다. '금'은 '토'로부터 생겨나기 때문에 '금'은 '상(相)'이 되고, '목'은 비록 왕성하지는 못하나 아직 그 기운이 남아 있는 상태이고, 나머지 '휴', '수', '사'의 배열은 앞서와 마찬가지로 오행 생극의 원칙에 따라 정해진다.

사월은 '사(巳)'가 '월건'이고, '사화(巳火)'가 '왕'하고, '오화(午火)'는 그 다음으로 '왕'하다. 오월은 '오(午)'가 '월건', '오화'가 '왕'하고, 그 다음 '왕'한 것은 '사화(巳火)'다. 유월은 '미(未)'가 '월건', '미토'가 '왕'하고, '진술(辰戌)'의 '토'가 그 다음 '왕'하다.

칠월은 '신(申)'이 '월건', '신금'이 '왕'하고, '유금(酉金)'이 그 다음으로 '왕'하다. 팔월은 '유(酉)'가 '월건', '유금'이 '왕'하고, '신금(申金)'이 그 다음. 구월은 '술(戌)'이 '월건', '술토'가 '왕'하고, '축미(丑未)'의 '토'가 그 다음.

시월은 '해(亥)'가 '월건', '해수'가 '왕'하고, '자수(子水)'가 그 다음. 십일월은 '자(子)'가 '월건', '자수'가 '왕'하고, '해수(亥水)'가 그 다음. 십이월은 '축(丑)'이 '월건', '축토'가 '왕'하고, '진술(辰戌)'의 '토'가 그 다음이다.

이상의 관계를 구체적으로 점에 적용해 보자.

한겨울에 점을 쳐서 '용신'으로 '화(火)'를 얻었다고 가정하면, 겨울에는 아무래도 '화'의 기운이 왕성하지 못하므로, 해가 바뀌어 봄이 돌아와 '화'의 기운이 왕성해질 때까지 기다리는 것이 순리라는 풀이다.

마찬가지 이치로 정월의 점괘에서 '인목'이 '용신'으로 임하였다고 하면, 정월은 '인목'이 곧 '월건'이므로 '목' 기운이 대단히 왕성할 것으로 생각해도 무방하나, 만약 가을에 이런 점괘가 나왔다면, 가을에는 가을의 '금' 기운이 '인'의 '목' 기운을 '극'하게 될 것이므로 '인목'이 봄의 '목' 기운처럼 그렇게 활발하지는 못할 것으로 생각하는 편이 보다 합리적이라는 말이다.

이상으로서 우리는 '용신', '원신', '기신', '구신' 이외에 '생(生)', '왕(旺)', '묘(墓)', '절(絶)', 그리고 '왕(旺)', '상(相)', '휴(休)', '수(囚)', '사(死)' 같은 여러 가지 변수들에 대하여 공부하였다. 이처럼 여러 변수들을 공부한 것은 점(占)이란 앞에서도 말한 바와 같이 수학의 1차방정식처럼 단순한 방정식이 아니므로 보다 많은 변수들을 고려해서 생각해야 더욱 합리적인 점 해석을 할 수 있기 때문이다.

9. '세군(歲君)', '월건(月建)', '월파(月破)', '일진(日辰)'의 '암동(暗動)'과 '일파(日破)'

이런 용어들은 모두 점괘와 연관되어 있는 시간적 요소들을 가리키는 말들이다. 그러면 지금부터 하나씩 그 개념을 정리해 보기로 하자.

'세군(歲君)'

'세군'은 다른 말로 '태세(太歲)'라고 부르기도 하는데, 보통 1년을 단위로 해서 점괘의 길흉 내지는 각 효의 '생', '극', '충(沖)', '합(合)'이 어떻게 이루어지는가를 판단하는 기준이 된다. '세군'의 시간은 이처럼 길이가 긴만큼, 날(日)과 달(月)을 단위로 했을 때보다 정밀도가 떨어진다고 생각했다.

'갑자(甲子)'년에 친 점에서, '용신'의 효가 '오화(午火)'로 나왔다면, 갑자년의 '자(子)'와 '용신'의 '오(午)'는 서로 '충(沖)'하는 관계를 이루는데, 이런 경우를 가리켜서 '세파(歲破)'라고 한다. 그리고 만약 '용신'의 효가 '축토(丑土)'라면 '자'와 '축'은 서로 '합(合)'하는 관계이므로 이런 경우에는 '세원(歲援)'이라고 한다.

그러나 이렇게 '세파'나 '세원'이 이루어졌다고 하더라도 구체적으로 점괘의 길흉을 판단하는 데 있어서는 이런 '세파'나 '세원'이 그렇게 중요하게 고려되지 않았다. 그보다는 훨씬 더 짧은 시간의 단위인 '일진'과 '월건'이 '용신'과 '생(生)', '극(克)', '충(沖)', '합(合)' 가운데 어떤 관계를 형성할까 내지는 혹시 '순공'에 들지는 않았을까 하는 점을 더 중요하게 살폈다.

'월건(月建)'

'월건'은 '월장(月將)' 또는 '월령(月令)'과 같은 다른 이름으로 불리기도 하는데, 기준이 되는 시간의 단위는 한 달, 삼십 일이다.

'월건'은 '세군'과는 비교가 되지 않을 정도로 큰 영향력을 발휘한다고 생각해서, 옛날 사람들은 '월건'은 힘이 약한 '용신'을 강하게 만들 수도 있고, 다른 효(爻)의 왕성한 기운도 꺾어 제압할 수 있다고 생각했다.

물론 '동효'나 '변효'도 제압하여 복종시킬 수 있으며, '비신(飛神)'과 '복신(伏神)'을 불러일으켜서 점괘의 전체적인 길흉을 변화시킬 수도 있다고 생각했다. 그러니까 점에 있어서는 막강한 힘을 가진, 곧 한 점의 벼리와도 같은 존재라고 생각했다.

이런 까닭으로 해서 '용신'이나 '세효'가 '월건'의 도움을 받기만 하면, '동효'나 다른 요인으로부터 '극'함을 당하고 있거나, '상(傷)'함을 입고 있다 하더라도 그런 제약으로부터 능히 벗어날 수 있다고 생각했다. 그런 이유로 '절(絶)'의 상태에 들었다고 해도 결코 '절'한 상태가 되지 않으며, '충(沖)'하는 일이 있어도 흩어져서 무산되어 버리는 일이 생기지 않으며, '순공(旬空)'에 봉착해도 알맹이가 없이 텅 비어 버리는 일은 발생하지 않는다고 했다.

그러므로 '용신'이 '월건'의 도움을 득하면 일단 길(吉)한 것으로 판단했다.
점술인들 가운데는 '용신'이 '월건'의 도움을 득하면 무조건 길하다고 판단해야 한다는 이론에 대하여 다른 견해를 가진 사람들도 있다.

이 부류에 속한 대표적인 사람으로『증산복역(增刪卜易)』의 저자 야학노인을 들 수 있다.

야학노인은 이와 같은 해석에 대하여 "옛날 사람들은 '용신'이 '월건'의 도움을 받게 되면 '공(空)'을 만나도 결코 '공'하게 되는 법이 없고, '상(傷)'을 만나도 결코 '상'함을 입게 되는 일이 없다고 했는데, 나의 경험으로는 결코 그렇지 않았다."고 말하고 있다.

야학노인의 경험에 따르면 '용신'이 '순공'에 들었을 때는 아무리 '월건'이 '용신'에 도움을 준다 해도 그 '용신'은 반드시 '공'한 상태가 되더라는 것이다. 야학노인이 살았을 당시, 후학들은 무조건 옛날 선생들의 주장을 따를 수밖에 없는 그런 사회적 분위기였을 터임에도 불구하고, 옛 선생들의 주장에 맹종하며 따르지 않고 자신이 경험을 통하여 터득한 사실을 소신 있게 소개하는 야학선생의 태도가 놀랍지 않을 수 없다.

'월건'으로 해서 점괘가 이로운지, 불리한지는 점을 치게 된 구체적인 상황과 시간을 가지고 면밀하게 살펴보아야 한다. 예를 들어 '해(亥)'월, '병인(丙寅)'일에 관직에 나갈 수 있을까 하는 문제를 가지고 점을 쳐서 택지(澤地) <<취(萃)>> 괘를 얻은 경우를 보자.

부모(父母) 미(未) 11
형제(兄弟) 유(酉) 1 (應)
자손(子孫) 해(亥) 1
처재(妻財) 묘(卯) 11

관귀(官鬼) 사(巳) 11 (世)
부모(父母) 미(未) 11
<<취>>는 태금이세괘(兌金二世卦)

    택지(澤地) <<취>>괘는 상괘는 <<태(兌)>>, 하괘는 <<곤(坤)>>으로 이루어져 있으며, 태금궁(兌金宮)에 속한다. 이 점은 관직에 나아갈 수 있을지 묻는 점이므로 '용신'으로서는 '관귀(官鬼)' 효가 되어야 하고, 그래서 본괘에서는 육이 효 '사화(巳火)'가 '용신'이 된다.
    먼저 '용신'과 '월건'의 관계를 살펴보면 '수극화(水克火)'해서 '해수(亥水)'월로부터 '용신'이 '극'함을 당하고 있어서 본래는 관직을 얻기에 불리하다고 판단해야 한다. 하지만 시험일이 다음 해 여름이어서 여름이 되면 다시 '화(火)' 기운이 돌아오게 되니까, 지금 '용신'의 화 기운은 '월건'으로부터 '극'함을 당하고 있지만, 내년 여름이 되면 다시 여름의 '화' 기운으로부터 '용신'이 도움을 받아 '해'월의 '수' 기운이 '극'한 것을 극복해낼 수가 있다는 것이다. 그래서 이 시험에서 합격할 것이라고 판단했다.

'월파(月破)'

    '월파'는 '월건'의 '지지(地支)'가 '용신'의 '지지'와 서로 '충'하는 경우를 가리키는 말이다. 가령 '축(丑)'월의 점괘에서 '용신'이 '미토(未土)'로 나왔다면 이런 경우는 '축'과 '미'가 서로 '충'하는 관계이므로 '용신'이 곧 '월건'으로부터 '월파'를 당한다고 생각했다. 대체로 '용신'이 '월파'를 당하면 불길하다고 판단했다.
    하지만 언제나 그런 것은 아니고 앞서 말한 '절처봉생'의 경우와 마찬가지로, '용신'이 '월파'를 당했다 하더라도, '기신(忌神)'에도 같이 '월파'가 들었을 경우에는 '월파'로 인하여 '용신'이 쉽게 해를 입지 않는 것으로 보았다.

같은 원리로 '동효'가 '월파'를 당한 경우에는 '용신'이 그 결과로 인하여 반사이익을 얻게 되는 경우도 있는데, 반대로 '해'를 당하는 경우도 있고, 또 '극'함을 당할 수도 있으니까, 이 점에 대하여 세심하게 살펴보아야 한다.

마찬가지로 '변괘'에 있는 '변효'가 '월파'를 당하는 경우에도, 이 결과로 인하여 '본괘' 내의 '동효'가 이익을 얻을 수도 있지만, 반대로 '상'함을 입게 되거나 '해'함을 당할 수도 있으므로 이런 경우도 잘 살펴보아야 한다.

그리고 아주 중요한 사실 한 가지는 만약 '용신'이 왕성한 기운을 지니고 있다면, 이런 '용신'에는 아무리 '월건'이 강한 힘을 가지고 '충'한다 하더라도 '용신'이 쉽게 '월파'를 당하여 불이익을 당하는 일은 없다는 것이다.

이와는 반대로 만약 '용신'이 '월파'를 당했는데, 그 이후에 더 이상 아무런 움직임도 없이 가만히 있다거나, '월파'를 당한 후에 다시 '순공'에 들었다거나, 그 상태가 '휴(休)', '수(囚)'하다거나, '일진'이나 다른 '동효'로부터 아무런 도움도 받지 못한다면, 이런 경우는 '용신'이 완벽하게 '월파'를 당하는 것이라고 생각했다.

'일진(日辰)'의 '암동(暗動)'과 '일파(日破)'

'일진이란 점괘와 관련된 구체적인 날짜를 가리키는데, 이 날짜는 사계절이 지닌 오행의 기운을 주관하는 요소이므로, 점괘의 길흉을 판단하는 데 있어 중요한 변수가 된다.

옛날 점서의 소개에 따르면, '일진'이 '공(空)'한 것과 '충(沖)'하면 곧 바로 '공'한 것으로부터 어떤 일의 기미가 일어난다고 보았으며, '합(合)'한 것과 '충'한 경우에는 그 '합'하여진 상태가 열리는 것으로 보았다.

'일진'은 그 기운이 막강하다. 그래서 만약 '수(水)'의 효가 기운이 쇠약하여 '목(木)'의 효를 '생'하지 못하는 경우에 '수'의 효가 '일진'의 도움을 받게 되면 충분히 '목'의 효를 '생(生)'할 수 있다고 생각했다. 또한 경우에 따라서는 '부(扶)'할 수도 있으며, '공(拱)'할 수도 있고, '합(合)'할 수도 있다고 생각했다.

반대로 어떤 '효'의 기세가 대단히 왕성하다 할지라도 '일진'은 그 '효'의 왕성한 기운을 충분히 제압할 수 있으며, 경우에 따라서는 '극(克)'할 수도, '해(害)'할 수도, '형(刑)'할 수도, '충(沖)'할 수도 있다고 생각했다.

이처럼 옛날 점술가들은 '일진'의 힘을 강력하게 생각했다.

'일진'은 '순공'에 들어 있는 효라 하더라도 그 효와 '충(沖)'하여 그 효를 움직이게 함으로써 '공'으로부터 벗어나게 할 수도 있다고 소개하면서, '일진'의 이와 같은 작용을 '충공즉실(沖空則實)'이라고 표현했다. 뿐만 아니라 '일진'은 어떤 위치에 자리 잡고 있는 효를 '충'하여 다른 곳으로 멀리 보내버릴 수도 있다고 생각했는데, 이런 경우를 가리켜 '합처봉충(合處逢沖)'이라고 했다.

'일진'의 이런 능력은 만약 흉한 신이 합당한 위치에 자리를 잡고 있어 흉한 점괘에서는 '일진'이 이런 흉한 신과 '충'하여 그 흉신을 멀리 다른 곳으로 보냄으로써 좋은 결과를 가져올 수도 있다고 생각했다. 반대로 '일진'이 합당한 위치에 처하고 있는 길한 신을 '충'하여 멀리 다른 곳으로 보내게 되면, 그때는 점의 결과가 나쁜 쪽으로 반전되어 버릴 수도 있다고 했다.

'암동(暗動)'은 이렇게 '일진'과 효가 '충'하는 경우 가운데 '일진'이 왕성한 기운의 '정효(靜爻)'와 '충'하는 경우를 가리키는 말이다. 그리고 만약 '일진'이 그 기운이 '휴수(休囚)'한 '정효'와 '충'하였다면 그때는 '일파(日破)'라고 해서 '용신'의 기운이 완전히 사라져 버리는 것으로 생각했다.

'암동'의 경우는 '동효'의 경우와 마찬가지로 점의 길흉 판단에 크게 영향을 미치기 때문에 그것이 괘 가운데서 어떤 '생', '충', '극', '합'의 작용을 일으키고 있는지, 그 변화를 세심하게 관찰하여야 한다.

'암동'하는 효로 인하여 기뻐할 때도 있지만, 걱정해야 할 때도 있다. 가령 '용신'의 기운이 매우 '휴수'한 상태인데 '원신(原神)'이 '암동'함으로써 '원신'과 '용신'이 서로 '생(生)'하는 관계를 갖게 된다거나, '기신(忌神)'이 괘 가운데서 확실하게 움직이고 있는데, '원신'이 '암동'해서 '용신'을 도와준다면 이런 경우는 '용신'이 크게 힘을 얻게 되어 어려움은 가벼워지고, 기쁨은 더해진다고 생각했다.

하지만 '용신'의 상태는 매우 '휴수'한데, 주변으로부터는 아무런 도움도 없고, 오히려 '기신'만 '암동'해서 '용신'을 '극'한다면, 이런 경우는 흉한 일이 더욱 흉하게 될 것이라고 판단하였다.

이외에도 '충산설(沖散說)'이라는 것이 있다. 이 설은 '일진'이 '동효'와 부딪히면 그 기운이 흩어진다는 것인데, 이 설에 대하여 야학노인(野鶴老人)은 쉽게 수긍이 가지 않는다면서 이에 대한 자신의 견해를 이렇게 밝혔다.

"'일진'과 '동효'가 '충'했을 때, '동효'의 기운이 왕성한 경우에는 '충'을 해도 '동효'의 기운이 흩어지는 것 같지 않았는데, 효의 기운이 '휴수(休囚)'한 상태에 있을 때는, '일진'과 '동효'가 '충'하니까 간혹 그 기운이 흩어지는 것 같더라."

하지만 야학노인은 이렇게 그 기운이 흩어지는 경우라고 해봐야 수천 번 점을 쳐서 한두 번 정도에 지나지 않았다고 자신의 경험을 밝히면서, 그보다는 오히려 '동효'가 움직여서 다른 효와 '충'했을 때 그 기운이 흩어지는 것 같은 느낌을 더 많이 받았다고 자신의 경험을 이야기하고 있다.

'충산' 현상이 일어나는 원인에 대해서는 여러 가지 의견이 있지만, 대부분의 점술인들은 '움직인다는 것이 무엇인가 신으로부터 조짐이 있어서 그렇게 되는 것'이라고 생각하면서, 이런 움직임이 있은 다음에는 반드시 그 쓰임새도 있게 될 것'이라고 생각했다.

그래서 당장은 주변으로부터 '극'함과 '충'함을 당함으로써 제 기능을 발휘하지 못하고 있는 효들도 때가 이르게 되면 반드시 그 쓰임새가 나타나게 될 것이라고 생각하며 점술가들은 그 쓰임새를 찾고자 궁극적인 노력을 기울였다.

'충산설'에 대하여 야학노인이 자신은 수천 번에 한두 번 정도밖에 그런 일을 경험하지 못하였다고 고백한 것은 실천적 경험을 통하여 귀납적인 결론을 도출해내고자 하는 점술인들에게 정말로 소중한 자료가 아닐 수 없다.

10. '순공(旬空)'

　　옛날 사람들은 간지(干支)로 연, 월, 일을 표기할 때, 10개의 천간은 위에다 배열하고, 12개의 지지는 아래에다 배열하여 그 둘을 조합하여 사용하였다.

　　갑을병정무기경신임계(甲乙丙丁戊己庚辛壬癸)
　　자축인묘진사오미신유(子丑寅卯辰巳午未申酉)

　　갑을병정무기경신임계(甲乙丙丁戊己庚辛壬癸)
　　술해자축인묘진사오미(戌亥子丑寅卯辰巳午未)

　　갑을병정무기경신임계(甲乙丙丁戊己庚辛壬癸)
　　신유술해자축인묘진사(申酉戌亥子丑寅卯辰巳)

　　갑을병정무기경신임계(甲乙丙丁戊己庚辛壬癸)
　　오미신유술해자축인묘(午未申酉戌亥子丑寅卯)

갑을병정무기경신임계(甲乙丙丁戊己庚辛壬癸)
진사오미신유술해자축(辰巳午未申酉戌亥子丑)

갑을병정무기경신임계(甲乙丙丁戊己庚辛壬癸)
인묘진사오미신유술해(寅卯辰巳午未申酉戌亥)

그런데 천간의 수는 10개고, 지지의 수는 12개여서, 천간이 갑(甲)으로부터 시작해서 계(癸)로 끝날 때까지는 열흘이 소요되는데, 이렇게 천간이 끝나도 지지는 두 개가 남아 짝을 맞추지 못하게 된다. 앞의 예에서 보자면 갑자(甲子)로 시작된 열흘에서는 술해(戌亥)가 짝이 없는 지지가 되고, 갑술(甲戌)의 열흘에서는 신유(申酉), 갑신(甲申)의 열흘에서는 오미(午未) 등 매 십일마다 천간의 짝을 가지지 못한 두 개의 지지가 남게 된다.

이렇게 천간과 짝을 이루지 못한 두 개의 지지를 가리켜 '순공'이라고 한다. 옛날 사람들은 이런 '순공'을 쉽게 떠올리기 위하여 다음과 같은 노래를 만들었다.

갑자순중술해공(甲子旬中戌亥空)
갑술순중신유공(甲戌旬中申酉空)
갑신순중오미공(甲申旬中午未空)
갑오순중진사공(甲午旬中辰巳空)
갑진순중인묘공(甲辰旬中寅卯空)
갑인순중자축공(甲寅旬中子丑空).

갑자(甲子)일로부터 계축(癸丑)일에 이르는 열흘 속에는 술일(戌日)과 해일(亥日)이 없으므로, 점을 쳐서 괘중에 나타난 시간이 해(亥)일이나 술

(戌)일이라면 '순공'이 되는 것이다.

그러면 '순공'을 찾아내는 방법은 어떤 것이 있을까?

앞에 게시한 노래를 외워서 찾는 것도 한 가지 방법이긴 하지만, 왼손바닥을 이용하여 추산하는 방법도 있다.

먼저 그림과 같이 왼손 위에 12지지의 위치를 확정한다.

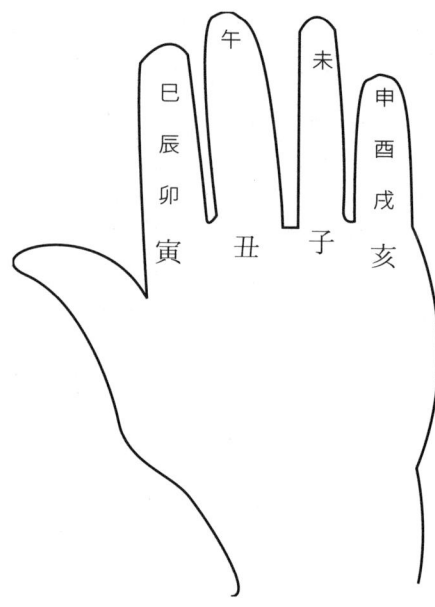

그런 다음 점괘의 시간이 처한 '일진'의 지지를 기점으로 하여 점괘의 시간에 처한 천간으로부터 시작해서 마지막 천간 계가 나올 때까지 시계 바늘의 진행 방향과 같은 방향으로 세어 나간다. 이렇게 해서 마지막 천간 계가 다다른 곳에서부터 진행 방향에 위치한 2개의 지지가 곧 '순공'이 되는 것이다.

실제로 이 방법을 사용해서 '순공'을 찾아보자.

예를 들어 '정미(丁未)'일의 점에서 '순공'이 언제인지 찾기 원한다면, 먼저 왼손바닥에서 미(未)의 위치를 확인한 다음, 이곳에서부터 천간의 정(丁)부터 무(戊), 기(己), 경(庚), 신(辛), 임(壬), 계(癸) 순으로 세어 나간다. 이렇게 하여 지지(地支) 축(丑)의 자리에 이르면 천간이 계(癸)로 끝나게 되는데, 여기서 진행 방향에 위치한 2개의지지, 즉 인(寅)과 묘(卯)가 '순공'이 되는 것이다.

[납갑서법]에서는 '순공'을 매우 중요하게 생각했다.

그래서 '기신(忌神)'이 '순공'에 빠졌다면 그것이 길한 일이라고 생각했지만, '용신'이 '순공'에 빠진 경우에는 만사가 아무런 성과도 없이 끝나버리는 허무한 일이 일어날 것이라고 생각했다. 다시 말해 사업이나 명예, 재물, 결혼에 관한 점에서 '순공'을 만나면 모든 것이 다 허사가 되어 버린다고 생각했을 정도다.

하지만 '용신'이 '순공'에 들었다고 해서 다 나쁜 것은 아니다. 가령 도피 중이거나, 위험을 벗어나기 위한 점에서는 '순공'을 만나면 어려움으로부터 벗어날 수 있을 것으로 생각했다. 그리고 '순공'에 들었다고 해서 무조건 다 '공'한 것으로 판단하지도 않았다. 점괘 내의 다른 상황들과 종합적으로 고찰해서 모든 여건들이 다 '순공'의 조건을 갖추었다고 생각되었을 때만 '공'한 것으로 판단했다.

아래의 경우는 '순공'에 들었지만 '공'한 것으로 판단하지 않았던 대표적인 사례다.

첫째, '용신'이 '월건'을 얻고 있으면서 '순공'에 처한 경우에는 그 이름을 '건공(建空)'이라 부르면서, '공'하지 않다고 판단했다.

둘째, '본괘' 가운데의 '동효'가 '공'을 만났을 때는 그 이름을 '동공(動空)'이라고 부르면서, 이 경우에도 '공'한 것으로 보지 않고, 무엇인가 움직임이 있는 것으로 보았다.

셋째, '용신'이 '순공'에 들었는데, '일진'이 와서 '충'하는 경우에는 '전공(塡空)'이라고 해서 빈 것이 채워지는 것으로 보았으며, 만약에 '왕(旺)'하고, '상(相)'한 기운을 가지고 도와주는 것까지 있으면 이것은 '전실(塡實)'이라고 해서 비어 있는 속이 꽉 채워지는 것으로 보았다. 하지만 '극'하고, '상'하는 요소들이 있으면 '부전전실(不全塡實)'이라고 해서, 속이 채워지기는 하되 꽉 채워지지는 않는 것으로 판단했다.

넷째, 왕성한 기운을 지닌 '용신'이 '순공'에 처한 경우에는 '왕상공(旺相空)'이라고 해서, '일진'의 '생', '극' 여부까지 따져본 다음, '공'의 상태를 판단한다. 그래서 '일진'의 도움이 있으면 '진왕상공(眞旺相空)'이라고 했으며, '일진'이 '용신'을 '극'하는 경우에는 '극공(克空)', 그리고 '일진'이 '용신'의 기운을 배설해 버리는 경우는 '반공(半空)'이라고 했다.

다섯째, '일진'이나 '월건', '동효'가 전혀 '공'한 효를 '극'하지 않는 경우에는 '안공(安空)'이라 하고, '일진'이나 '월건', '동효'가 '공'한 효를 '생(生)'하는 경우에는 '원공(援空)'이라고 했다. 이런 예들은 모두 '공'에 처하기는 했지만, 가볍게 '공'하다고 판단해서는 안 된다.

또 다른 경우로 '용신'이 '월파'를 당한 다음에 다시 '순공'을 만난 경우는 '파공(破空)'이라고 하고, '생(生)', '왕(旺)', '묘(墓)', '절(絶)'의 시기로 보아서 '월건'이 '절'에 들어 있으면서, 동시에 '순공'에 든 상태는 '절공(絶空)'이라고 했다.

이외에도 '진공(眞空)'이라는 것이 있는데, '진공'의 요체를 노래한 구결(口訣)에 따르면 '봄에는 토, 여름에는 금, 가을에는 목, 그리고 겨울에는 화가 곧 진공'이라고(春土夏金秋是木, 三冬逢火是眞空) 했다.

이 구결이 주장하는 것은 곧 봄에는 '목'의 기운이 왕성해서 '토'가 '극'을 당하게 되므로, 만약 '토효'가 '용신'이 되어 '공'에 처한다면 이런 경우는 '진공'이 된다는 말이다.

이런 '파공', '절공', '진공' 등은 모두 '월건'과 직접적인 관계를 가진다. 그런데 만약 '파공', '절공', '진공'의 상태에 처해 있다 하더라도 '일진'이나 다른 '동효'의 도움이 있으면 이런 공의 상태는 '원공(援空)'의 상태로 변한다. '원공'은 일의 성사 여부와 재물이 생길지 여부를 묻는 점에서는 새로운 전기를 맞이할 수 있는 좋은 기회로 보았다.

'파공', '절공', '진공'의 세 가지 '공'한 상태에 다시 '일진'이나, '동효'가 와서 '공'한 효를 '상'하게 하거나, '극'하게 되면 그때는 '상공(傷空)'의 상태가 되는데, 이런 '상공'의 상태는 도모하려고 하는 일이 잘 이루어지지 않을 뿐 아니라 재물도 얻기가 어렵다고 보았다. 그래서 '상공'을 '공'한 상태 가운데서도 가장 기피하고 싶은, 좋지 않은 경우로 생각했다.

이렇게 '순공'은 '일진'과 '월건', 그리고 '동효'의 움직임과 밀접한 관계를 가지고 있다. 이 중에서도 '일진'의 영향력이 가장 크며, '월건'을 그 다음으로 쳤다. 그리고 '동효'의 움직임은 마지막으로 생각했다.

'순공'은 [납갑서법]에서 굉장히 광범위하게 이용되는데, 옛날 사람들은 벗어나고 싶은 일, 피하고 싶은 일, 버리고 싶거나 폐기하고 싶은 일 또는 해로운 일 등 자신에게 화가 미치지 않기를 바라는 점에서는 '순공'을 만나면 길한 것으로 생각했다.

그러나 재물을 얻고자 하는 점, 혼인의 성사 여부를 묻는 점, 승진이나 사람을 찾는 점 등에서는 '용신'이 '순공'에 들면 아무런 성과도 얻지 못할 것으로 판단했다. 예를 들어 사업에 관한 점을 쳤는데, '세효'가 '순공'에 든 점괘를 얻었다면, 계획하고 있는 사업이 잘 되지 않을 것으로 판단했다. 그 중에서도 특별히 '응효'가 '순공'에 든 경우에는 상대방으로 인하여 계획한 사업이 실현되지 못할 것으로 추측했다.

11. '비신(飛神)'과 '복신(伏神)'

[납갑서법]의 점괘 가운데는 간혹 '용신'이 없는 괘들이 나타난다.
이런 경우에는 어떻게 해야 하는가?
'본괘'에서 '용신'이 나타나지 않으면 그 다음에 '일진'으로 '용신'을 찾아본다. 만약 '일진'으로도 '용신'이 나타나지 않으면 최종적으로 '본궁 괘'에서 '용신'을 찾는 방법을 선택한다. '본궁 괘'는 '육친'을 온전하게 갖추고 있으니까, '본궁 괘'로도 '용신'을 찾아내지 못하는 일은 절대로 없다.

그러면 재물을 구하는 점을 가지고, '용신'을 찾는 방법을 공부해보자.
가령 재물을 구하는 점에서 '본괘'로 천풍(天風) <<구(姤)>>를 얻었다면, <<구>>괘는 건궁일세괘(乾宮一世卦)이고, 건궁은 '금(金)'에 속하므로 자연히 '인묘(寅卯)' '목(木)'의 효가 '육친'으로 '처재' 효가 되어, '용신'이 된다.
그런데 천풍 <<구>>괘 가운데는 '인묘(寅卯)'가 없으므로 '본괘' 가운데서는 '용신'을 뽑아낼 수가 없다. 그래서 '본궁 괘'인 <<건>>에서 '용신'을 찾아야 한다.

```
부모(父母) 술(戌) l            부모(父母) 술(戌) l
형제(兄弟) 신(申) l            형제(兄弟) 신(申) l
관귀(官鬼) 오(午) l            관귀(官鬼) 오(午) l 應
형제(兄弟) 유(酉) l            부모(父母) 진(辰) l
자손(子孫) 해(亥) l (寅) 伏財   처재(妻財) 인(寅) l
부모(父母) 축(丑) ll           자손(子孫) 자(子) l 世
<<구(姤)>>괘 건궁일세괘(乾宮一世卦)   <<건(乾)>>괘 건궁본궁괘(乾宮本宮卦)
```

 이 점의 '용신'은 '본궁 괘' <<건>>의 둘째 효, '인목(寅木)' '처재' 효가 된다. 그런데 이 '용신'은 '본괘' '해수(亥水)' 효 밑에 '복'하고 있다. 이와 같은 경우 '본괘' <<구>>의 구이 효 '해수'는 '비신(飛神)'이라고 부르고, '본궁괘' <<건>>의 구이 효, '처재(妻財)'는 '복신(伏神)'이라고 부른다.

 '비신'과 '복신'은 간단하게 '비', '복'이라 부르기도 하는데, 앞의 예와 같은 경우에는 '비신'인 '해수(亥水)'가 '복신' '인목(寅木)'을 '생(生)'함으로 '비(飛)'가 '복(伏)'을 '생'한다고 말한다. 그리고 '목(木)'의 기운은 '해(亥)'에서 '장생(長生)'하므로, 앞으로 목의 기운이 길게 이어질 것으로 본다.

 이렇게 '본괘' 가운데 '용신'이 없어 '본궁 괘'의 '복신'으로 '용신'을 삼는 경우에도, '복신'이 '일진'이나 '월건' 또 다른 '동효'로부터 도움을 받는다면 길하다고 판단하였다.

 그러면 천산(天山) <<둔(遯)>>괘를 가지고 공부를 계속해보자.

```
부모(父母) 술(戌) l            부모(父母) 술(戌) l
형제(兄弟) 신(申) l            형제(兄弟) 신(申) l
관귀(官鬼) 오(午) l            관귀(官鬼) 오(午) l
형제(兄弟) 신(申) l            부모(父母) 진(辰) l
```

관귀(官鬼) 오(午) ⚋	처재(妻財) 인(寅) ⚊
부모(父母) 진(辰) ⚋ 伏子孫(子)	자손(子孫) 자(子) ⚊
건궁이세괘(乾宮二世卦)	건궁본괘(乾宮本卦)

'자손'에 관한 일로 점을 쳐서 이 괘를 얻었다면 천산(天山) <<둔>>괘 가운데는 '자손' 효가 없으므로 '용신'이 없다. 따라서 '본궁 괘'에서 '용신'을 찾아야 하는데, <<둔(遯)>>괘는 '건궁이세괘'이고, '건궁'은 '금'에 속하므로, '금생수(金生水)'해서, '수'가 '자손' 효가 된다.

이렇게 보면 <<건>>괘의 초구 효가 '자손' 효가 되는데, 앞에서와 마찬가지로 <<둔>>괘의 초육 '진토(辰土)' 아래 '자손' 효가 '복(伏)'하고 있으므로, <<둔>>괘의 초육 효 '진토'는 '비신'이 되고, '본궁 괘'의 초구 효 '자수(子水)'는 '복신'이 된다.

이 점의 경우에는 '비신'인 '진토'가 '복신'인 '자수'를 '극'하고 있어 매우 흉한 것으로 생각하였다. 이와 같이 '복신'이 '일진'이나 '월건' 또는 다른 '동효'로부터 '극'함이나 '상'함을 당하고 있다면 이런 경우도 역시 흉한 것으로 생각했다.

'복신'이 '비신' 아래 '복'하고 있는 것은 언제나 동일하지만, '복신'이 그 모습을 드러내는 데는 상당한 차이가 있다. 어떤 경우에는 쉽게 그 모습을 드러내기도 하지만, 어떤 경우에는 끝까지 그 모습을 나타내지 않기도 한다.

전자의 대표적인 경우로는 '비신'이 '월파'를 당했을 때를 예로 들 수 있다. 이런 경우는 '비파지복(飛破之伏)'이라고 해서 '복신'이 쉽게 그 모습을 드러내는 것으로 간주했다. 옛사람들은 '복신'이 쉽게 그 모습을 드러내는 경우로 다음과 같은 여섯 가지 예를 들었다.

(1) '복신'이 '일진'이나 '월건'으로부터 '생'함을 득했을 때
(2) '복신'의 기운이 '왕', '상'할 때
(3) '복신'이 '비신'으로부터 '생'함을 얻을 때
(4) '복신'이 '동효'로부터 '생'함을 얻을 때
(5) '복신'이 '일진'이나 '월건', 또는 '동효'를 만나 '비신'과 '충'하여 '비신'이 '동'하게 되었을 때
(6) '복신'이 '순공'이나 '월파'를 당한 '비신'이나, 혹은 '휴', '수', '묘', '절'의 상태에 들어있는 '비신'과 만났을 때

이와 반대로 아래와 같은 다섯 가지 경우에는 '복신'이 끝까지 그 모습을 드러내지 않는다고 생각했다.

(1) '복신'이 제대로 '휴', '수'한 상태에 들어 아무런 기력도 없을 때
(2) '복신'이 '일진'이나 '월건'으로부터 '충'함을 당하거나, '극'함을 입었을 때
(3) '복신'이 '왕' '상'한 '비신'으로부터 '극'함을 당했을 때
(4) '복신'이 제대로 '묘', '절'의 상태에 들었을 때
(5) '복신'이 '월파'를 당했거나, '순공'에 처했을 때

이상과 같은 경우에는 '복신'이 절대로 그 모습을 드러내지 않을 것이므로, '복신'이 있다고 해도 아무런 쓸모가 없다고 판단하였다. 그러니까 이런 '복신'은 점의 길흉을 판단하는 데 있어 아무런 영향도 미치지 못한다고 보았다.

『증산복역』에는 이런 점괘의 예로 산화(山火) <<비(賁)>>가 소개되어 있

다. 묘(卯)월, 임진(壬辰)일에 언제 문서를 얻을 수 있을까 하는 점을 쳐서 산화(山火) <<비(賁)>>괘를 얻은 것이었다.

관귀(官鬼) 인(寅) l
처재(妻財) 자(子) ll
형제(兄弟) 술(戌) ll 應
처재(妻財) 해(亥) l
형제(兄弟) 축(丑) ll (午) 伏父母
관귀(官鬼) 묘(卯) l 世
<<비>> 괘는 간궁일세괘(艮宮一世卦)

문서에 관한 점이므로 '부모' 효가 '용신'이 되는데, '본괘'에는 '사오(巳午)' '화(火)'가 없다. 그래서 부득이 '본궁 괘'에서 '용신'을 찾는데, '본궁 괘'의 육이 효 '오화'가 '부모' 효가 된다. 그런데 공교롭게도 점을 친 '임진(壬辰)' 순(旬) 열흘 가운데는 '오화'가 '순공'에 들어있어 그 존재가 '공(空)'한 상태이기 때문에 실체가 잘 드러나지 않는다.

그러니까 '오화'의 실체를 보기 위해서는 '오화'가 '순공'으로부터 벗어나는 '갑오(甲午)'일까지 기다려야 한다. 그래서 이 점의 결론은 '갑오' 일이 지난 다음에야 문서를 얻을 수 있다는 것이다.

다시 유(酉)월, 병진(丙辰)일에 자식의 병에 관하여 점을 쳐서, 지풍(地風) <<승(升)>>괘를 얻은 경우를 보자.

관귀(官鬼) 유(酉) ll
부모(父母) 해(亥) ll

처재(妻財) 축(丑) ‖世 (午) 伏子孫
관귀(官鬼) 유(酉) l
부모(父母) 해(亥) l 伏寅兄
처재(妻財) 축(丑) ‖ 應
<<승>>은 진궁사세괘(震宮四世卦)

이 괘를 공부하기에 앞서, 먼저 '공(空)'한 효 아래 엎드려 있는 '복신'은 쉽게 그 모습을 드러낸다는 『황금책(黃金策)』의 말을 기억하도록 하자.

이 괘는 '자손'의 병에 관한 점이므로 '자손' 효가 '용신'이 되는데, 앞의 점괘들과 마찬가지로 '본괘'에는 '자손' 효가 없으므로, '본궁 괘'에서 '용신'을 찾았다. 그래서 '본궁 괘'의 구사 효-'오화(午火)'가 '자손(子孫)' 효로 '복신'의 모양을 하고 '축토(丑土)' 아래 '복'하고 있음을 보게 된다.

그런데 이 '축토'가 '병진' 순(旬) 열흘 사이에는 '순공'의 상태다. 따라서 '공(空)'한 상태에서는 '복신'이 쉽게 드러난다는 『황금책』의 말을 원용하여 생각해 보면, "오(午)일이 되면 자손의 병이 나을 것"이라는 판단이 나오게 된다.

12. '삼합(三合)', '삼형(三刑)', '육충(六沖)', '육합(六合)'

[납갑서법]의 12지지 사이에는 '생(生)', '극(克)' 이외에 '형(刑)', '충(沖)', '합(合)'이라는 관계도 있다. 이런 '형(刑)', '충(沖)', '합(合)'의 관계 중에서도 '삼합'과 '육합'은 점의 길흉을 판단하는 데 있어 매우 중요하게 고려되는 요소이므로 우선 이 두 가지부터 소개한다.

'삼합'

많은 서법 책에서 '삼합'을 흔히 '삼합국(三合局)'이라고 일컫기도 한다. 이것은 12개의 지지를 셋씩 묶어서 (토국의 경우에는 넷이 된다.) '수', '목', '화', '금', '토'의 오행 중 하나의 성격을 부여하는 것을 말한다.

신자진상합성수국(申子辰相合成水局)
해묘미상합성목국(亥卯未相合成木局)

인오술상합성화국(寅午戌相合成火局)
　　사유축상합성금국(巳酉丑相合成金局)
　　진술축미상합성토국(辰戌丑未相合成土局)

　'삼합국'을 만들어내는 과정을 추적해 보면, 먼저 '수국(水局)'의 경우 '신(申)'에서부터 시작해서 3개의 위를 건너뛴 다음, 네 번째 자리에 있는 지지와 한데 어울려서 국을 이룬다. 그래서 신(申)에서 시작하여 유(酉), 술(戌), 해(亥)를 건너뛰어 자(子)와 한 묶음이 되고, 같은 방식으로 자(子)에서 세 개의 위를 건너뛰어 진(辰)과 하나의 국을 이루게 된다. 이렇게 신(申)과 자(子)와 진(辰)이 하나로 묶여서 국(局)을 형성하게 되는데, 그 국의 성격은 12지지 중 가운데에 있는 지지의 오행으로 이 국의 오행을 삼는다. 그러니까 신자진(申子辰)의 경우에는 가운데 위치한 지지가 자(子)이고, '자(子)'의 오행은 '수(水)'이므로 '수국(水局)'으로 결정되는 것이다.

　다음 국은 신(申)으로부터 2개의 위가 떨어져 있는 해(亥)로부터 시작하는데, 해(亥)로부터 3위가 떨어진 묘(卯)와 다시 묘(卯)로부터 3위가 떨어진 미(未)가 함께 국을 이루게 된다. 이렇게 해묘미(亥卯未)로 이루어진 국은 '묘(卯)'가 가운데 위치하고 있으므로 '묘(卯)'의 오행을 따라 '목국(木局)'이 되는 것이다.

　그리고 그 다음은 다시 해(亥)에서 2개의 위를 건너뛴 인(寅)에서부터 새로운 국을 시작하는데, 이렇게 이루어진 '삼합'은 인오술(寅午戌)이고, 이 국의 오행은 '오(午)'의 오행을 따라 '화(火)'가 된다. 금국(金局)은 인(寅)에서부터 2개의 위를 건너뛴 사(巳)에서부터 시작하여 3개의 위를 건너뛴 사유축(巳酉丑)으로 이루어진다.

　수목화금(水木火金)의 경우는 모두 이와 같은 방식으로 이루어지지만, 토국(土局)의 경우는 국을 형성하는 방법이 약간 다르다. 토국(土局)은 12

지지 가운데 토(土)의 속성을 가진 진(辰), 술(戌), 축(丑), 미(未)가 한데 모여 토국을 이룬다.

하나의 괘 안에서 '삼합국'이 이루어지는 것은 다음과 같은 경우다.

(1)괘 가운데 있는 3개의 효가 '동'해서 '합'을 이루는 경우
(2)'동'하는 2개의 효와 동하지 않는 1개의 효가 '합'을 이루는 경우
(3)[내괘]의 초효와 셋째 효가 동하여 나온 '변효'와 '삼합'을 이루는 경우
(4)[외괘]의 네 번째 효와 상효가 동하여 나온 '변효'와 '삼합'을 이루는 경우
(5)괘 중의 2개의 효와 '일진(日辰)'이 '합'을 이루는 경우

[납갑서법]으로 '삼합국'을 응용할 때는, 우선 '삼합국(三合局)' 내에 '세효'가 들어 있으면 길하다고 판단한다. '삼합국' 내에 '세효'가 들어 있지 않은 경우, '삼합국'이 '세효'를 '생'하는 경우에는 길하다고 보았지만, '세효'가 '삼합국'을 '생'하는 경우에는 흉하다고 봤다.

'용신'과 '삼합국'의 관계에서는 재물에 관한 점에서는 '용신'이 '삼합국'을 '극'하면 재국(財局)이 형성된다고 생각해서 그 이름을 '재고(財庫)'라 하였다. 이 '재고'가 '세효'를 '생'하면 나에게 돈이 생길 것으로 봤고, 이 '재고'가 '응효'를 '생'하는 경우에는 상대방에게 돈이 생길 것으로 봤다. 그리고 '용신'이 '삼합국'을 '생'하는 경우에는 집안에 재물이 생길 것으로 보았지만, 만약 '용신'과 '삼합국'의 '오행'이 동일한 '형제' 국이 된 경우에는, 집안의 재물이 흩어질 것으로 봤다.

관운(官運)과 관련한 점에서는 '용신'이 '삼합국'을 '극'하는 '재국(財局)'이 형성되는 점에서는 관운이 트일 것이라고 생각했지만, '삼합국'이 '용신'을 '생'하는 '자손' 국이 형성되면 관운에 손상을 입을 것으로 봤다.

그리고 소송에 관한 점에서 '용신'이 '삼합국'으로부터 '극'함을 당하

는 '관귀 국(官鬼局)'이 형성된 경우에는 그 소송이 언제 끝날지도 모르는, 아주 나쁜 경우로 보았다.

'삼형(三刑)'

'삼형'이란 '인(寅)'이 '사(巳)'를 형하고, '사(巳)'가 '신(申)'을, 그리고 '자(子)'와 '묘(卯)', '축(丑)'과 '술(戌)', '미(未)'와 '진(辰)'이 서로 '형'하는 것을 말한다. 그리고 '진오유해(辰午酉亥)'는 자신이 스스로를 '형'한다고 했다.

이 이론은 여러 점술사들이 모두 인정하는 것은 아니다. 상당수의 점술사들은 이 이론에 대하여 부정적이다. 왜냐하면 '삼형'의 이론에서는 '사(巳)'가 '신(申)'을 '형'한다고 해놓고, 뒤에 소개하는 '육합(六合)'의 이론에 가서는 다시 '사(巳)'와 '신(申)'은 서로 '합'한다고 다른 이론을 제시하고 있기 때문이다. 이 책에서도 이와 같은 이유로 '삼형'의 이론에 대해서는 더 이상 상세한 논의를 하지 않으려 한다.

'육충(六沖)'

'충'이란 부딪혀서 흩어지는 것을 의미하는 단어다. 따라서 옛날 사람들은 흉한 일과 관련된 점(占)에서 '충'이 일어나면, 그 흉한 것이 흩어져서 흐지부지되어 버릴 것으로 생각하여 좋게 생각하였지만, 반대로 좋은 일과 관련된 점에서 '충'이 일어나면 좋지 않은 결과가 일어날 것으로 판단했다.

이렇게 '충'하는 가운데서 12지지가 하나도 남김없이 모두 부딪히는 경우를 가리켜 '육충'이라고 한다. 이 경우에는 '자(子)'와 '오(午)', '축(丑)'

과 '미(未)', '인(寅)'과 '신(申)', '묘(卯)'와 '유(酉)', '진(辰)'과 '술(戌)', '사(巳)'와 '해(亥)'가 서로 '충'한다. '육충'의 관계를 그림으로 나타내 보면 다음과 같다.

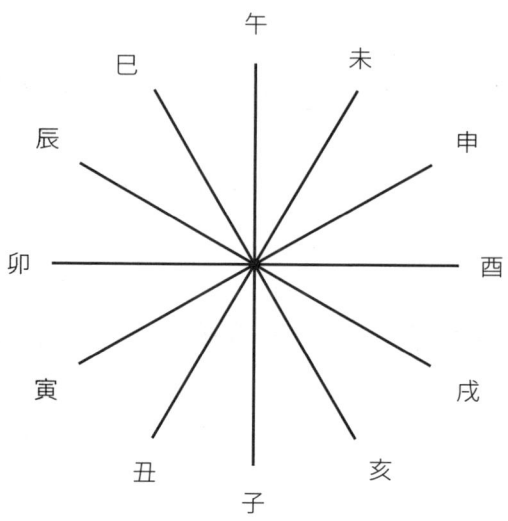

이 그림을 살펴보면, 12지지가 여섯 개의 대각선으로 연결되어 있음을 알 수 있다. 이렇게 서로 대각선으로 연결되어 있는 두 개의 지지가 서로 '충'하는 관계다. 이 그림을 보면 12지지가 서로 '충'하는 법칙을 쉽게 기억할 수 있을 것이다.

12지지에서는 이상과 같은 것을 '육충'이라고 하지만, 점괘에서는 '초효'와 '4효', '2효'와 '5효', 그리고 '3효'와 '상효'가 서로 '충'하고 있으면 이것을 '육충'이라 하고, 이렇게 이루어진 괘를 '육충 괘'라고 한다.

'육충 괘'의 경우와 달리 '초효'와 '4효', '2효'와 '5효', '3효'와 '상효'가 서로 '합'의 관계를 형성하면 이를 가리켜 '육합 괘'라 한다.

주역의 64괘 안에는 '육충' 괘가 10개 있는데, 그것은 다음과 같다.

<<건(乾)>>, <<곤(坤)>>, <<진(震)>>, <<손(巽)>>, <<감(坎)>>, <<리(離)>>, <<간(艮)>>, <<태(兌)>>, <<대장(大壯)>>, <<무망(无妄)>>. 우선 8개의 순괘(純卦)는 모두 '육충 괘'이며, 그 외에는 <<대장(大壯)>>과 <<무망(无妄)>> 괘가 '육충 괘'다.

'육충 괘'의 특징은 무슨 일에 관한 점이든지, 그 기운이 머물러 있지 못하고 흩어져 버린다는 것이다. 그래서 무슨 일을 계획하고 진행해 가다 보면 도중에 여러 가지 변고가 생겨, 처음 계획하고 예상했던 대로 일이 추진되지 않는다. 쉬운 말로 하자면 '육충 괘'가 나왔을 때는 생각하고, 계획한 바를 이룰 수가 없다는 뜻이다.

'육충 괘'의 변종으로는 '변충 괘(變沖卦)'라는 것이 있다. '변충 괘'란 곧 '본괘'는 '육충 괘'가 아니었지만, '본괘'의 '동효'가 '변'하여 나온 '변괘'가 '육충 괘'로 바뀌어 버린 경우다. 이런 '변충 괘' 역시 '육충 괘'와 마찬가지로 아무런 결실도 가져다주지 못한다고 판단해서, 혼인의 성사 여부를 묻는 점과 같은 경우에는 처음에 순조롭게 혼담이 진행이 되어 나가다가 막바지에 이르렀을 때 갑작스럽게 생각지도 않은 변수가 튀어 나와 결국 파탄이 나고 만다고 생각했다.

만약 친구와 관련된 점에서 이런 '변충 괘'가 나왔다면, 지금까지는 서로 친밀하게 교우 관계를 유지하고 지냈던 두 사람의 사이가 신의를 잃고 헤어지는 것으로 판단을 했다. 또 재물을 구하는 점에서는 처음에 순풍에 돛을 단 것처럼 순탄해 보이다가, 마지막에 이르러서는 일장춘몽(一場春夢)으로 아무런 소득도 없이 끝나고 말 것이라고 보았다.

이상과 같이 '육충 괘'는 마지막에 이르러서 모든 것이 파탄이 나 버리는 허무한 점괘로 판단하였다. 하지만 소송과 관련된 점에서는 '육충 괘'를 길한 것으로 판단하였다. 그래서 만약 어떤 소송을 진행하던 도중에 '육충 괘'

를 만났다면, 이것은 현재 진행 중인 소송이 판결까지 가지 않고 중간에 당사자 간의 합의가 이루어지는 등 마지막 판결까지 가지 않고도 사건이 종결될 수 있는 것으로 판단하였다.

'충'에는 다음과 같은 세 가지 종류가 있다.
(1)본괘충(本卦沖)
(2)변괘충(變卦沖)
(3)합처봉충(合處逢沖)

'본괘'로는 '육합 괘'를 얻었으나 '동효'가 변하여 나온 '변괘'가 '육충 괘'가 되었다면, 이것은 점을 쳐서 알고자 하는 사안이 처음에는 그 기세가 매우 흥왕하지만, 끝에 가서는 그 기세가 매우 약해져서 결국은 유야무야되어 버릴 것으로 판단했다.

이와는 반대로 '본괘'로는 '육충 괘'를 얻었으나 뒤이어 나온 '변괘'가 '육합 괘'가 되었다면, 이것은 점을 쳐서 알고자 하는 일이 처음에는 파절을 당해 매우 어려운 상황에서 시작을 하나 시간이 경과하여 마지막에 이르게 되면 원하는 대로 결론이 날 것으로 판단했다.

재판에 관련된 점에서는 '본괘'도 '육합'인데, '변괘'도 '육합 괘'인 경우를 제일 흉한 것으로 생각했다. 만약 이런 점괘가 나왔다면 형사재판이 진행되는 도중이라면 구속도 면치 못할 것이라고 판단했다.

'본괘'도 '육충'이고 '변괘'도 역시 '육충'인 점은 재물이나, 혼인에 관한 점에서는 희망하는 바를 이룰 수 없다고 생각했다. 하지만 많은 점술사들은 이와 같은 생각에 무조건 따를 필요는 없다고 충고한다. 왜냐하면 이런 판단을 세우기에 앞서 '용신'의 상태를 살펴 '용신'이 '장생(長生)'한다거나, 그 기운이 '왕', '상'하다거나 또는 '순공'이나 '월파'를 당하고 있다거나 하면 또 다른 해석이 나올 수도 있으며, 또 '비신'과 '복신'과의 관계에 의해서도 다른 해석이 나올 수 있기 때문에, 이런 모든 변수들을 두루 고려해서 세밀하게 살펴본 다음에 결론을 내려야 한다는 것이다.

옛날 점서(占書)에서는 효가 서로 '충'하는 경우를 다음과 같은 5가지 케이스로 나누어 소개하고 있다.

(1)일충즉동(日沖則動)
이것의 핵심 요지는 '세효'나 '응효', 또는 '신효(身爻)'나 '용신'이 '일진(日辰)'과 '충'하는 경우에는 '세효'나 '응효', '신효', '용신'이 시간을 지체하지 않고 곧 바로 '동'한다는 것이다.

(2)공충즉실(空沖則實)
이 개념은 괘 중의 '세효'나 '응효', '신효' 또는 '용신' 등이 '순공'에 들어 있는데, '일진'이 '순공'과 '충'한 경우에는, '순공'이 더 이상 '공'한 상태를 유지하지 못하게 된다는 것이다.

(3)동충즉산(動沖則散)
이것은 '본괘' 중의 '동효'가 '용신'이나 '세효', '응효' 등과 '충'하면 그 기운이 흩어진다는 것을 말한다.

(4)화충즉실(化沖則失)
이것은 괘 중의 어떤 효가 '동효'가 되어서 움직여 나온 '변효'가 본래의 효와 서로 '충'하는 관계를 형성하는 경우를 말한다. 예를 들자면 '사(巳)'가 변하여 '해(亥)'가 되었다면 '사'와 '오'가 서로 '충'하는 경우다. 또 다른 예를 들자면 '자(子)' 효가 움직여 '오(午)' 효가 되었을 경우에도 '본효'와 '변효'가 서로 '충'한다. 이런 경우를 가리켜 '화충즉실'이라고 한다.

점괘에서는 '본괘'의 '용신'이나 '세효', '응효', '신효' 등이 '변괘'의 '변효'와 '충'을 일으키는 경우를 가리키는 말인데, 이런 경우는 재물에 관한 점이나 관운에 관한 점, 혼인에 관한 점에서 모두 불리하다고 판단했다. 다만 병에 관한 점이라면, 새롭게 생긴 병인지 아니면 예전부터 지니고 있던 병이 다시 재발한 것인지 등을 살펴서, 새롭게 생긴 병이라면 치유될 것으로 보았고, 예전부터 지니고 있던 병이라면 좋지 못한 결과를 가져올 것으로 판단했다.

(5)자충즉산(自沖則散)

이것은 '본괘' 중에 있는 2개의 효가 한꺼번에 '동'해서 변한 2개의 '변효'가 '자(子)'와 '오(午)'로 서로 '충'하는 관계를 형성하게 되었다고 하면 '자충즉산'이라 했다. 이와 같이 '변효'가 서로 '충'하는 관계로 나타난 점은 묻고자 하는 일이 반드시 어긋나는 것으로 판단했다.

이상과 같은 5가지 경우에는 효가 서로 '충'하지만, 반대로 다음과 같은 4가지 경우에는 효가 서로 '합'하는 관계를 형성한다.

(1)정합위기(靜合爲起)
(2)동합위반(動合爲絆)
(3)화합위원(化合爲援)
(4)자합위호(自合爲好)

이것은 '정(靜), 동(動), 화(化), 자(自)의 합이론(合理論)'이라는 것인데, 효가 서로 '충'하는 5가지 경우와 상대되는 이론으로 점괘의 해석과 관련하여 이 이론이 요긴하게 사용된 예는 아직 없으므로 더 이상 자세하게 소개하지 않겠다.

'육합(六合)'

'육합'은 12지지 가운데 '자(子)'와 '축(丑)', '인(寅)'과 '해(亥)', '묘(卯)'

와 '술(戌)', '진(辰)'과 '유(酉)', '사(巳)'와 '신(申)', '오(午)'와 '미(未)'가 서로 '합'의 관계를 이루는 것을 말한다. '합'과 관련해서는 '합충 괘(合沖卦)'라는 점괘가 있다. '합충'이란 '육합' 관계에 있는 점괘 가운데 '세효'나 '응효'가 '일진'으로부터 '충'을 당하는 경우를 가리키는 말로서, 가령 '술(戌)'일에 점을 쳐서 지천(地天) <<태(泰)>>괘를 얻었다면, 이것이 곧 '합충 괘'가 된다.

자손(子孫) 유(酉) ∥ 應
처재(妻財) 해(亥) ∥
형제(兄弟) 축(丑) ∥
형제(兄弟) 진(辰) ㅣ 世
관귀(官鬼) 인(寅) ㅣ
처재(妻財) 자(子) ㅣ
<<태>>괘는 곤궁삼세괘(坤宮三世卦)

이 괘는 6효가 모두 '합'의 관계를 이루는 '육합 괘'다. 이 괘의 '세효'는 구삼 효 '진(辰)'인데, 이 '진'을 '일진'인 '술(戌)'이 와서 '충'하고 있다. 이와 같은 괘를 '합충 괘'라고 한다.

'합충 괘'는 공명(功名)에 관한 점에서는 성공 일보 직전까지 도달했다가 실패하는 경우가 많다고 판단했다. 그리고 재물에 관한 점에서 '합충 괘'는 이미 얻은 재물까지도 다 잃게 될 지도 모른다고 생각했으며, 혼인에 관한 점에서는 설령 그 혼인이 이루어졌다 하더라도 나중에 무슨 변고가 생겨 꼭 파탄이 나고야 만다고 생각했다.

이상의 풀이를 종합해 보면, '합충 괘'는 일단 뜻한 바를 이루게는 되지만, 성사가 된 이후에 생각지도 않은 변수가 생겨서 도로 아미타불이 되고 마는 그런 점괘다. 하지만 이것은 어디까지나 옛날 사람들의 점 풀이일 뿐,

무조건 옛사람들의 이런 풀이에 따를 필요는 없다고 생각한다. 옛날 사람들의 풀이를 무조건 따르기보다는 이런 풀이를 참고로 해서, 보다 직접적인 우리들만의 연구와 공부가 필요하다고 생각된다.

옛날 점술사들 가운데서도 '합충 괘'와 관련하여 '일진'이 '세효'나 '응효'를 '충'한다고 해도 만약 '세효'나 '응효'의 기운이 '왕'하거나 '상'한 상태라면 쉽게 그 기운이 흩어지지 않는다고 생각한 사람들도 있었다. 뿐만 아니라, '세효'나 '응효'가 '일진'과 '충'하였다 하더라도, '월건'이나 다른 '동효'가 '세효'나 '응효'를 돕고 있다면 이때는 '세효'나 '응효'의 기운이 약해지지 않는다고 보았다.

그러니까 이런 점들을 면밀하게 살펴봐서, 만약 그런 요인들이 존재한다면 '일진'이 '세효'나 '응효'를 '충'한다고 해서 무조건 그 세력이 약해진다고 판단해서는 안 된다는 것이다.

이상의 이론들을 종합해 보면, '충'과 '합'이 보이는 점괘라고 해서 단순하게 '충'과 '합'의 관계만을 가지고 그 점의 길흉을 판단해서는 안 된다는 말이다.

이런 실례를 한 번 살펴보자.

오(午)월, 병자(丙子)일에 혼인에 관한 점을 쳐서 '본괘'로 중택(重澤) <<태(兌)>>, '변괘'로 수택(水澤) <<절(節)>>을 얻었다.

부모(父母) 미(未) ‖ 世
형제(兄弟) 유(酉) ∣
자손(子孫) 해(亥) △ (申)
부모(父母) 축(丑) ‖ 應
처재(妻財) 묘(卯) ∣
관귀(官鬼) 사(巳) ∣

<<태(兌)>>괘는 태궁본궁괘(兌宮本宮卦), 변괘는 <<절(節)>>

이 괘는 '육충 괘'이면서, '월건' '오(午)'는 세효' '미(未)'와 '합'하고, '일진' '자(子)'는 '응효' '축(丑)'과 '합'하는 형상이다. (이 괘와 정반대가 되는 경우는, '본괘'는 '육충 괘'이면서 '세효'나 '응효'가 '일진'으로부터 '극'함을 당하는 괘일 것이다.)

점술사는 이 괘가 '육충 괘'이기 때문에 처음에는 이루어지지 않을 것으로 본다. 그러다가 '세효', '응효'가 '일진', '월건'과 '합'하는 형상이므로 마지막에 이르게 되면 성사가 될 것으로 풀이하였다.

그런데 이 점술사는 실제 결과를 소개하면서, 이 점의 주인공들은 결혼을 하지 못했다고 밝혔다.

이렇게 이루어진 현실의 결과를 두고 점술사는 '합충'의 설이라고 해서 절대로 오류가 없는 것은 아니라고 했다.

한편 다른 점술사는 이 점괘를 가지고, '세효'와 '응효'가 '일진', '월건'과 서로 '합'하는 형상이긴 하지만, '일진'과 '월건'-'자(子)'와 '오(午)'가 서로 '충'하고 있어 '세효'와 '응효'에 아무런 도움도 줄 수 없기 때문에 최종적으로 좋은 인연을 맺기에는 어려움이 많이 따른다고 분석하였다. 그런데 이것은 사후에 결과를 보고 한 풀이이기 때문에 아무런 의미도 없는 해석이라고 해야 할 것이다.

이와 같은 예에서도 볼 수 있듯이, 점의 풀이에 대한 인식을 새롭게 할 필요가 있다.

[납갑서법]이라는 점의 운용 시스템을 이해하는 것도 대단히 중요하지만, 시스템을 이해하는 것 못지않게 중요한 영역이 바로 점을 치는 사람의 개인적 소양이라는 사실이다.

결국 점의 해석이란 누가 얼마나 가능한 한 많은 변수를 고려해서, 합리적이면서도 도덕적인 귀결을 찾아내는 것이냐 하는 문제라고 할 수 있다. 그렇기 때문에 더 이상 옛날 사람들의 점 해석만을 무조건 따라가는 것은 아무런 의미가 없다고 하겠다.

  이 시대를 살고 있는 우리가 이 시대에 걸맞은 점 해석법을 새롭게 찾아내야 한다는 것이다.

13. '신법(身法)', '간효(間爻)', '진신(進神)', '퇴신(退神)'

[납갑서법]에서는 점괘를 풀이할 때, 나를 가리키는 것은 '세효', 상대방을 가리키는 것은 '응효'로 간주한다. '세효'와 '응효'는 괘 가운데서 2개의 위를 사이에 두고 떨어져 있다.

<<건(乾)>>궁(宮)에 속하는 괘들을 예로 들어보면, 천풍(天風) <<구(姤)>> 괘는 '건궁일세괘(乾宮一世卦)'이므로 초효가 '세효'가 되고, '응효'는 '세효'로부터 2개의 위가 떨어져 있는 구사(九四) 효가 된다.

'세효'와 '응효'의 위치는 다른 괘들에도 이와 동일한 방법으로 결정된다. 다만 '유혼 괘'와 '귀혼 괘'에서 '세효'를 얻는 방법은 일세괘(一世卦)에서부터 오세괘(五世卦)까지의 방법과는 달리 '유혼 괘'는 제4효, '귀혼 괘'는 제3효가 '세효'가 된다.

옛날 사람들은 병에 관한 점에서 '유혼 괘'나 '귀혼 괘'가 나오면 굉장히 두려워했다. 그 까닭은 '유혼(遊魂)', '귀혼(歸魂)'이라는 단어의 의미 때문이었는데, 실제로 점을 쳐보면 이런 점괘가 나왔다고 해서 두려워할 필요는 없다.

[납갑서법]의 이치로 따져보았을 때, '유혼 괘'나 '귀혼 괘'가 나왔다 하

더라도, '본괘' 가운데 '자손' 효가 '왕(旺)' '상(相)'한 기운을 지니고 있다거나, '일진'이나 '월건' 또는 다른 '동효'가 '세효'나 '신효'를 '생'한다거나, '부(扶)'할 경우에는 '유혼 괘'나 '귀혼 괘'라 할지라도 단정적으로 흉하다고 말할 수는 없기 때문이다.

'신효(身爻)'

[납갑서법]에는 '세효' 이외에도 나를 가리키는 효가 달리 존재할 수 있는데, 이런 효를 가리켜 '신효'라 한다. '신효'를 결정하는 방법을 가리켜 '신법(身法)'이라고 칭하는데, '신법'에는 다음과 같은 2가지 방법이 있다.
먼저 하나는 '본괘'로부터 '괘신(卦身)'을 결정하는 방법이고, 다른 하나는 '세효'로부터 '세신(世身)'을 결정하는 방법이다.
'괘신'을 얻는 방법은, '본괘'의 '세효'가 양(陽)이면, 11월을 가리키는 '자(子)'로부터 시작해서 '세효'의 지지에 이르도록 자, 축, 인, 묘로 세어나간다. <<건(乾)>>괘를 가지고 이 방법을 실습해 보면, <<건>>괘는 상구(上九) 효가 '세효'이고, 양효이므로, 초효로부터 상구 효까지 자, 축, 인, 묘로 세어나간다. 그러면 상구 효에 이르러 '사(巳)'로 끝나게 된다.
이렇게 '세효'에 머무는 지지, 위에 든 <<건>>괘의 경우에는 '사(巳)'가 곧 '괘신'이 되는데, '사(巳)'는 월(月)로 환산하면 '4월'에 해당하므로, '4월'이 '괘신'이 되는 것이다. 그런데 '본괘' 중의 '세효'가 음효(陰爻)이면 이때는 음력 5월, 다시 말해 '오(午)'로부터 카운트를 시작한다. 그리고 세는 방법은 '세효'가 양효일 때와 마찬가지로 '순(順)' 방향으로 진행한다.
이상의 설명을 <<곤(坤)>>괘를 예로 삼아 풀어보면, <<곤>>괘의 '세효'는 상육(上六)이므로, 초효로부터 오, 미, 신, 유로 세어나가면 상육에 이르러서는 '해(亥)'가 된다. 이 '해(亥)'가 '괘신'이 되는 것이다.

이렇게 '괘신'이 결정되면, 이런 '괘신'의 12지지와 '일진'과 '월건'의 지지 사이에 어떤 생극 관계가 형성되는가를 살펴보아서 그 길흉을 판단하였다. 여기서 '괘신(卦身)'이라는 개념이 왜 나왔는지 살펴보면, '괘신'은 대략 한 괘의 몸통으로서, 주로 사람의 마음 씀씀이가 어떤가를 나타내는 표상으로 생각하였다. 그래서 '괘신'이 움직이지 않고 조용하게 있으면, 곧 점괘 속의 사람의 마음도 흔들림 없이 평안을 유지하는 것으로 봤다.

마찬가지로 유추하여, '괘신'이 '일진'이나 '월건'과 '합(合)'한 상태가 되었다거나 하면, 그것은 점괘 속의 사람의 마음도 활발하게 움직이고자 하는 뜻이 있는 것으로 판단하였다.

만약 '괘신'이 '순공'이나 '월파'를 당하고 있다면, 이런 경우에는 진퇴를 결정하지 못하고 머뭇거리는 형상으로 생각하였으며, '괘신'이 '동(動)'하고, '충(沖)'하는 경우에는 많은 변화로 인하여 당혹함을 경험하게 될 것이라고 생각했다.

옛날 사람들은 점을 쳐서 '괘신'이 '일진'이나 '월건'과 '충(沖)'하여 '공(空)'하게 되는 경우가 나오면, 점을 치러 온 사람이 정신이상자일 수도 있다고 생각하여 잔뜩 주의를 기울였다. 물론 과학적 근거가 있는 것은 아니지만, 만약 정신이 이상한 사람이 점을 치러 왔다면 어떤 예기치 못한 사고가 일어날지 모르니, 주의 깊게 그 사람의 행동을 살펴서 사고가 발생하지 않도록 해야 한다는 것은 옛날 사람들도 지금 사람들과 마찬가지로 생각하였다.

옛날부터 전해오는 [안신결(安身決)]이라는 '세신' 관련 요결이 있다.

자오지세신거초(子午持世身居初)
축미지세신거이(丑未持世身居二)

인신지세신거삼(寅申持世身居三)
묘유지세신거사(卯酉持世身居四)
진술지세신거오(辰戌持世身居五)
사해지세신거육(巳亥持世身居六)

  이 요결에 따르면, '세효'의 지지가 '자(子)'나 '오(午)'면 그 괘는 초효가 '세신'이 되고, '축(丑)'이나 '미(未)'면 둘째 효가 '세신'이 된다.
  풍천(風天) <<소축(小畜)>>괘를 실례로 들어보면 '세효'의 지지가 '자(子)'이므로 초구 효가 '세신'이 된다. 다른 괘에서도 이와 같은 방법으로 '세신'을 찾을 수 있다.
  '세신'을 가지고 점의 길흉을 판단할 때, '세신'이 '공'한 경우에는 괜한 의심이 많이 생길 것으로 보았으며, '세신'이 '동효(動爻)'가 되어 변하는 경우에는 점을 친 사람의 마음이 갈팡질팡 흔들리는 것으로 보았다.
  또 '세신'이 '월건'으로부터 '월파'를 당하고 있으면 하고자 계획하는 일이 실패할 것으로 보았으며, '세신'이 '일진'이나 '동효'와 서로 '충(沖)'하는 경우에는 반드시 현재와는 다른 변화가 있을 것으로 내다봤다.
  하지만 이런 것들은 모두 일반적인 해설일 뿐이고, 만약 이와 같은 경우를 당한다 하더라도 '세효'의 기운이 '왕상(旺相)'한 상태라면 '충'으로부터 일어나는 영향이 미미할 것이므로 전혀 달리 해석할 수도 있다고 생각했다.
  점의 풀이에서 우선순위를 따진다면 '괘신'이나 '세신'의 쓰임은 물론 '세효'보다 후순위에 속한다. 그러니까 일차적인 점 풀이는 당연히 '세효'를 위주로 하여야 하고, 만약 이렇게 나온 풀이가 합리적이지 못하다고 생각되었을 때, 다시 이차적으로 '괘신', '세신'을 변수로 포함시켜 고려해 보는 것이 좋다는 것이다.

결론적으로 이야기하자면, 옛날 점술에서는 어떤 경우에도 '괘신'이나 '세신'으로 '세효'를 대신하는 일은 없었다.

'간효(間爻)'

'간효'란 '세효'와 '응효' 사이에 있는 2개의 효를 가리킨다.
<<건(乾)>>괘와 같은 경우에는 구사(九四) 효와 구오(九五) 효를 가리키는 것이고, 지뢰(地雷) <<복(復)>>괘라면 육이(六二), 육삼(六三)의 2개 효가 '간효'가 된다.
[납갑서법]에서는 '간효'에 움직임이 있으면, 알고자 하는 일이 벌어지고, 어긋나는 경우가 많다고 생각했다. 그리고 '간효'에 '관귀' 효가 들어있으면 좋지 않다고 생각했다. 그러니까 '간효'에 '관귀' 효가 들어 있는 데다 '동(動)'하기까지 한다면 이런 경우는 그 흉함이 한층 더 심각할 것이라고 생각했다.
일반적으로 괘 가운데 있는 6개의 효가 아무런 움직임도 없으면, 이런 점괘는 아무런 변화 없이 현재의 상태를 지속적으로 유지할 것으로 보았지만, 6개의 효 중에서 1개의 효만 '동(動)'하여도 반드시 지금과는 다른 무슨 변화가 일어난다고 보았다.
그래서 노음(老陰)이 변(變)하여 소양(少陽)이 되고, 노양(老陽)이 화(化)하여 소음(少陰)이 되는 '효(爻)의 변화(變化)'를 유심히 관찰하였다.
이렇게 해서 '효변'으로 새롭게 등장한 효가 길하다면, 이런 괘의 경우 지금은 비록 어려움에 처해 있지만, 이 어려움을 극복할 수 있는 작은 희망의 계기가 마련될지도 모른다고 생각했다. '효변'으로 생긴 '변효'가 '용신'이나 '원신(元神)'을 '생'한다면 그것은 정말 좋은 변화를 기대할 수 있을 것이라 생각했지만, '효변'으로 생긴 '변효'가 '용신'이나 '원신'을 '극'한다면 이 경우에는 '효변'이 일어나기 이전보다 더 좋지 못한 상황이 발생할지도 모른다고 생각했다.

이와 반대로 '변효'가 '기신(忌神)'이나 '구신(仇神)'을 '극'한다면 그것은 좋을 징조가 될 수 있겠지만, 만 번에 한 번이라도 '변효'가 '기신'이나 '구신'을 '생'한다면 이런 경우에는 새로운 걱정거리가 생겨날지도 모른다고 판단했다.

육효(六爻)가 모두 아무런 움직임도 없이 고요하게 머물러 있으면, '왕(旺)' '상(相)'한 기운을 지닌 효가 '휴(休)' '수(囚)'한 기운을 가진 효를 '극'할 수도 있고, '생'할 수도 있다고 보았다. 그러나 만약 6개의 효 가운데서 단 하나만이라도 움직이는 '동효'가 있다면, '동효'는 '정효'를 '생'하거나 '극'할 수 있지만, '정효'는 어떤 경우에도 '동효'를 '생'하거나 '극'할 수 없다.

괘 가운데 '동효'가 있다는 것은 장차 변화가 있을 것이라는 사실을 예고하는 것이다. 그래서 '동효'가 '동'하여 탄생한 '변효'는 '본괘' 속에 있는 기존의 효들과 새로운 '생(生)' '충(沖)' '극(克)' '합(合)'의 관계를 만들어낸다. 이렇게 '동효'를 가지고 기존 괘의 효들과 '생(生)' '충(沖)' '극(克)' '합(合)'의 관계를 따져 보는 것은 의미가 있지만, 아무런 움직임도 없는 '본괘'의 '정효'들을 가지고, 기존의 다른 효들과 '생(生)' '충(沖)' '극(克)' '합(合)'의 관계를 따져보는 것은 아무런 의미도 없다.

자(子)월, 묘(卯)일에 점을 쳐서 '본괘'로 중지(重地) <<곤(坤)>>, '변괘'로 화지(火地) <<진(晉)>>을 얻은 경우를 살펴보자.

유(酉) X 世 (巳)

해(亥) ‖
축(丑) X (酉)
묘(卯) ‖ 應
사(巳) ‖
미(未) ‖
<<곤(坤)>>괘는 곤궁본궁괘(坤宮本宮卦) 변괘는 <<진(晉)>>

'본괘'에서는 상효인 '유금(酉金)'이 '동'하여 '사화(巳火)'로 '변효'가 되었다. 그리고 이 '변효'의 '사화(巳火)'는 '본효'의 '유금(酉金)'을 '극'한다.

이와 더불어 제4효의 '축토(丑土)'도 '동'하는데, 이런 '본괘' 속의 '동효' '축토'는 '세효'인 '유금'을 '생(生)'할 수 있지만, '변효'의 '유금'으로서는 '본괘'의 '세효' '유금'에 아무런 작용도 하지 못한다.

앞에서 설명한 바와 같이 움직임이 없는 '정효'는 움직이는 '동효'를 제압할 수 없다. 그러니까 이 괘에서 '동효'를 제압할 수 있는 것은 '일진'이나 '월건'뿐이다. 따라서 '본괘'와 같은 경우에는 '월건(月建)' '자수(子水)'가 '세효'의 '변효' '사화(巳火)'를 '극'할 수 있으며, '일진(日辰)' '묘목(卯木)'이 제4효의 '변효' '유금(酉金)'을 '충'할 수 있다.

'진신(進神)'과 '퇴신(退神)'

[주역]의 계사(繫辭)에는 "궁즉변(窮則變), 변즉통(變則通), 통즉구(通則久)"라는 말이 있다. 편역자는 "모든 일이라는 것이 궁극에 이르게 되면 변하고, 변하게 되면 통하고, 이렇게 통하게 되면 그것이 장구하게 지

속된다."는 의미 정도로 새기고 있다.

  여기서 '변(變)'이란 곧 나아가고, 물러서는 것을 의미한다. 계사에 등장하는 이 말은 "변하면 통한다."는 원칙과 함께 나아가고, 물러서는 것의 중요성을 강조하고 있다.

  [납갑서법]에서 '진신'과 '퇴신'은 계사(繫辭)에 등장하는 이런 '나아가고 물러서는' 원리에 의하여 탄생된 것이다. '진신'과 '퇴신'은 효가 속성은 변하지 않은 채 다만 위치만 앞으로 나아가거나, 뒤로 물러서는 경우를 가리킨다.

  그러니까 '인(寅)'이 '동'하여 '묘(卯)'가 된다거나, '사(巳)'가 '동'하여 '오(午)', '신(申)'이 '유(酉)', '해(亥)'가 '자(子)', '축(丑)'이 '진(辰)', '진(辰)'이 '미(未)', '미(未)'가 '술(戌)', '술(戌)'이 '축(丑)'이 되는 경우와 같이, 오행의 속성은 그대로 지닌 채, 다만 그 위치만 한 걸음 더 앞으로 나아간 경우는 '진신'이라고 말한다.

  '퇴신'은 '진신'의 경우와 반대로 '묘(卯)'가 '인(寅)'으로, '오(午)'가 '사(巳)'로 변한 것처럼 오행의 속성은 그대로인 채, 그 위치만 한 걸음 더 뒤로 물러난 경우를 가리킨다.

  '진신'으로 변화한 경우는, 봄이 오면 나무들이 더 푸르러지는 것 같이 모든 일이 장차 더 발전해 나갈 것으로 봤다. 반대로 '퇴신'의 경우는, 가을 하늘 아래 화초가 날로 조락해 가는 것처럼 그 사업이 위축되고, 영위하는 일들이 후퇴하는 의미로 받아들였다.

  '진'으로 나아가는 것이 좋은가? '퇴'로 물러서는 것이 좋은가?

  이것을 판단하는 기준은 점의 사안에 따라 다르다. 기뻐할 일을 가지고 점을 친 경우라면 당연히 '진'으로 나아가는 것이 좋겠지만, 피하고 싶은 흉한 일을 가지고 점을 친 경우라면 '진'보다는 '퇴' 쪽으로 한 걸음 물러서는 편이 더 나을 수도 있다.

신(申)월, 계묘(癸卯)일에 향시(鄕試)에 관한 점을 쳐서, '본괘'로 뇌풍(雷風) <<항(恒)>>, '변괘'로 택풍(澤風) <<대과(大過)>>를 얻은 경우를 보자. 향시는 지방 공무원 시험 정도로 보면 어떨까 싶다.

처재(妻財) 술(戌) ll 應
관귀(官鬼) 신(申) X (酉)
자손(子孫) 오(午) l
관귀(官鬼) 유(酉) l 世
부모(父母) 해(亥) l
처재(妻財) 축(丑) ll
<<항>>괘는 진궁삼세괘(震宮三世卦) 변괘는 <<대과>>

이 점은 관리로 등용될 수 있을지 묻는 점이므로, '용신'을 '관귀' 효로 잡아야 한다. '본괘'에서는 '관귀' 효가 '세효'이면서, 지지로는 '유(酉)', 오행으로는 '금(金)'에 속해 있다. 때마침 신월(申月)에 점을 쳤으니까, '월건' 역시 '신금'이어서 이 점괘의 '금' 기운은 평상시보다 배로 '왕'성한 상태라고 할 수 있다. 그리고 '동효'인 제5효는 '신금'에서 '유금'으로 변하면서 '진신(進神)'의 모양을 하고 있고, '변효' '유금'은 '세효(世爻)'이면서 '관귀' 효인 '유금'과 서로 '상(相)'하는 형세다.

따라서 '왕'성한 '금'의 기운이 시류를 타고 더욱 왕성해졌다고 보아도 무방할 것 같다. 그래서 이런 왕성한 기운 때문에 반드시 급제할 것이라고 판단하였는데, 정말 다음 해 봄 시험에서 급제는 물론 오두(鰲頭)의 자리까지 차지하였다. 오두는 장원급제한 사람을 일컫는다.

(그런데 이 괘를 다른 방식으로 풀어 동일한 결론에 도달한 사람도 있었다. 그 사람의 풀이는 '세효'가 '유금'의 속성을 가지고 '관성(官星)'을

주관하고 있는데, '일진' '묘(卯)'와는 서로 '충'하는 관계여서, '세효'가 '암동(暗動)' 한다는 것이다. 이렇게 '세효'가 '관성(官星)'을 주관하면서 '암동'하면 반드시 그 목표가 이루어진다고 풀이하였는데, '암동'에 대해서는 이 책에 그 설명이 나오니까 이 점 풀이에 대해서는 이 정도로 소개를 끝내고자 한다.)

위의 점괘의 경우는 '용신'이 '진'하여서 그 복이 더욱 증가한 경우다.

다음은 유(酉)월, 갑진(甲辰)일에 다른 사람의 투서로 인하여 관직에 영향을 받게 된 사람이 스스로 점을 쳐서 '본괘'로 지수(地水) <<사(師)>>, '변괘'로 지화(地火) <<명이(明夷)>>를 얻은 경우다.

부모(父母) 유(酉) ‖ 應
형제(兄弟) 해(亥) ‖
관귀(官鬼) 축(丑) ‖
처재(妻財) 오(午) X 世 (亥)
관귀(官鬼) 진(辰) △ (丑)
자손(子孫) 인(寅) X   (卯)

<<사(師)>> 괘는 감궁귀혼괘(坎宮歸魂卦), 변괘는 <<명이(明夷)>>

이 괘는 관운에 관하여 친 점이므로, '변효'가 '본괘'의 효를 '극'하는 것은 좋지 않다. '본괘'는 두 번째 효, '진토(辰土)'에 관성(官星)이 들어 있는데, 이렇게 관성을 주관하는 '진토'가 '동'하여 '축토(丑土)'로 '퇴'하는 것은 좋지 않다. 그리고 '기신(忌神)'인 '인목(寅木)'의 '자손' 효가 '묘목(卯木)'으로 '진'하는 것도 좋지 않다. 이런 것들로 판단해 볼 때, 이 일을 당한 사람은 관직에서 쫓겨날 뿐 아니라, 그 투서로 인하여 조사까지 받게 될 것이라

고 판단하였다.

'진신'의 '진'을 결정할 때는 대략 다음과 같은 네 가지 상황을 미리 염두에 두어야 한다고 했다.

첫째는 '왕상(旺相)'한 것이 '왕상'한 것으로 변하여 더욱 기세 좋게 나아가는 것이고, 두 번째는 '휴수(休囚)'한 것이 '휴수'한 것으로 변한 다음, '휴수'한 기운이 '왕상'한 기운으로 바뀌도록 시간을 기다렸다가 나아가는 것이고, 세 번째는 '동효'나 '변효' 중 어느 하나가 '휴수'한 상태에 놓여 있다면 그 '휴수'한 것에 '왕상'한 기운이 돌아올 때까지 기다렸다 나아가는 것이고, 마지막 네 번째는 '동효'나 '변효'가 '공(空)'의 상태에 든 경우인데, 이때는 그 속이 다 차기를 기다렸다가 나아가는 것이라 했다.

'진신'의 경우와 마찬가지로 '퇴신'의 경우에도 그것이 '퇴'하는 데는 다음과 같은 네 가지 상황이 전제되어야 한다고 옛날 점술인들은 생각했다.

'왕상'한 기운을 가진 '동효'가 '변효'로 변한 다음에도 계속해서 '왕상'한 기운을 지니고 있다거나, '동효'나 '일진', '월건'으로부터 도움이 있을 때는, 가까운 장래의 일을 가지고 점을 친 것이라면 즉각적으로 쇠퇴하는 일은 일어나지 않고 장시간에 걸쳐 아주 천천히 쇠퇴 현상이 일어난다는 것이 그 첫 번째다.

'휴수'한 효가 '동'하여 계속 '휴수'한 효로 '변'하였다면, 그 효의 기운이 '왕상'한 때가 되어야만 비로소 '퇴'하게 된다는 것이 그 두 번째다.

세 번째는 '동효'나 '변효' 가운데 하나라도 '왕상'한 기운을 지니고 있다면, 그 '왕상'한 기운이 '휴수'한 상태에 이른 다음에라야 비로소 '퇴'가 일어난다는 것이다.

그리고 마지막 네 번째로는 '동효'나 '변효' 가운데 하나라도 '공(空)'에 든 경우에는, 이 '공'한 것이 다 채워진 다음에야 비로소 '퇴'가 일어나기 시작한다는 것이다.

'진신'이나 '퇴신'과 관련해서는 이외에도 많은 이론들이 있는데, 이런 이론들 중의 하나로 야학노인(野鶴老人)의 3가지 '진신'에 관한 법을 소개하고자 한다.

야학노인이 말하는 3가지 법은 '대진(大進)', '부진(不進)', '불능진(不能進)'이다. 우선 '대진'은 '동효'가 '왕상'한 기운을 가지고 '진신'의 모양으로 '동'하는데, 거기에 덧붙여 '일진', '월건'의 도움마저 있다면, 이런 경우에는 쏜살같이 나아가게 되므로 그 이름을 '대진'이라 한다고 했다.

두 번째로 '부진'은 '동효'가 '진신'으로 나아가려고 하는데, '일진'이나 '월건'에 의해 '순공'에 들어 있다면, 이런 경우에는 '동효'가 아무리 나아가려고 애를 쓰나 나아갈 수가 없으므로 '부진'이라고 한다 했다.

마지막은 '동효'가 '일진'이나 다른 효와 '충(沖)'하여 날아가 버린 경우로, 이런 경우에는 '동효'가 괘 중에서 사라져 버렸으므로 더 이상 나아갈 수 있는 실체가 없다. 그래서 이런 경우는 '불능진'이라고 이름을 붙여, 나아가고자 해도 나아갈 실체가 없는 것으로 생각했다.

그러면 '진신'과 '퇴신'에 관한 실제 점괘를 한 번 살펴보자.

오(午)월, 갑술(甲戌)일에 관운(官運)을 얻을 수 있을까? 점을 쳐서, '본괘'로 택화(澤火) <<혁(革)>>, '변괘'로 천화(天火) <<동인(同人)>>을 얻었다 하자.

관귀(官鬼) 미토(未土) X (戌)
부모(父母) 유금(酉金) l
형제(兄弟) 해수(亥水) l 世
형제(兄弟) 해수(亥水) l 伏午財
관귀(官鬼) 축토(丑土) ll

자손(子孫) 묘목(卯木) 1 應

이 점괘는 상효의 '미(未)'가 '술(戌)'로 변하였는데, 이와 같은 경우는 '대진'이라고 할 수 있다. 왜냐하면 '본괘'의 상효 '미'가 '왕상'한 기운을 지니고 있는데, '동'하여 변한 '변효' '술' 역시 '일진' 갑술(甲戌)'로부터 도움을 얻어 '왕상'한 기운이 더욱 '왕상'한 기운을 띠게 되기 때문이다.

이번에는 묘(卯)월, 경신(庚申)일에 부모님에 관한 점을 쳐서 '본괘'로 뇌화(雷火) <<풍(豊)>>, '변괘'로 택화(澤火) <<혁(革)>>을 얻은 경우다.

관귀(官鬼) 술토(戌土) 11
부모(父母) 신금(申金) X 世 (酉)
처재(妻財) 오화(午火) 1
형제(兄弟) 해수(亥水) 1
관귀(官鬼) 축토(丑土) 11 應
자손(子孫) 묘목(卯木) 1

이 점은 '본괘'의 제5효 '신(申)'이 '유(酉)'로 변하였지만, '부진'이다. 왜냐하면 '변효' '유'가 '월건' '묘'로부터 '충(沖)'을 당해 '공'한 상태에 빠져 있기 때문이다. 이렇게 '공파'를 당하게 되면 나아가고자 해도 힘이 없어 나아갈 수가 없으므로 '부진(不進)'이 되는 것이다.

이번에는 신(申)월, 계묘(癸卯)일에 자식의 일로 점을 쳐서, 수뢰(水雷) <<둔(屯)>>을 '본괘'로, 수택(水澤) <<절(節)>>을 '변괘'로 얻은 경우다.

형제(兄弟) 자수(子水) 11
관귀(官鬼) 술토(戌土) 1 應
부모(父母) 신금(申金) 11
관귀(官鬼) 진토(辰土) 11 伏午財
자손(子孫) 인목(寅木) X 世 (卯)
형제(兄弟) 자수(子水) 1

이 괘에서는 제2효 '인목(寅木)'이 '묘목(卯木)'으로 변했는데, 이 경우는 '진신'의 모양으로 변하기는 했으나, 실제로는 나아갈 수가 없는 '불능진'이 된다. 왜냐하면 '인목'이 '월건' '신금(申金)'으로부터 '월파'를 당하고 있어, '변효' '묘목'이 '일진' '계묘'의 도움을 얻고 있기는 하나, 이미 '인목'이 그 자리를 잃음으로 해서 '일진'의 도움이 있지만 나아갈 수가 없는 것이다.

'진신'의 경우와 마찬가지로 '퇴신(退神)'에도 3가지의 법칙이 있는데, 첫째는 '실퇴(實退)', 둘째는 '불퇴(不退)', 그리고 셋째는 '불급퇴(不及退)'다.
오(午)월, 신사(辛巳)일에 재물에 관한 점을 쳐서 '본괘'로 중택(重澤) <<태(兌)>>, '변괘'로 택뢰(澤雷) <<수(隨)>>를 얻은 경우를 살펴보자.

부모(父母) 미토(未土) 11 世
형제(兄弟) 유금(酉金) 1
자손(子孫) 해수(亥水) 1
부모(父母) 축토(丑土) 11 應
처재(妻財) 묘목(卯木) △ (寅木)
관귀(官鬼) 사화(巳火) 1

이 점은 <<태>>괘의 제2효 '묘목(卯木)'이 '인목(寅木)'으로 '퇴신'이 되었는데, '본괘'의 '묘목'도 '휴수'한 상태고, '변괘'의 '인목'도 '휴수'한 상태다. 이와 같이 '휴수'한 상태의 효가 변해 계속 '휴수'한 상태를 유지한다면 이런 경우는 '실퇴(實退)'하는 것이라고 생각했다.

다시 인(寅)월, 병술(丙戌)일에 부모에 관한 점을 쳐서, '본괘'로 중천(重天) <<건(乾)>>, '변괘'로 택천(澤天) <<쾌(夬)>>를 얻은 경우를 살펴보자.

부모(父母) 술토(戌土) △　世 (未土)
형제(兄弟) 신금(申金) 1
관귀(官鬼) 오화(午火) 1
부모(父母) 진토(辰土) 1　應
처재(妻財) 인목(寅木) 1
자손(子孫) 자수(子水) 1

이 점에서는 '부모' 효, '술토(戌土)'가 '일진'의 도움을 얻고 있지만, '미토(未土)'로 '변'하면서 바로 '순공'에 든다. 이렇게 '순공'에 들게 되면 물러나고자 해도 물러날 방법이 없다. 그래서 '불퇴(不退)'가 되는 것이다.

다음으로는 신(申)월, 계묘(癸卯)일에 형제에 관한 일을 점으로 쳐서 '본괘'로 중택(重澤) <<태(兌)>>, '변괘'로 뇌화(雷火) <<풍(豊)>>을 얻은 경우를 살펴보자.

부모(父母) 미토(未土) 11 世
형제(兄弟) 유금(酉金) △ (申金)

자손(子孫) 해수(亥水) 1
부모(父母) 축토(丑土) 11 應
처재(妻財) 묘목(卯木) 1
관귀(官鬼) 사화(巳火) △ (卯木)

이 점괘는 '용신(用神)'인 제5위의 '유금(酉金)'이 '일진' '묘목(卯木)'과 '충(沖)'하여 흩어지게 될 수인데, '신금(申金)'으로 '변'하면서 '월건'으로부터 아주 강력한 도움을 받게 된다. 따라서 '유금'으로부터 '신금'으로 '퇴신'의 모양을 하고 있음에도 불구하고, 실제로는 아무런 물러남도 일어나지 않는다. 이런 경우를 가리켜 '불급퇴'라고 한다 했다.

[납갑서법]에서는 '원신(元神)'이나 '용신(用神)'이 '진신'으로 나아가는 형상이면 길한 것으로 판단하였고, '기신(忌神)'이나 '구신(仇神)'과 같은 경우에는 '퇴신'으로 물러나는 것이 오히려 허물이 감해지는 것으로 판단하여 유익하게 생각하였다.

그러면 '삼진(三進)'과 '삼퇴(三退)'의 법에서 '부진(不進)'과 '불능진(不能進)'이 '부진'과 '불능진'의 상태를 벗어나게 되는 시기는 언제일까? 마찬가지로 '불퇴(不退)'와 '불급퇴(不及退)'는 어느 시기가 되면 '불퇴'와 '불급퇴'의 상태에서 벗어나 물러나게 될까?

이 문제는 점을 쳐서 알고자 하는 일의 구체적인 상황과 시간을 살펴보아야 한다고 점서들은 말하고 있다. 이 말은 곧 점을 치는 사람은 무엇보다도 먼저 점의 원리를 충실히 따라야 한다는 의미다.

점의 원리란 곧 "세상의 모든 것은 변화하기 때문에 절대로 한 곳에 머물러 있지 않으며, 육허(六虛)로 두루 다니기 때문에 항상 상하(上下)가 그 자리를 지키는 것도 아니고, 강한 것과 유한 것이 절대로 그 성질이 바뀌지 않는 것도 아니다. 따라서 점은 변하지 않는 것을 기준으로 삼아서는 안 되며, 오직 변하는 것을 주도면밀하게 살펴 시의(時宜) 적절하게 천지만물의 변화에 대처해야 한다(變動不居 周流六虛 上下無常 剛柔相易 不可以爲典要 唯變所適)."는 것이다.

그러니까 단순하게 '진'과 '퇴'의 법칙만을 살펴서 판단하기보다는 점을 치는 전체 상황을 조망해서 마땅히 나아가고, 물러설 때를 판단해야 한다고 말하고 있다.

14. '반음(反吟)', '복음(伏吟)', '독발(獨發)', '독정(獨靜)', '용신양현(用神兩現)'과 '유혼(游魂)', '귀혼(歸魂)'

'반음(反吟)'

'반음'에는 두 가지 종류가 있다. 하나는 '괘의 반음(卦之反吟)'이고, 다른 하나는 '효의 반음(爻之反吟)'이다. '괘의 반음'은 곧 괘가 '변'하여 '본괘'와 '변괘'가 서로 '충(沖)'하는 경우를 말한다. 이 설의 근거가 되는 이론을 살펴보자.

각 괘는 각각 자신의 방위(方位)를 가지고 있는데, 예를 들면 <<건(乾)>>의 방위는 서북(西北)이고, <<손(巽)>>의 방위는 동남(東南)이다. 이와 같이 <<건>>과 <<손>>은 서로 '충'하는 위치에 있기 때문에 '괘의 반음'이 되는 것이다. 마찬가지 이치로 8개의 '순괘'를 가지고 비교해 보면, <<감(坎)>>과 <<이(離)>>, <<진(震)>>과 <<태(兌)>>, <<곤(坤)>>과 <<간(艮)>>이 '괘의 반음'의 관계를 형성한다. 이런 '괘의 반음'은 옛날에는 물론 현재도 그렇게 점 풀이에 많이 이용되는 편은 아니다.

그리고 '효의 반음'은 곧 효가 '변'하여 '본괘'의 '동효'와 '변괘'의 '변효'가 서로 '충(沖)'하는 관계가 되는 것을 말하는데, 예를 들면 '자(子)'가 변하여 '오(午)'가 되거나, 반대로 '오'가 변하여 '자'가 되는 경우다. 12지지를 '효의 반음'의 관계로 분류해 보면 '축(丑)'과 '미(未)', '인(寅)'과 '신(申)', '묘(卯)'와 '유(酉)', '진(辰)'과 '술(戌)', '사(巳)'와 '해(亥)'가 여기에 해당된다. '효의 반음'도 구체적인 점 풀이에서 중요하게 논의된 예는 거의 없다.

이렇게 '괘의 반음'이나 '효의 반음'은 점의 풀이에서 그렇게 중요하게 취급되지 않았지만, 이런 '반음'이 '내괘'와 '외괘'에 동시에 들어 있는 경우에는 점 풀이에서 중요한 고려 대상으로 생각했다. 예를 들어 지풍(地風) <<승(升)>>괘가 변하여 풍지(風地) <<관(觀)>>괘가 된 경우를 살펴보자

관귀(官鬼) 유금(酉金) 11   처재(妻財) 묘목(卯木) 1
부모(父母) 해수(亥水) 11   관귀(官鬼) 사화(巳火) 1
처재(妻財) 축토(丑土) 11   부모(父母) 미토(未土) 11
관귀(官鬼) 유금(酉金) 1   처재(妻財) 묘목(卯木) 11
부모(父母) 해수(亥水) 1   관귀(官鬼) 사화(巳火) 11
처재(妻財) 축토(丑土) 11   부모(父母) 미토(未土) 11
         (地風升)   (風地觀)

이 점괘에서는 '본괘'의 2효와 5효 '해수(亥水)'가 동시에 '변괘'의 '사화(巳火)'로 변하면서 서로 '충'하고 있다. 그리고 '본괘'의 3효와 상효 '유금(酉金)'은 '변괘'에서 '묘목(卯木)'으로 변해 서로 '충'하고 있다. 이와 같은 경우는 '내괘'와 '외괘'에 모두 '반음'이 있는 경우다.

풍지(風地) <<관(觀)>>괘가 중지(重地) <<곤(坤)>>괘로 변한 경우는 위의 경우와는 달리, '내괘'는 부동인 채, '외괘'만 '반음'이다. 그리고 중풍(重風) <<손(巽)>>괘가 풍지(風地) <<관(觀)>>괘로 변한 경우는 '외괘'는 부동

인 채, '내괘'만 동하여 '반음'이 되었다.

처재(妻財) 묘목(卯木) 1　　　자손(子孫) 유금(酉金) 11
관귀(官鬼) 사화(巳火) 1　　　처재(妻財) 해수(亥水) 11
부모(父母) 미토(未土) 11　　형제(兄弟) 축토(丑土) 11
처재(妻財) 묘목(卯木) 11　　관귀(官鬼) 묘목(卯木) 11
관귀(官鬼) 사화(巳火) 11　　부모(父母) 사화(巳火) 11
부모(父母) 미토(未土) 11　　형제(兄弟) 미토(未土) 11
　　　(風地觀)　　　　　　　　　(重地坤)

형제(兄弟) 묘목(卯木) 1　　　처재(妻財) 묘목(卯木) 1
자손(子孫) 사화(巳火) 1　　　관귀(官鬼) 사화(巳火) 1
처재(妻財) 미토(未土) 11　　부모(父母) 미토(未土) 11
관귀(官鬼) 유금(酉金) 1　　　처재(妻財) 묘목(卯木) 11
부모(父母) 해수(亥水) 1　　　관귀(官鬼) 사화(巳火) 11
처재(妻財) 축토(丑土) 11　　부모(父母) 미토(未土) 11
　　　(重風巽)　　　　　　　　　(風地觀)

　　옛날 사람들은 이와 같은 경우의 '반음'은 점 풀이에서 많이 고려하였는데, 그 까닭은 '괘'나 '효'가 '반음'을 만나면 원래의 것들은 엎어지고, 뒤집어져서 안녕을 기대하기가 어렵다고 생각했기 때문이다. 그래서 옛날 점서에서는 '내괘'가 '반음'이면 안쪽이 불안한 것으로, '외괘'가 '반음'이면 바깥쪽이 불안한 것으로 생각했다.
　　피차의 형세를 살펴야 하는 점괘에서는, '내괘'가 '반음'이면 내 쪽은 어지러운 데 비해 상대방은 평안한 것으로 보았으며, 반대로 상대는 혼란스러운데 내 쪽이 평안한 경우는 '외괘'에 '반음'이 나타난다고 생각했다.
그리고 어떠한 경우에도 '반음' 효가 '용신'을 '충'하여 '변'하게 할 수는 없다고 생각했기 때문에, '반음'의 점괘가 나타났을 경우에는 점을 쳐서 알고자 하는 일이 비록 어려움을 당하기는 하겠지만, '반음'으로 인하여 점을 쳐서 하고자 하는 일이 성취되지 않는 일은 없다고 보았다.

묘(卯)월, 임신(壬申)일에, 승진하여 전근하는 직속상관을 따라 자신도 가겠는지 묻는 점을 쳐서 '본괘'로 수지(水地) <<비(比)>>, '변괘'로 수풍(水風) <<정(井)>>을 얻은 경우다.

처재(妻財) 자(子)   ∥ 應
형제(兄弟) 술(戌)   ∣
자손(子孫) 신(申)   ∥
관귀(官鬼) 묘(卯)   Ⅹ 世 (酉)
부모(父母) 사(巳)   Ⅹ   (亥)
형제(兄弟) 미(未)   ∥

<<비(比)>>는 곤궁귀혼괘(坤宮歸魂卦) 변괘는 <<정(井)>>

'세효'에 '관귀'가 임하여 있고, 또한 '월건'이 왕성한 기운을 가지고 돕고 있으니, 이 일은 반드시 이루어질 것이다. 다만 '반음'이 있음으로 해서, 중간에 여러 가지 우여곡절을 겪을 수다. 하지만 우여곡절은 결코 오래 지속되지 않을 것이며, 결국에는 반드시 원하는 바가 이루어질 것이다.
또한 '세효'의 '목' 기운이 '신일(申日)'에서는 '절(絶)'에 들게 되고, '변괘'에서는 '유금(酉金)'으로 변하는데, '변효' '유금(酉金)'이 '본괘'의 '묘목(卯木)'을 '극'하는 형세이고 보니, 승진하는 상관을 따라 가기는 갈 것이나

그렇게 따라가는 것이 꼭 길하지만은 않을 것 같다는 판단이 선다.

'복음(伏吟)'

'복음'이란 '본괘'에 '동효'가 있어 효가 변한 다음에 등장한 '변괘'의 '오행'도 '본괘'의 '오행'과 같은 경우일 때를 말한다. '복음'은 대략 3가지 경우로 존재하는데, 첫째는 '내, 외괘'가 모두 '복음'인 경우, 둘째는 '내괘'만 '복음'인 경우, 세 번째는 '외괘'만 '복음'인 경우다.

'내, 외괘'가 모두 '복음'인 경우는 <<건(乾)>>과 <<진(震)>>, <<무망(无妄)>>과 <<대장(大壯)>>과 같은 경우로, 각 효의 '본괘'의 지지(地支)인 자(子), 인(寅), 진(辰), 오(午), 신(申), 술(戌)이 '변괘'에서도 자(子), 인(寅), 진(辰), 오(午), 신(申), 술(戌)로 조금도 변하지 않는다.

'외괘' '복음'으로는 <<항(恒)>>과 <<구(姤)>>, <<소과(小過)>>와 <<이(履)>>, <<풍(豊)>>과 <<동인(同人)>>, <<송(訟)>>과 <<해(解)>>, <<비(否)>>와 <<예(豫)>>가 있다. 이 괘들은 '본괘'의 '외괘'에 속한 제4효, 제5효, 상효의 지지가 '변괘'의 '외괘'에서도 동일하다.

마찬가지로 '내괘' '복음'으로는 <<둔(屯)>>과 <<수(需)>>, <<태(泰)>>와 <<복(復)>>, <<대유(大有)>>와 <<서합(噬嗑)>>, <<수(隨)>>와 <<쾌(夬)>>, <<대축(大畜)>>과 <<이(頤)>>, <<소축(小畜)>>과 <<익(益)>>이 있는데, 이 괘들 역시 '변괘'의 '내괘'에 속한 초효, 제2효, 제3효의 지지가 '본괘'의 '내괘'와 조금도 변하지 않는다.

일반적으로 '복음괘(伏吟卦)'가 나오면 점을 쳐서 알고자 하는 일이 의심스러워서 끙끙 앓게 되는 상으로 풀이하였다. 그래서 '동'함이 있어도 선뜻 마음을 내서 행하지 못하는 형상이다. '내, 외괘' '복음'은 안팎이 모두 이와 같기 때문에 더더욱 의심을 가지고, 걱정스러워 하면서 어쩔 줄 몰라 하는 그런 형상인 것이다.

물론 '내괘'만 '복음'이면 나 자신만 속으로 끙끙 앓을 형상이지만, '외괘'가 '복음'인 경우는 나와 상대가 되는 사람의 속이 편안하지 않은 것으로 생각했다.

'복음' 괘의 풀이는 모든 일이 뜻과 같이 이루어지지 않으며, 움직여도 움직인 것 같은 느낌이 들지 않을 만큼 초조하고 괴로운 형상이다. 그래서 무슨 조치를 취해도 아무런 진전이 없을 것으로 점 풀이를 했다.

'복음'과 '반음'을 비교해 보면, '반음'에는 '충(沖)'이나 '극(克)'이 있으면 불리한 것으로 보았지만, '복음'의 경우에는 '용신'이 '왕상(旺相)'한 기운을 지니고 있는 형상이면 비록 '용신'이 '세군'이나, '월건', '일진'과 '충(沖)'한 다 하더라도 시간이 지나면 점점 더 그 뜻이 신장(伸長)할 것으로 봤으며, 만약 '용신'이 '휴수(休囚)'한 상태인데 '세군'이나, '월건', '일진'과 '충'한 다면 시간이 갈수록 근심이 더 깊어질 것으로 봤다.

신(申)월 계사(癸巳)일에 외지(外地)에 계신 아버지의 안부를 묻는 점에서 '본괘'로 천풍(天風) <<구(姤)>>, '변괘'로 뇌풍(雷風) <<항(恒)>>을 얻은 경우를 살펴보자.

부모(父母) 술(戌)　△　(戌)
형제(兄弟) 신(申)　△　(申)
관귀(官鬼) 오(午)　l　應
형제(兄弟) 유(酉)　l
자손(子孫) 해(亥)　l
부모(父母) 축(丑)　ll　世

≪구≫는 건궁일세괘(乾宮一世卦)이고, 변괘는 ≪항≫

이 괘는 '일진' '사화(巳火)'가 '부모' 효의 '토' 기운을 '생(生)'하고 있으므로 당연히 외지에 계셔도 평안하다. 다만 '외괘'가 '복음'이어서, 평안하게 지내시기는 하는데 혹시 무슨 사고가 생기지나 않을까 걱정이 되면서 의심이 되는 상이다.

언제 돌아오실지 시간을 묻는 데 있어서는, 지금 '복음'이 돌아오고자 하는 아버지의 뜻을 방해하고 있으며, '진년(辰年)'이 되면 마땅히 돌아오실 것으로 풀이했는데, 과연 진년이 되어 돌아오셨다.

'독발(獨發)', '독정(獨靜)'

하나의 괘 6개의 효 가운데 5개의 효는 모두 아무런 움직임도 없는데, 오직 1개의 효만 '동'한다면 이런 경우를 가리켜 '독발(獨發)'이라고 한다. 이와 반대로 5개의 효는 모두 '동'하는데, 1개의 효만 '동'하지 않는 경우는 '독정(獨靜)'이라고 한다.

만약 6개의 효 가운데 1개는 움직임이 확연히 드러나 보이는데, 다른 1개는 '일진(日辰)'과 '충'하여 '암동(暗動)'한다면, 이런 경우는 '독발'이 아니라고 본다. 오히려 6개의 효가 모두 아무런 움직임도 없이 안정적 형세를 유지하고 있는데, '일진'이 그 중 1개의 효와 '충'하여 움직이게 하는 경우라면 '독발'이라고 할 수 있다.

점 풀이에 있어서 '독발'과 '독정'은 일의 성사와 지속 여부를 나타내는 것으로 풀이한다. '생'하면 일이 이루어지고, '극'하면 일이 막힌다고 풀이한 것처럼, '동'과 '정'에 있어서는 움직임이 없으면 천천히 진행되고, 움직임이 있으면 신속하게 진행된다고 봤다.

하지만 이렇게 해석할 때는 어디까지나 '용신'을 위주로 해서 판단할 일이며, '독발'이나 '독정'은 참고 사항으로만 삼아야 한다. 그럼에도 만약 '용신'을 무시하고 '독정'과 '독발'을 앞세워 판단한다면 이것은 본(本)을 버리고 말(末)을 취하는 것과 같은 어리석은 행위라고 옛날 점서들은 경고하고 있다.

이외에도 '진정(盡靜)'과 '진발(盡發)'이라는 설이 있는데, 먼저 '진정'은 괘 중의 6개의 효가 모두 아무런 움직임도 없이 안정을 유지하고 있으면서, '일진'이나 다른 '동효'로부터도 '충'하는 것이 전혀 없어 '암동'하는 기미조차도 없는 경우를 가리켜 '진정'이라고 한다. '진정'과 대조적으로 '진발'은 괘 중에 있는 6개의 효가 모두 움직이는 경우다.

'진정'은 천 길이나 되는 못의 물이 조금도 흔들리지 않는 것 같고, '진발'은 용이 하늘로 높이 치솟아 올라 비를 내리게 하는 것과 같다고 한 옛 점서의 말이 있는데, 일반적으로 점괘를 풀 때, '동효'가 적으면 일의 두서가 복잡하지 않고 차분하게 진행되는 것으로 보았으며, '동효'가 많으면 그만큼 사안이 번잡하고, 우여곡절이 많을 것으로 판단했다.

하지만 이것도 먼저 '용신'과 '세효'를 가지고 판단하는 것이고, '진정'이나 '진발'은 참고만 해야 한다고 했다.

'용신양현(用神兩現)'

'본괘' 중에 '용신'이 한 개도 나타나지 않는 경우도 있지만, 반대로 2개의 '용신'이 동시에 나타나는 경우도 있다. '용신양현'은 이런 경우를 가리키는 문자다. 좀 더 구체적으로 예를 들어 말하자면, '형제'에 관한 점을 쳤는데, 괘 중에 '형제' 효가 2개 있는 경우다.

실제 점에서 이와 같은 경우가 등장한다면 어느 효를 '용신'으로 삼아야 마땅할까? 이런 경우에는 2개의 효 중에서 '세효'를 '지(持)'하고 있는 효를 '용신'으로 삼는 것이 원칙이다. '정효'보다는 '동효'를, '공파'를 당하지 않는 효보다는 '공파'를 당하고 있는 효를 '용신'으로 삼는 것이 원칙이며, '공(空)'에 빠지지 않은 효보다는 '순공'에 든 효를 '용신'으로 삼는다. 또 아무런 권세도 가지지 않은 효보다는, 조그만 권세라도 가진 효를 택해야 한다.

미(未)월, 경자(庚子)일에, 재물을 구하는 점을 쳐서 풍천(風天) <<소축(小畜)>>괘를 얻은 경우를 살펴보자.

형제(兄弟) 묘(卯) ｜
자손(子孫) 사(巳) ｜
처재(妻財) 미(未) ‖ 應
처재(妻財) 진(辰) ｜
형제(兄弟) 인(寅) ｜
부모(父母) 자(子) ｜ 世
<<소축>>은 손궁일세괘(巽宮一世卦)

재물을 구하는 점이므로 '처재(妻財)' 효로 '용신'을 삼아야 하는데, 괘 중에 '처재' 효가 2개 있다. 이 2개의 '처재' 효 가운데서 제4효 '미토(未土)'는 '월건'의 도움을 받아 '왕상'한 기운을 지니고 있는 형세인 데 비해, 제3효의 '진토(辰土)' '처재' 효는 '순공'에 들어 있다. 이럴 때는 '왕상'한 '미토'를 버리고, '순공'에 든 '진토'를 선택하여 '진일(辰日)'에 재물을 얻을 수

있을 것으로 본다. 이와 같은 경우는 '왕상(旺相)', '불공(不空)'한 것을 버리고, '순공'에 든 효를 '용신'으로 삼은 예다.

다시 해(亥)월, 병오(丙午)일에 어머니가 그 자식이 언제쯤 액운에서 벗어날 수 있을지 점을 쳐서 '본괘'로 뇌지(雷地) <<예(豫)>>, '변괘'로 뇌택(雷澤) <<귀매(歸妹)>>를 얻은 경우를 살펴보자.

처재(妻財) 술(戌) ∥
관귀(官鬼) 신(申) ∥
자손(子孫) 오(午) l 應
형제(兄弟) 묘(卯) ∥
자손(子孫) 사(巳) X (卯)
처재(妻財) 미(未) X 世 (巳)
<<예>>는 진궁일세괘(震宮一世卦), 변괘는 <<귀매>>

자손에 관하여 친 점이므로, '용신'은 '자손' 효가 되어야 한다. 그런데 제2위의 '자손' 효는 '월파'를 당하면서 '변효' '묘목(卯木)'이 '본괘'의 '사화(巳火)'를 '생(生)'하고 있다. 이에 비해 제4위의 '오화(午火)', '자손' 효는 '일진'의 도움을 받아 그 기운이 '왕상'한 형상이다. 따라서 제2위의 '사화' 효를 '용신'으로 삼아, '사년(巳年)'이면 액운을 벗어날 것으로 봐야 한다. 이와 같은 경우는 '월건'으로부터 '파(破)'를 당하지 않는 효는 버리고, '월파(月破)'를 당하고 있는 효를 '용신'으로 사용한 예다.

하지만 옛날의 점서라고 해서 모두 다 이런 이론을 지지하고 있는 것은 아니다. 어떤 점서에서는 '상함이 있는 것은 버리고, 상함이 없는 것을 취해야 한다.'고 주장하기도 한다. 이때 '상함'이란 곧 '순공'이나 '월파'를 당해서 그 기운이 흩어지고 약해진 것을 말한다.
 이상의 두 가지 설 가운데서, 어느 것을 취해야 할지는 당연히 점술사 본인이 스스로 결정해야 할 문제이지, 누가 결정해 줄 수 있는 문제가 아니다.

'귀혼(歸魂)'과 '유혼(游魂)'

 '유혼' 괘는 각 궁의 일곱 번째 괘로서, 건궁(乾宮)에서는 화지(火地) <<진(晉)>>, 곤궁(坤宮)에서는 수천(水天) <<수(需)>>가 이에 해당한다. 그리고 '귀혼' 괘는 각 궁의 여덟 번째 괘로서, 건궁에서는 화천(火天) <<대유(大有)>>, 곤궁에서는 수지(水地) <<비(比)>>가 이에 해당된다.
 옛사람들은 점을 쳐서 '유혼' 괘가 나오면, 마음이 일정하게 방향을 잡지 못해 이리저리 흔들리는 것으로 생각했다. 그리고 '귀혼' 괘가 나오면, 모든 일이 속박을 받아 안녕을 기대하기가 어려운 것으로 봤다.
 이렇게 일반적으로 '유혼' 괘나 '귀혼' 괘는 불길하거나, 불순한 것으로 생각했다. 특별히 병에 관한 점에서 '유혼' 괘나 '귀혼' 괘가 나오면 묵은 병이 다시 재발할지도 모른다고 생각하여, 더욱 두려워했다. 그래서 '문병유귀(問病游歸)'라는 말까지 있었다.
 하지만 우리는 점을 쳐서 그 길흉을 판단할 때, 무엇보다도 먼저 '용신'을 보고 판단을 해야지, 단순히 그 괘가 '유혼 괘'인가? '귀혼 괘'인가 하는 것만을 가지고, 점의 길흉을 판단해서는 안 될 것이다.

 이상으로 [납갑서법]에 등장하는 '용어'와 그 개념은 대략 설명을 한 것 같다. 이제 2부에서는 과거 점술사들과 현재의 점술사들이 친 실제의 점을 가지고, 점 풀이에 대한 공부를 본격적으로 해 보고자 한다.

제2부
여러 가지 점의 사례[占例]

　제1부에서는 [납갑서법]에서 사용하는 '용어'와 개념들을 대략 살펴보았다. 이제 제2부에서는 실제로 친 점을 가지고 설명해 나가겠다. 말하자면 [납갑서법]의 실전 사례인 셈이다.

　과거 역술인들은 어떻게 풀이하였는가? 그 사람들이 그렇게 풀이를 한 논리적 근거는 무엇이며, 또 어떤 추리의 과정을 거쳐 그런 결론에 도달했는가? 그리고 오늘날 점술인들의 점은 과거 점술사들의 점 해석과 어떤 차이가 있는가? 이런 점들에 대하여 구체적인 예를 통하여 보다 세밀하게 살펴보고자 한다.

　먼저 "옛날 사람들은 어떤 문제를 가지고 점을 많이 쳤는가?" 하는 부분부터 살펴보자. 옛날 사람들이 점을 친 주제들을 분류하여 나누어 보면 대략 다음 5가지 분야로 묶을 수 있다. 재물(財物), 건강과 질병, 혼인과 출산, 직업과 명예, 기타 등 다섯 분야다.

1. 재물에 관한 점

 이 주제는 옛날 사람이나 지금 사람이나 공통적으로 관심을 가진 분야다. 먼저 재물에 관한 점에서는 '용신'이 되는 효가 '처재(妻財)'라는 것부터 잊지 않도록 하자.
 재물에 관하여 점을 쳐서 알고자 하는 것은 대략 다음 3가지다. 첫째는 재물이 생길지 여부. 둘째는 재물이 생긴다면 어떤 과정을 거쳐 얻게 되느냐는 것. 만약 죽기보다 힘든 과정을 거쳐야만 재물을 얻을 수 있다는 점괘가 나왔다면, 이런 경우에는 재물을 얻으려고 시도를 할 것인지, 아니면 그런 과정을 거쳐서 얻어야 할 만큼 재물은 가치 있는 것이 아니므로 포기를 한다든지 결정을 해야 하니까. 셋째는 만약 재물이 생긴다면 언제 그 재물이 생길지 그 시기를 아는 것이 매우 중요했다.

 먼저 첫째의 경우로 재물(財物)이 생길지 여부를 알아보는 점(占)에 대해서부터 공부해 보기로 하자.
 [납갑서법]에서는 재물이 생길지 여부를 물은 점에서 '육합(六合)'을 이루는 괘가 점괘로 나왔다면 무조건 재물이 생긴다고 봤다. 물론 이와 반대로 '육충(六沖)'의 괘가 나온 경우에는 재물이 생기지 않는 것으로 봤다.

이밖에는 '외괘(外卦)'가 '내괘(內卦)'를 '생(生)'하는 경우와 '응효(應爻)'가 '세효(世爻)'를 '생'하는 경우에는 재물이 생긴다고 봤다. 물론 반대의 경우로 '내괘'가 '외괘'를 '극(克)'한다거나, '세효'가 '응효'를 '극'하는 경우에는 재물이 생기지 않는다고 봤다.

'내괘'와 '외괘', '세효'와 '응효'가 모두 '왕'성한 기운을 지니고 있으면서, '순공(旬空)'이나 '월파(月破)'를 당하지 않는다면, 이 점괘도 재물이 생길 수다.

'본괘'의 6개 효 가운데 재물 운을 가진 효는 없다 하더라도 다음과 같은 경우에는 재물이 생기는 것으로 보았다.

①'일진(日辰)'이 재운을 띠고 있으면서 '세효'를 '생'하거나, '상(相)'하는 경우 ②'세효' 아래 '처재' 효가 '복'하고 있다가 '일진'의 도움을 받아 드러나게 되는 경우 ③'응효'가 '동'하여 재물 운을 지니고 있는 '세효'를 '생(生)'하거나 '부(扶)'할 때 ④'형제' 효가 '동'하여 왕성한 기운을 지닌 '자손' 효를 '생'하는 경우 ⑤'일진'과 '세효'와 '응효'가 한데 어우러져 '삼합국(三合局)'을 형성했을 때 ⑥'세효'가 지닌 재물 운은 쇠퇴하였으나, '일진'이 도움을 주었을 때

이와는 반대로, ①'응효'와 '처재' 효가 '순공'이나 '월파'를 당했을 때 ②'처재' 효가 '동'하여 '관귀(官鬼)' 효로 변하였다거나 '순공'이나 '월파'를 당했을 때 또는 '절(絶)'의 상태에 들었을 때 ③'처재' 효가 '동'하여 '응효'를 생하거나 '응효'와 '합'했을 때 ④'형제' 효나 '신효(身爻)'가 '처재' 효를 '극'했을 때는 모두 오랜 기간 동안 재물이 생기지 않을 것으로 보았다.

옛사람들은 이와 같이 풀이하였지만, 중국의 현대 역학자 유대균(劉大均) 교수 같은 이는 옛사람들의 이런 풀이에 무조건 맹종하지 말라고 경고하고 있다. 왜냐하면 점의 판단은 다른 사람의 지침에 의해 결정되어서는 아무런 의미도 없는 일이 되어버리기 때문이라는 것.

그는 또 옛날 사람들은 괘 가운데 있는 6개의 효가 모두 '충'하는 '육충괘'가 나오면 재물 운이 없다고 했는데, 자신은 이런 주장에 수긍을 하지 않는다고 했다. 왜냐하면 '육충 괘'의 경우, 재물을 구하는 것이 순조롭지 않을 수 있다는 판단은 어느 정도 수긍이 되나, 전적으로 재물이 생기지 않을 것이라고 보는 견해는 너무도 단정적이어서 동의할 수가 없다는 것이다.

그러면서 유대균 교수는 재물이 생길지 여부를 묻는 점에서는 '처재' 효의 현재 상태를 가장 중요하게 보아야 한다고 주장한다. 그래서 '처재' 효의 기운이 얼마나 '왕상(旺相)'한가에 따라서 재물이 생길지, 생기지 않을지 여부가 결정된다고 했다.

이와 같이 현대의 역술사들 가운데는 과거 역술사들의 점 풀이 이론에 대하여 다른 의견을 제시하는 사람이 많이 있다. 또 다른 예로 과거의 점술인들은 대부분 '응효'와 '처재' 효가 '순공'이나 '월파', '묘절(墓絶)'에 들어 있으면, 재물 운이 없다고 봤는데, 이런 의견에 반대하는 현대의 점술인들은 '응효'나 '처재' 효가 '순공'이나 '월파'를 당하는 그날, 재물이 생길 수 있다는 것이다.

물론 이런 주장들은 모두 자신들의 경험을 통하여 획득한 이론들이기 때문에 어느 것이 옳다고 객관적으로 말할 수는 없다는 점을 우리는 잘 기억해야 할 것이다.

두 번째로 재물을 쉽게 얻을 수 있을지 여부를 묻는 점에서 쉽게 재물을 얻을 수 있는 경우를 다음과 같이 꼽는다.

①'처재' 효가 '왕상'한 기운을 지니고 '세효'나 '신효(身爻)'에 임했을 경우 ②'처재' 효가 '왕상'한 기운을 지니고 '동'하여 '세효'나 '신효'를 '생'하거나 '합(合)'하였을 경우 ③'자손' 효가 '동'하여 '처재' 효가 된 다음, 다시 '신효'나 '세효'를 '생'하거나 '합'하는 경우 .

이 가운데서도 특별히 '관귀' 효가 '처재' 효로 '화'하여 '세효'를 '생(生)'하거나, '합(合)'하는 경우에는 빈손으로도 쉽게 재물을 얻을 수 있을 것으로 봤다.

재물에 관한 점에서는 '귀송재(鬼送財)'라고 해서 귀신이 재물을 보내준다는 의미의 특별한 점이 있는데, 이 점은 '관귀' 효가 '자손' 효로 화해서 '세효'나 '신효'를 '생'하거나, '합'하는 경우다. 만약 '부모' 효가 '처재' 효로 '화'해서 '세효'를 '생'하거나, '합'하였다면, 이때는 처음에는 재물을 얻기가 어려우나 우여곡절을 겪은 다음, 결국 재물을 얻게 되는 것으로 봤다.

또한 '부모' 효는 '왕상'한 기운을 띠고 있는데 그에 비해 '처재' 효의 기운이 미쇠(微衰)하다면, 이 점괘는 재물을 얻기는 하겠으나 얻는 과정에 있어 드는 비용이 엄청나서 과연 그런 사업에 투자를 할 필요가 있을지 깊이 생각해 봐야 하는 경우다. 이와 반대로 '처재'의 효는 기운이 왕성한데, '부모' 효의 기운이 쇠미한 경우에는 적은 비용과 공력으로 많은 재물을 얻을 수 있을 것으로 봤다.

'형제' 효가 '처재' 효로 화하여 '세효'나 '신효'를 '생'하거나 '합'하는 경우는 재물을 얻기까지 비용도 많이 들 뿐만 아니라, 구설수까지도 뒤따를 수 있을 것으로 봤다. 만약 '자손' 효가 화하여 다시 '자손' 효가 되어서 '신효'나 '세효'를 '생'하거나, '합'하는 경우에는, 여러 곳에서 동시에 재물이 생길 것으로 봤다.

이상의 말들은 모두 과거 점술인들이 점 풀이를 하면서 사용한 자신들의 방법인데, 여기에 대해 유대균 교수는 이런 설들을 무조건 그대로 받아들여 맹종하기보다는 자신만의 방법을 가지고 한 번 더 점의 변수들을 고려해 보라고 충고하고 있다. 그래서 '변효'들이 '진신'으로 나아가는가, 아니면 '퇴신'으로 물러서는가 하는 것들도 한 번 더 살펴본 다음 보다 신중하게 판단하라고 권하고 있다.

　재물을 구하고자 하는 점에서는 '처재' 효가 화하여 다시 '처재' 효가 된 경우를 가리켜 특별히 '화재(化財)'라고 부른다. 그리고 이런 괘는 재물이 사라져 버려, 얻기가 어려운 것으로 풀이하였는데, 이에 대해서도 유대균 교수는 다른 주장을 펴고 있다.

　만약 '처재' 효가 '동'하여 다시 '처재' 효로 '변'하였다면, 이 변화가 '진신'의 관계로 이루어졌는가를 한 번 더 살펴보라는 것이다. 그래서 '진신'의 관계로 이루어졌다면 재물을 얻을 수 있다고 본다는 것. 그리고 만약 이런 변화가 '퇴신'의 관계로 이루어졌다면 정말로 재물이 물거품처럼 사라져 버리기 때문에 얻기가 어렵다고 보아야 한다는 것이다.

　'처재' 효가 '변'하여 '형제' 효가 된 다음 이 '형제' 효가 '세효'를 '생'하거나 '합'하는 경우에는 재물은 얻게 되겠지만, 시간이 경과하면 그 재물이 다시 사라져 버리거나, 아니면 다른 사람과 그 소유를 나누어야 할 것으로 봤다.

　'처재' 효가 '세효'와 '합'하거나 '충'하는 관계 또는 '일진', '월건'과 '충'하는 경우에는 재물이 생긴 이후에 무슨 변고가 일어날 것으로 봤다. 그리고 '처재' 효가 왕성한 기운을 지니고 '동'하여서 '세효'를 '생'하거나, '합'하였는데, '일진'이나 '월건' 또는 다른 '동효'가 와서 '처재' 효를 '충형극해(沖刑克害)'한다면, 이런 경우는 재물을 구하는 데 크게 어려움을 당할 것이며, 또한 여러 가지 변고도 겪을 것으로 보았다. 하지만 최종적으로는 재물을 얻게 될 것으로 보았으며, 그렇게 해서 얻은 재물의 양은 아주 적을 것이라고 했다.

　재물 점에서 '처재' 효는 '충(沖)'이나 '공파'를 당하는데, '세효'는 다른 '동효'나 '일진', '월건'으로부터 '생(生)'이나, '부(扶)'를 얻고 있다면, 이 점은 재물은 흩어질 상이지만, 몸은 편안할 것으로 풀이했다.

재물에 관한 점에서 '세효'에 '관귀'가 들어 있고, '원신(元神)'이 '백호(白虎)'의 살(煞)을 만났거나, 또는 '묘(墓)'에 들었거나, 또는 '변효'가 '묘'에 든 경우, '처재' 효의 기운이 왕성하면서, '일진', '월건', '동효'로부터 도움을 받고 있는 경우는 재물은 얻게 되지만, 몸은 망가질 것으로 봤는데, 이 망가짐이 심한 경우는 '인위재사(人爲財死)'라고 해서 재물로 인하여 사람이 죽는 경우까지도 생길 것으로 봤다.

또한 '세효'에 '관귀', '백호'가 들어 있으면서 '일진'이나 '월건', '동효'가 '처재' 효를 '충'하거나 '극'하는 경우, 또는 '순공'이나 '월파'를 당하는 경우, 또는 '묘(墓)'나 '절(絶)'에 든 경우에는 사람과 재물, 모두 다 '공(空)'에 빠지는 것으로 봤다.

이상으로 재물이 생기는 과정에서의 쉽고, 어려움을 묻는 점과 관련하여 옛사람들이 품고 있었던 생각들을 소개하였다.

그러면 언제 재물이 생길지, 그 시기를 물어보는 점에 관해 이야기해보자.
이 점에 대한 이야기는 옛 점서에 실린 점괘 하나를 예로 살펴보면서 시작하려 한다. 기축(己丑)년, 병자(丙子)월, 정묘(丁卯)일에 재물에 관한 점을 쳐서 '본괘'로 화택(火澤) <<규(睽)>>, '변괘'로 뇌택(雷澤) <<귀매(歸妹)>>를 얻었다.

부모(父母) 사(巳)　△
형제(兄弟) 미(未)　‖ 伏子 財
자손(子孫) 유(酉)　l 世
형제(兄弟) 축(丑)　‖
관귀(官鬼) 묘(卯)　l
부모(父母) 사(巳)　l 應

<<규>> 괘는 간궁사세괘(艮宮四世卦), 변괘는 <<귀매>>

<<규>> 괘의 육효 가운데는 재물 운을 나타내는 '처재' 효가 없다. 그래서 '본궁 괘'에서 '용신'을 찾아야 하는데, '본궁 괘'에서는 제5위에 있는 '자수(子水)'가 '처재' 효로 '용신'이 되고, '본괘' '미토(未土)' 아래 '복'하고 있는 모양이다. 그러면서 '본궁 괘'의 '자수(子水)'는 '본괘'의 '미토(未土)'로부터 '극'함을 당하고 있다.

따라서 '미토(未土)'의 방해로 인하여 '자수(子水)'가 재물을 얻는 데는 상당한 어려움이 따를 것이다. 하지만 '복신(伏神)'으로 있는 '자수(子水)' '처재' 효가 '일진'이나 '월건'으로부터 도움을 받게 된다면 일어날 것이다. 이런 근거로 해서 이 점은 '병자(丙子)'일이 되면 재물을 득할 수 있을 것으로 봤다.

※註. 여기서 '병자(丙子)'일이라고 그 시기를 지정한 것은 점을 친 날 '정묘(丁卯)'일로부터 가장 빨리 돌아오는 '자(子)'의 날이 곧 '병자(丙子)'일이기 때문이다.

이번에는 경인(庚寅)년, 기묘(己卯)월, 정해(丁亥)일에 재물에 관한 점을 쳐서 '본괘'로 지산(地山) <<겸(謙)>>, '변괘'로 뇌산(雷山) <<소과(小過)>>를 얻은 경우다.

형제(兄弟)　유(酉)　∥
자손(子孫)　해(亥)　∥世
부모(父母)　축(丑)　X
형제(兄弟)　신(申)　l
관귀(官鬼)　오(午)　∥應 伏卯
부모(父母)　진(辰)　∥

<<겸>>은 태궁오세괘(兌宮五世卦), 변괘는 <<소과>>

이 점괘 역시 '본괘'의 6개의 효 가운데는 '처재' 효가 없다. 따라서 '본궁괘'에서 '용신'을 찾아야 하는데, 제2위에 처한 '묘목(卯木)'이 '처재' 효로 '본괘'의 '관귀' 효 '오화(午火)' 아래 '복(伏)'하고 있다. 그런데 '관귀' 효 '화(火)'의 기운이 '처재' 효 '목(木)'의 기운을 태워 버리는 형상이다.

옛날 점서에서는 이런 '관귀' 효를 가리켜 '모귀(耗鬼)'라고 별도의 이름까지 붙여 놓았는데, 이 점에서는 다행스럽게도 '오화(午火)'가 '순공'에 들어 있어, '묘목(卯木)'의 재물에 화를 입힐 아무런 힘도 발휘하지 못한다. 뿐만 아니라 '일진' '해수(亥水)'로 인하여 '목'의 기운이 '장생(長生)'하는 시기를 맞게 되므로, 이 점은 '신묘(辛卯)'일에 이르게 되면 '일진'의 도움으로 재물을 얻게 된다고 판단했다.

이상의 예를 통하여 옛날 사람들은 재물을 구하는 점에서 '일진'과 '월건'의 도움을 대단히 중요하게 생각했다는 것을 공부하였다.

다시 경인(庚寅)년, 기묘(己卯)월, 정유(丁酉)일에 재물에 관한 점을 쳐서 '본괘'로 지택(地澤) <<림(臨)>>, '변괘'로 풍택(風澤) <<중부(中孚)>>를 얻은 경우를 보자.

자손(子孫) 유(酉) X　(卯)
처재(妻財) 해(亥) X 應 (巳)
형제(兄弟) 축(丑) ‖
형제(兄弟) 축(丑) ‖
관귀(官鬼) 묘(卯) ｜ 世
부모(父母) 사(巳) ｜

《림》괘는 곤궁이세괘(坤宮二世卦), 변괘는 《중부》

이 괘의 '용신'은 육오 효, '해수(亥水)'로 '응효'다. '본괘'에서는 '해수(亥水)'가 '세효'인 '묘목(卯木)', '관귀' 효를 '생(生)'하고 있으나, 이것이 '변괘'로 바뀌면서 '해수(亥水)'가 '사(巳)'로 변해 '수(水)'의 기운이 '절(絶)'에 들게 된다. 그래서 '일진(日辰)' '유금(酉金)'으로부터 '생'함을 득하고 있기는 하나, 이미 '수(水)' 기운이 끊어져 다시 살아나기는 어려워 보인다. 이런 연고로 해서 구하려고 하는 재물을 얻기는 어려울 것으로 보았다.

하지만 '무술(戊戌)'일이 되면, '처재' 효의 '수(水)' 기운이 끊어진 곳에서 다시 살아나는 '절처봉생(絶處逢生)'할 운이 돌아오기 때문에 구하는 재물을 얻을 수 있게 될 것이다.

경인(庚寅)년, 신사(辛巳)월, 병술(丙戌)일에 재물에 관한 점을 쳐서 '본괘'로 택뢰(澤雷) 《수(隨)》, '변괘'로 수뢰(水雷) 《둔(屯)》을 얻은 경우다.

처재(妻財) 미(未) ∥ 應
관귀(官鬼) 유(酉) l
부모(父母) 해(亥) △ (申)
처재(妻財) 진(辰) ∥ 世
형제(兄弟) 인(寅) ∥
부모(父母) 자(子) l

《수》괘는 진궁귀혼괘(震宮歸魂卦), 변괘는 《둔》

우선 이 괘에는 '용신'이 되는 '처재' 효가 2개나 있다. 이런 경우 어떤 효를 '용신'으로 삼아야 하는가 하는 문제는 제1부 '용신양현(用神兩現)' 편에서 상세하게 설명하였다.

　이 괘에서는 제3위에 있는 '진토(辰土)', '처재' 효를 '용신'으로 삼아야 하는데, 먼저 '처재' 효의 기운을 살펴보면 '세효'와 함께 하고 있어 매우 강한 힘을 지니고 있다. 하지만 '일진' '술토(戌土)'와 서로 '충(沖)'하고 있고, '월건' '사화(巳火)'에서는 '토'의 기운이 '절(絶)'한 상태다. 그러므로 '세효'인 '축토'는 물론 '응효'인 '미토(未土)'까지도 '사(巳)'월에는 '절'한 상태가 되어 아무런 힘도 발휘하지 못한다. 이런 정황들을 종합해 보면 '사(巳)'월이 지나기 전까지는 아무런 재물도 생기지 않을 것 같다.

　이번에는 경인(庚寅)년, 갑술(甲戌)월, 계해(癸亥)일에 그 달, 며칠쯤이면 재물을 얻을 수 있을지 점을 쳐서 풍수(風水) <<환(渙)>> 괘를 얻은 경우다.

부모(父母) 묘(卯)　ㅣ
형제(兄弟) 사(巳)　ㅣ 世
자손(子孫) 미(未)　‖ 伏酉
형제(兄弟) 오(午)　‖
자손(子孫) 진(辰)　ㅣ 應
부모(父母) 인(寅)　‖
<<환>>은 이궁오세괘(離宮五世卦)

　이 괘에는 6개 효 가운데 '처재' 효가 없다. 그래서 '본궁 괘'에서 '처재' 효를 찾아왔는데, '유금(酉金)' '처재(妻財)' 효는 제4위 '자손' 효, '미토(未土)' 아래 '복(伏)'하고 있는 모양이다.

　그러니까 언제 재물이 생길지, 그 시기를 판단할 때는 '복'하고 있는 '유금'이 깨어나는 시간이므로 '계해(癸亥)'일로부터 다가오는 가장 빠른 '유(酉)'의 날, 즉 '계유(癸酉)'일이 되면 재물을 얻을 것으로 보았다.

일반적으로 '처재' 효가 '일진'의 도움을 받는 날이 되면 재물은 쉽게 얻어지는 것으로 생각했다. 그리고 '본괘' 가운데 재물의 운을 나타내는 '처재' 효가 있다고 하더라도, 그것이 미약하다고 판단되는 경우에는 '본괘'의 '처재' 효를 버리고, 그 괘가 속한 '본궁 괘' 속의 '복효(伏爻)'로써 재운을 판단하기도 하는데, 다음의 사례가 그와 같은 경우다.

경인(庚寅)년, 기축(己丑)월, 계묘(癸卯)일에 재물에 관하여 점을 쳐서 화뢰(火雷) <<서합(噬嗑)>> 괘를 얻었다.

자손(子孫) 사(巳) l
처재(妻財) 미(未) ll 世
관귀(官鬼) 유(酉) l
처재(妻財) 진(辰) ll
형제(兄弟) 인(寅) ll 應
부모(父母) 자(子) l 伏丑
<<서합>> 괘는 손궁오세괘(巽宮五世卦)

이 괘에는 '처재' 효가 2개 있는데, '진재(辰財)'는 '순공'에 봉착해 있으며, '미재(未財)'는 '월파'를 당하고 있다. 따라서 2개의 '처재' 효 모두 그 힘이 미약하다. 그래서 '본괘'의 '처재' 효를 버리고 '본궁 괘' 속의 '처재(妻財)' 효를 살펴본다.

'본궁 괘'의 '처재' 효는 '축토(丑土)'로서 '월건'의 도움을 받으며 '본괘'의 '자수(子水)' 아래 '복'하고 있으면서 '본괘'의 '자수(子水)'를 극하고 있다. 그래서 재물이 있을 수이기는 하지만, '일진' '묘목(卯木)'이 '변효'인 '축토'를 '극'하고 있기 때문에 그날에 당장 재물은 생기지 않을 것으로 본다.

하지만 날이 바뀌어 '갑진(甲辰)'일이 되면 '인묘(寅卯)'가 '순공'에 들게 되므로, 더 이상 '변효'를 극할 수가 없어 재물이 생기게 될 것이다.

언제 재물이 생길지, 그 시기를 아는 점에서 옛날 사람들은 이런 생각을 했다.

우선 '세효'와 '신효'에 재물 운이 왕성하게 깃들어 있으면, 이런 점괘는 재물이 생기는 것으로 봤다. 이런 이유로 해서 '일진'이나 '월건'이 왕성한 기운으로 '세효'나 '신효'를 '생'하는 경우나 '육합(六合)' 괘가 이루어진 경우에는 다음 번 '일진'이나 '월건'이 도래하는 시기가 되면 재물을 얻게 된다고 봤다.

하지만 이곳에서도 과유불급(過猶不及)의 이치가 적용되어 지나치게 재물 운이 왕성한 경우에는 '왕'성한 기운이 '묘(墓)'에 드는 시기가 되어서야만 비로소 재물을 얻을 수 있다고 생각했다. 그리고 또한 '일진'의 기운이 '묘'에 들어 재물의 운이 끊어진 경우에는, '일진'의 기운이 다시 소생하는 날이 오면 재물을 얻게 되는 것으로 봤다.

'순공'으로 인하여 '처재' 효가 '묘'에 들었을 때는, '일진(日辰)'이 '처재' 효를 '충'하는 날이 오거나, '동효'가 '처재' 효를 '충'하는 날이 오면 재물을 얻게 된다고 봤다.

옛 점서에는 재물 점과 관련된 많은 이야기들이 있다. 하지만 이 모든 주장들을 다 옳다고 할 수는 없다. 예를 들어, '처재' 효가 '묘'나 '절'에 든 경우에는, '처재' 효가 다시 '왕'성한 기운을 되찾는 날이 오면 재물을 얻게 된다고 풀이하였는데, 유대균 교수는 이런 풀이에 대하여 자신이 경험한 바로는 그렇지 않은 때가 더 많았다고 한다.

이런 고백과 더불어 '처재' 효의 기운이 다시 '왕'성해지는 날을 하루, 하루 '일진'으로 보아야 할 것인가, 아니면 한 달, 두 달 '월건'으로 보아야 할 것인가 하는 점도 매우 애매하다고 말하고 있다.

모든 점의 풀이가 다 그렇지만, 재물의 점에서도 단순히 재물 운이 생왕(生旺)하는 시기만을 찾아내어 그날에 이르게 되면 재물이 생긴다고 말하는 것은 너무나도 기계적인 판단이다. 따라서 이런 식으로 간단하게 점을 해석해서는 훌륭한 점술인이 될 수 없다. 보통 점술인들과 구별된 보다 진일보한 점술인이 되려면 괘 중에 감추어져 있는 보다 많은 변수들을 세밀하게 검토하여 보다 합리적으로 판단하는 것이 무엇보다도 중요하다고 생각된다.

그러니까 결국은 스스로 오성(悟性)을 가지고 학습해 나가면서 자기만의 이치를 터득해야 되는 것이지, 맹인이 안내견을 따라가듯 무조건 옛사람이나 유명인의 이론을 따라 가서는 결코 좋은 점술인이 될 수가 없다는 말이다.

이상으로 재물을 구하는 점에서 '재물을 얻을 수 있을까, 없을까?' 또 재물을 얻는다면 구체적으로 어떤 시기에 얻을 수 있게 될까?' 하는 부분에 대하여 몇 가지 점괘를 예로 삼아 살펴보았는데, 이상의 점 풀이를 개괄하자면, 대략 다음 네 가지로 요약할 수 있을 것이다.

첫째, 재물을 구하는 점에서는 '부모' 효가 '동'하면 재물을 얻기가 어렵다.
둘째, '관귀' 효가 '동'하면 재앙이 생길 수도 있다.
셋째, '자손' 효가 '왕상(旺相)'한 괘가 재물을 얻기에 유리한 점괘다.
넷째, '형제' 효에 재물이 끼어 있으면 시비가 발생할 가능성이 매우 높으므로, 재물을 얻는 일이 더디어질 것이다.

이번에는 재물을 얻는 방법에 대해서 알아보겠다.

유대균 교수는 자신의 저서 『납갑서법』에서 재물을 얻는 방법에 대해 다음 8가지 경우로 나누어 제법 상세하게 서술하고 있다.

첫째, 특별한 자본 없이 재능과 지식으로만 재물을 얻고자 하는 경우
둘째, 대출을 받아서 재물을 얻고자 하는 경우
셋째, 자본을 공모하거나 주식을 발행해서 재물을 얻고자 하는 경우
넷째, 벤처 사업을 해서 돈을 벌려는 경우
다섯째, 빌려준 돈을 돌려받으려는 경우
여섯째, 장사를 해서 돈을 벌고자 하는 경우
일곱째, 계절에 따라 생산되는 물건을 거래하여 돈을 벌고자 하는 경우
여덟째, 사업을 확장해서 돈을 벌고자 하는 경우

첫째 경우를 보자.

특별한 자본 없이 지식이나 자신의 재능에 의지하여 재물을 얻고자 하는 경우에는 우선 '관귀' 효로써 '용신'을 삼는다. 그래서 '관귀' 효가 '왕상'한 기운을 지니고 '동'하면서 '세효'나 '신효'를 '생'하거나, '상(相)'하는 경우에는 재물을 얻는 데 매우 길한 것으로 봤다.

특별히 '처재(妻財)' 효가 왕성한 기운을 지니고 '동'하면서 '관귀' 효를 도울 경우, 또는 이런 '처재' 효가 '세효'나 '신효'를 '생'하거나, 서로 '합(合)'하는 경우에는 더없이 길한 것으로 생각했다.

일반적으로 ①'자손' 효가 왕성하게 '동'해서 '관귀' 효를 '상(傷)'하게 하거나 ②'형제' 효가 '세효'에 들어 있으면서 '동'하는 경우 ③괘 중의 다른 5개의 효는 전혀 움직임이 없는데 '형제' 효만 홀로 움직이는 '독발(獨發)' 괘

의 경우 ④'관귀' 효가 '동'해서 '세효'나 '신효'를 '형(刑)'하거나, '해(害)'하거나, '극(克)'하거나, '파(破)'하는 경우 ⑤'관귀' 효가 '순공'이나 '월파'를 당하고 있거나, '묘(墓)'에 들었거나, '절(絶)'에 든 경우 ⑥'관귀' 효가 '동'하여 변한 '변효'가 '순공'이나 '월파'를 당하는 경우 또는 '묘'와 '절'에 든 경우는 모두 이익이 없을 것으로 보았으며, 설령 이익이 있다 하더라도 지극히 미미할 것으로 보았다.

그리고 간혹 어느 방향으로 가야 재물을 얻을 수 있을지 묻는 경우에 옛날 사람들은 대체로 '세효'가 '극'하고 있는 방향으로 나아가면 재물을 얻을 수 있다고 생각했다. 이런 경우에도 다른 구재(求財) 점과 마찬가지로, '세효'의 기운이 '왕상'한 방향으로 나가는 것이 유리하다고 판단하였으며, '세효'의 기운이 '묘절(墓絶)'에 드는 방향으로 가는 것은 재물을 얻는 데 불리하다고 생각했다.

둘째 경우를 보자.

대출을 받아서 재물을 얻고자 할 때는 '처재(妻財)' 효가 '세효'에 들어 있거나, '처재' 효가 '세효'를 '생(生)'하거나, '합(合)'하는 경우에 길하다고 생각했다.

반대로 '처재' 효가 '공'에 들었거나, '일진'이나 '월건' 또는 다른 '동효'로부터 '파'를 당하고 있거나, '절'에 든 경우에는 좋지 않을 것으로, 다시 말해서 대출을 받기가 어려울 것으로 생각했다.

또한 '처재' 효가 '장생(長生)'하는 시기에 들었거나, '삼합재국(三合財局)'을 이루었거나 '본괘'의 육효(六爻)가 모두 '합'을 이루는 '육합(六合)' 괘인 경우에는 재물이 생길 것으로 판단했다. 그리고 '응효'가 '세효'를 '생'

하거나 '합'하는 경우, '형제' 효가 안정되어 아무런 움직임도 없는 경우, '처재' 효가 '복신(伏神)'으로 있으면서 '동'하는 '형제' 효나 '자손' 효와 만나는 경우, 그리고 '처재' 효에 '일진'의 도움이 있는 경우에는 모두 재물이 생길 것으로 봤다.

만약 '부모' 효가 '순공'에 들었거나, '부모' 효가 '동'하여 다시 '부모' 효로 변하였다면, 이런 경우는 혹시 대차 관계를 나타내는 서류에 새로운 개정 사항이 생길지 모르니 조심해야 한다고 경고했다.

'세효'나 '응효' 가운데 하나라도 '순공'에 들었다면 대부가 이루어지기 어려울 것으로 판단했으며, '응효'가 '형(刑)'이나 '상(傷)'을 당하는 경우에는 돈을 빌려 줄 차주가 부재중이거나 또는 만나주지를 않아 성사가 되지 않을 것으로 생각했다.

'응효'가 '세효'를 '생'하거나 '합'하는데, '처재' 효는 '순공'이나 '묘', 또는 '절(絶)'에 든 경우는 차주가 돈을 꾸어 주고자 하는 마음은 있으나, 그럴 만한 재물이 없어 성사가 되지 못하는 경우다.

'처재' 효가 '세효'를 '생'하거나 '합'하면서, '응효'는 '세효'를 '충'하거나 '극'하는 경우에는 금전적으로는 거래를 하고자 원하나, 감정적으로 서로 불편함이 있어 원만하게 거래가 이루어지지 않는 경우다.

'처재' 효가 '세효'를 '생'하거나 '합'하면서 동시에 '일진'과 합하는 경우에는 대출은 이루어지겠으나, 중간에 다른 사람이 끼어 있어 대출이 이루어지는 과정이 복잡해질 수 있다. '응효'가 '동'하여 '세효'와 '합'하면서, 또한 '일진'이 '응효'를 '충'하는 경우에는 중간에 방해하는 사람이 있어 대출이 이루어지지 않는다고 보았다.

여기서 잠깐 『증산복역(增刪卜易)』에 나와 있는, 대출(貸出)을 통하여 재물을 얻고자 하는 점의 경우를 살펴보자. 미월(未月), 정묘일(丁卯日)에 대출을 받을 수 있을지, 점을 쳐서 '본괘'로 중택(重澤) <<태(兌)>>, '변괘'

로 중뢰(重雷) <<진(震)>>을 얻었다.

　부모(父母) 미(未)　ǁ 世
　형제(兄弟) 유(酉)　△ (申)
　자손(子孫) 해(亥)　l
　부모(父母) 축(丑)　ǁ 應
　처재(妻財) 묘(卯)　△ (寅)
　관귀(官鬼) 사(巳)　l
　<<태(兌)>>는 태금본궁괘(兌金本宮卦), 변괘는 <<진(震)>>

　이 괘는 먼저 금궁(金宮)에 속한 <<태(兌)>>괘가 목궁(木宮)에 속하는 <<진(震)>>괘로 변하여 '금'이 재물 운을 나타내는 '처재' 효 '묘목(卯木)'을 극하고 있다는 것과 '묘목(卯木)'의 '목' 기운이 '인목(寅木)'으로 '변'하여 '퇴신(退神)'의 모양을 하고 있다는 점에 주목한다. 뿐만 아니라 '유금(酉金)'의 '형제' 효 역시 '신금(申金)'이 되어 '퇴신'으로 변하였다.
　이와 같은 변화들을 종합해 보면, 모두 재물과 관련해서 불리하다. 그런데 다행스럽게도 '일진'이 왕성한 기운을 가지고 조금도 불퇴의 기미를 보이지 않음으로 해서 재물을 얻을 수 있을지도 모른다는 한 가닥 희망을 가지게 되는데, 그 날짜가 언제일까를 살펴보니, 바로 그 다음날인 '진일(辰日)'이다.
　'진일'이 되면 '유금(酉金)'의 '형제' 효가 '진일(辰日)'과 '합'하여 함께 거주하게 되어, '유금'의 '금' 기운이 더 이상 '처재' 효의 '목' 기운을 '극'하거나, '해'하지 못하게 된다.
　『증산복역』의 저자 야학노인(野鶴老人)은 그래서 과연 진일에 재물을 얻었다고 자신의 경험을 소개하고 있는데, 이 풀이는 사실 여부와 상관없이, [납갑서법]의 이론과는 잘 맞지 않는 부분이 있다.

[납갑서법]에서 '육충(六沖)' 괘는 재물이 생기지 않는다고 본다. 그런데 이 점의 '본괘'는 <<태(兌)>>로 '육충' 괘다. 그리고 '본괘'가 변하여 된 '변괘' <<진(震)>> 역시 '육충' 괘여서 위의 점은 '육충' 괘가 변하여 다시 '육충' 괘가 된 경우다. 이런 경우는 전혀 재물이 생기지 않는다고 보는 것이 [납갑서법]의 일반적인 해석법이다.

이번에는 미월(未月), 정묘(丁卯)일에 대출을 얻어서 재물을 늘릴 수 있을지, 점을 쳐서 화지(火地) <<진(晉)>>괘를 얻은 경우를 살펴보자.

관귀(官鬼) 사(巳) l
부모(父母) 미(未) ll
형제(兄弟) 유(酉) l 世
처재(妻財) 묘(卯) ll
관귀(官鬼) 사(巳) ll
부모(父母) 미(未) ll 應
<<진(晉)>> 괘는 건궁유혼괘(乾宮游魂卦)

이 괘는 우선 '세효'에 '형제' 효가 들어 있어 재물이 생기기 어려운 것으로 보인다. 하지만 정묘(丁卯)일의 '일진'이 '처재' 효의 '목' 기운을 북돋우어 줌으로 해서, 어쩌면 '일진'의 도움으로 재물을 얻을 수 있을지도 모르겠다. 또한 '일진' 속에 들어 있는 '묘(卯)'가 '형제' 효를 붙들고 있는 '유(酉)'와 서로 '충'하고 있으며, '응효'인 '미토(未土)'는 '월건' '미(未)'로부터 도움을 얻어 왕성한 기운으로 '세효' '유금(酉金)'을 '생'한다.

그래서 다음 날인 무진(戊辰)일이 되면 대출이 이루어질 것으로 판단했다. 이렇게 '진일(辰日)'이 되면 재물이 생길 것이라고 풀이한 근거는 '진일'이 되면 '세효'가 '동'하여 '진일'과 서로 '합'하는 관계가 되기 때문이다.

셋째의 경우를 보자.

자본을 공모하거나 주식을 발행해서 재물을 얻고자 하는 경우 역시 '응효'나 '처재' 효가 '세효'를 '생'하거나 '합'하는 경우에는 일이 쉽게 이루어질 것으로 판단했다.

만약 ①'처재' 효가 '순공'이나 '월파'를 당하고 있거나, '묘'나 '절'에 든 경우 ②'응효'가 '순공'이나 '월파'를 당하고 있거나, '묘'나 '절'에 든 경우 ③'응효'가 '동'하여 '세효'와 '충'하거나, '극'하는 경우에는 모두 재물을 구하기가 어려울 것으로 판단하였다. '응효'가 '공'한 상태면 투자할 사람이 의욕이 없는 것으로 판단했으며, '세효'가 '공'한 경우에는 자신의 정신이 투미하고, 피곤해서 쓸데없이 많은 힘을 소모하는 것으로 봤다.

만약 '응효'가 '순공'에 들어 있으면서 '세효'를 '생'한다면, 계획한 자본금이 모금되기는 할 것이나, 실제로 돈의 불입은 이루어지지 않을지도 모르는데, 왜냐하면 투자자들이 모든 청약을 구두로만 하였기 때문이다.

'세효'와 '응효'가 모두 '진공(眞空)'에 든 경우에는 일이 성사되기 어렵다고 보았다. 만약 '응효'가 '동'하여 '퇴신(退神)'으로 변한 경우에는 최종적으로 자본금 모집에는 실패하겠지만, 처음 일을 시작해서는 많은 호응을 얻을 수다.

'처재' 효가 '세효'를 '생'하거나 '합'한다 할지라도 '처재' 효 자신이 '월파'를 당하면 주식을 팔아 자본금을 모을 수는 있으나, 그 액수가 미미할 것이다. '응효'가 만약 '처재' 효이거나 '본괘'가 변하여 된 '변괘'의 '처재' 효가 '세효'를 '생'하거나, '합'하는 경우엔 주식을 매도하거나 매수하는 그 어느 경우에도 상대방의 주장에 의해 자신의 이익은 묵살되어 버릴 것이다.

주식을 발행하여 자본금을 형성하고자 하는 경우에는 '처재' 효가 왕성하게 '동'하여서 '관귀' 효를 돕거나, '관귀' 효가 '세효'를 '생'하거나, '합'하는 경우에는 성사가 될 것으로 봤다.

그리고 '세효'에 '형제' 효가 들어 있으면서 '변'하여 '진신(進神)'이 된다거나, '형제' 효만 '독발(獨發)'하는 경우, 또는 '본괘' 가운데 '처재' 효나, '관귀' 효가 없다거나, '세효'가 '공', '파', '묘', '절'에 들어 있거나 '형', '충', '해'를 당하고 있다면 이것은 계획이 불리하게 진행될 것으로 간주하여 두려워했다.

6개의 효가 모두 '합'하는 '육합' 괘의 경우에는 마땅히 이루어질 것으로 생각했으며, 반대로 6개의 효가 모두 '충'하는 '육충' 괘의 경우는 계획한 일이 이루어지지 않을 것으로 풀이했다. 만약 '처재' 효가 '세효'와 '합'하면서, '형제' 효가 '처재' 효를 '극'한다면, 이런 경우 처음에는 재물을 얻게 될 것이나 뒤에 가서 다시 잃게 될지도 모른다. 그리고 '처재' 효가 '응효'와 '합'하면서 '세효'를 '생'하는 경우에는 내가 상대방에게 재물을 얻을 수 있도록 도움을 주면 상대방도 나에게 재물이 생기도록 도와준다고 봤다.

또한 '처재' 효가 '세효'를 '생'하면서 동시에 '응효'도 '생'하는 경우에는, '응효'의 기운이 쇠미한 경우에는 나에게 재물이 생길 가능성이 많지만, '세효'의 기운이 쇠미하다면 상대방에게 재물이 생길 가능성이 더 많다고 봤다. 만약 '세효'와 '응효'의 기운이 모두 왕성하다면, 자본금을 모으는 일은 성공할 뿐 아니라, 성공한 다음 나와 상대방 모두에게 이익이 있을 것으로 봤다.

넷째의 경우를 보자.

벤처 사업을 해서 돈을 벌고자 하는 경우에는 '내괘'가 '외괘'를 극하거나, '세효'가 '응효'를 '극'하는 경우, 또는 '처재' 효나 '자손' 효가 왕성한 기운으로 '세효'를 '생'하거나, '세효'와 '합'하는 경우에는 공통적으로 사업을 해서 성공할 것으로 봤다.

'세효'가 '응효'를 '극'하면서 '세효'의 기운은 점점 더 왕성해지는데 '응효'의 기운은 점점 쇠퇴해 가는 형상이면, 소득은 생기겠지만, 그 액수는 많지 않을 것으로 봤다. 반대로 '응효'가 왕성한 기운을 가지고 기운이 쇠퇴한 '세효'를 '생'하는 경우는 크게 이득을 볼 것으로 판단하였다.

'외괘'가 '내괘'를 '극'하거나, '응효'가 '세효'를 '극'하는 경우, 또는 '본괘' 중에 '처재' 효나 '관귀' 효가 하나도 없거나, '세효'가 '공', '파', '묘', '절'에 든 경우에는 재물 운이 없는 것으로 판단했다. 만약 '세효'에 '자손' 효가 들어 있으면서 이것이 변하여 '부모' 효가 되는 경우에는 사업을 오만방자하게 벌여 크게 실패할 것으로 생각하였다.

'세효'에 '자손' 효가 들어 있으면서 '변'하여 '형제' 효가 된 경우는 주변 사람들의 도움으로 주머니가 가득 차도록 이득을 보게 될 것으로 생각했다. 또 '세효'가 양괘(陽卦)의 음효(陰爻)인 경우는 모험을 무릅쓰지 말고 조용히 때를 기다리는 것이 마땅하다고 풀이했다. 그리고 '세효'가 양괘(陽卦)의 양효(陽爻)인 경우에는 비교적 큰 성과를 얻을 수 있을 것으로 풀었다.

※註, 양괘와 음괘는 8개의 순괘(純卦)에만 해당된다. 양효가 3개인 건(乾)괘, 그리고 양효가 1개씩 있는 진(震)괘, 감(坎)괘, 간(艮)괘가 양괘에 속한다. 물론 음괘는 음효가 3개 있는 곤(坤)괘, 1개씩 있는 손(巽)괘, 이(離)괘, 태(兌)괘가 음괘에 속한다.

'내괘'와 '외괘'에 있는 '관귀' 효가 모두 '동'하여 '세효'를 '형'하거나,

'상(傷)'하는 경우에는 취급하는 재물에 사기성이 있을 수 있으니 조심해야 한다.

'간효(間爻)'가 '동'하는 경우에는 의외로 변수가 많을 수 있는데, 만약 '간효' 중에 있는 '형제' 효가 '동'하는 괘는 사업으로 성공은 하지만, 이 과정에서 많은 수수료를 지불하게 될 것으로 판단했다.

'응효'가 '세효'를 '생'하면서 또한 '청룡(靑龍)'과 만난 경우는 어려울 때 귀인의 도움으로 크게 힘을 얻게 될 것으로 생각했다. '응효'가 '세효'를 '형'하거나 '극'하고 있고, 또 '형제' 효가 화하여 '관귀' 효나 '부모' 효가 되었거나, '세효'에 '부모' 효가 들어 있으면서 이것이 '관귀' 효로 변하는 경우에는 벤처 사업을 해서 재물을 얻는 데는 불리한 것으로 해석하면서, 소송이 있을 것으로 봤다.

그리고 만약 '태세(太歲)'를 만났다면 흉할 것이라 봤다. 태세는 목성(木星)의 다른 이름인데, 옛날 미신에는 땅에 있는 태세신이 목성과 상응하여 움직인다고 생각했다. 점술가들은 이 방향을 흉한 방위로 생각해서 이 방위로 흙을 파거나 나무를 잘라 공사하는 것을 엄격히 금했다.

이상의 풀이들을 종합해 보면, 우선 벤처 사업을 해서 돈을 벌고자 하는 사람이라면 무엇보다도 먼저 올바른 방법으로 기업을 운영해서 돈을 벌 생각을 해야 한다고 말하고 있다. 그렇지 않고 불법적인 방법을 통한다거나, 가짜나 모조 상품을 만들어 재물을 얻고자 한다면, 아무리 좋은 점괘가 나왔다 하더라도 그것이 좋은 운을 가져다주지는 못한다고 경고하고 있다.

이 점 풀이의 핵심은 불의한 일을 행하면 반드시 망한다는 것이다.

다섯째의 경우를 보자.

빌려준 돈을 돌려받아 재물을 확보하는 일은 모든 사람들이 다 중요하게 여기는 일 가운데 한 가지다. 중국의 현대 역학자 유대균 교수는 이 문제를 가지고 점을 쳐서 자신만의 풀이를 만들어 놓았다.

이 풀이에 의하면 빚을 환수하여 재물을 늘리고자 하는 점에서는, '외괘'가 '내괘'를 '생'하는 경우, '응효'가 '세효'를 '생'하는 경우, '외괘'와 '내괘', '응효'와 '세효'가 서로 '비화(比和)'하는 경우에는 쉽게 채권을 돌려받을 수 있다고 봤다.

이와 반대로 '외괘'가 '내괘'를 '극'한다거나, '응효'가 '세효'를 '극(克)', '충(沖)', '형(刑)', '해(害)'하는 경우에는 채권을 돌려받기가 어렵다고 봤다.

'응효'가 '세효'를 '생'하는 경우나, '합(合)'하는 경우라 하더라도, '본괘' 가운데 '처재' 효가 없으면, 이런 경우에는 채무자가 빚을 갚고자 하나 가진 재산이 없어 현실적으로 빚을 돌려받지 못하는 상황으로 판단했다. '응효'가 '처재' 효이면서 '왕상'한 기운을 가지고 '세효'를 '충(沖)', '극(克)', '형(刑)', '상(傷)'하는 경우에는 채무자가 재력은 있으나, 빚을 상환하고자 하는 마음이 없는 경우라고 봤다.

'응효'가 '형제' 효나 '관귀' 효이면서 왕성한 기운을 가지고 '세효'를 '충', '극', '형', '상(傷)' 한다면, 이런 점괘는 상대방이 말로는 빚을 갚겠다고 하나 정말 그런 마음을 가지고 있는 지에 대해서는 의심스럽다.

'응효'가 '형제' 효로서 강하게 움직이고 있는데, '처재' 효는 '공(空)'이나, '파(破)', '절(絶)'의 상태에 들어 있으면, 이런 경우는 채무자가 사기로 많은 돈을 편취하여 도주하려고 하는 것이니, 주의 깊게 채무자의 행동을 살펴보아야 한다.

'응효'가 '공'에 든 경우는 대부분 채무자가 도피하여 그 행적을 알 수 없는 경우이고, '응효'가 '묘'에 들었거나 '절'의 상태에 든 경우는 채무자가 도망을 가지는 않았지만, 병이 들었거나 사망해서 빚을 돌려받을 가망이 희박한 경우가 대부분이다. '본괘' 중에 있는 '처재' 효가 변해서 '공'한 상태가 된다거나, '절'에 든다거나, '월파'를 당하는 경우는 돌려받고자 하는 재물의 절반 이상은 되돌려 받기가 어려운 것으로 보았다.

'본괘' 중의 '처재' 효가 '동'하여 '응효'를 도우면서 '세효'를 '충', '극', '형', '상(傷)'하는 경우는 채무자가 빚진 사실을 부인할까 걱정이 되는데, 그 까닭은 거래 사실을 기록으로 남겨놓지 않았기 때문이다. '본괘' 중의 '관귀' 효가 변하여 다시 '관귀' 효가 되었을 때는 이 채권으로 인하여 관청에 가는 일이 생기지 않을까 조심해야 할 것으로 봤다.

'본괘' 중의 '세효'가 '처재' 효이거나, '자손' 효이면서 왕상한 기운을 지니고 있는 데 비하여, '형제' 효는 그 기운이 약하여 아무런 움직임도 나타내 보이지 않는다면, 이 채권은 능히 되돌려 받을 수 있을 것으로 판단했다. '응효'가 '형제' 효 또는 '관귀' 효이면서 '세효'를 '상(傷)'하게만 하지 않으면 이 채권은 반드시 회수될 것이나, 다만 시간이 지체될 수 있다는 점을 명심하라고 했다.

여섯째의 경우를 보자.

장사를 해서 돈을 벌고자 하는 경우다. 중국 사람들은 옛날부터 장사를 중요시하여 "해가 있을 때 저자(시장)를 펼치면, 온 세상 사람들이 천하 만물을 가지고 나와 서로 필요한 대로 바꾸어 물러가니 모두가 먹을 것을 얻게 된다."고 생각하였다.

장사의 점에서 가장 중요한 것은 상품을 구입하는 시기와 판매하는 시기다. 장사라면 누구나 값싸게 구입하여 비싸게 판매하기를 원하므로, 시간의 문제가 가장 중요하다.

장사의 점에서는 '본괘' 중에 있는 '처재' 효의 기운이 가장 왕성할 때, 아니면 '처재' 효가 '일진'이나 '월건'과 서로 '합'할 때가 상품을 구매하거나 판매하기에 가장 좋은 시기라고 생각했다. 예를 들어 가지고 있는 상품을 언제 처분하는 것이 좋을지, 그 시기를 묻는 점을 쳐서 산화(山火) <<비(賁)>>괘를 얻었다고 하자.

관귀(官鬼) 인(寅) l
처재(妻財) 자(子) ll
형제(兄弟) 술(戌) ll 應
처재(妻財) 해(亥) l
형제(兄弟) 축(丑) ll
관귀(官鬼) 묘(卯) l 世
<<비(賁)>>는 간궁일세괘(艮宮一世卦)

이 괘 중에는 재물 운을 나타내는 '처재' 효가 2개 있는데, 2개 중 제3효 '해수(亥水)'가 '용신'이 된다. 왜냐하면 제5효 '자수(子水)'는 아무런 움직임도 없는 데 비해, 제3효 '해수(亥水)' 아래에는 '복신(伏神)'으로 '자손' 효 '신금(申金)'이 '복'하고 있기 때문이다.

이 괘는 '일진' '유금(酉金)'이 '처재' 효를 '생'하고 있으며, '월건' '인목(寅木)'과는 서로 '합'하는 관계를 형성하고 있다. 그리고 이와 같이 '세효'가 '암동'하고 있는 경우에는 화주(貨主) 자신이 몸을 움직여 외지에 나가 물건을 파는 것이 가장 좋은 방법인데, 그렇게 하였더니 과연 얼마 지나지 않아서 좋은 값을 받고 가진 물건을 모두 처분할 수 있었다.

이 점은 '처재' 효가 '왕상'한 기운을 띠고 있으면서, '일진', '월건'과 서로 '생', '합'하는 관계를 유지하고 있으므로, '월건'이 도움을 주고 있을 때 파는 것이 보다 좋은 가격을 받을 수 있을 것이라 보고, '인월(寅月)'이 가기 전에 서둘러 물건을 처분하라고 하는 것이다.

'본괘' 중의 '응효'가 동하여 '처재' 효를 '생'하거나, '합'하는 경우, 또는 '처재' 효가 '동'해 '응효'를 '생'하거나, '합'하는 경우에도 역시 신속하게 화물을 처분하는 것이 좋다고 보았다.

물건을 구매하려고 할 때는 '응효'가 '순공'이나 '월파'를 당하고 있다거나, '처재' 효가 '공'에 든 경우에는 당장 물건을 구매하는 것이 불리하니, '응효'가 '순공'이나 '월파'를 벗어날 때까지 기다렸다가 물건을 구매하라고 권유한다. 그리고 '처재' 효가 서로 '형(刑)'하는 점괘나, '자형(自刑)'하는 점괘를 얻었을 때도 당장 물건을 구매하는 일을 삼가야 한다.

'세효'와 '응효'가 서로 '충'하는 경우에는 보유하고 있는 물건을 신속하게 처분하라고 권한다. '응효'가 동하여 '처재' 효와 '합'하는 경우, '처재' 효가 '변'하여 '퇴신'으로 물러나는 경우에는 물건을 구매하는 일이라면 그 시기를 늦추는 것이 좋을 것이고, 물건을 매도하고자 친 점이라면 가격이 상승하기를 기다리기보다는 당장 적당한 가격을 받고 파는 쪽이 앞으로 있을 지도 모르는 가격 하락에 대비한 현명한 예방책이라고 했다.

'본괘' 중의 '응효'가 '동'하여 '처재' 효와 '합'하는 경우, 어떤 때는 '응효'가 '일진'으로부터 '극'함을 당하거나, '파(破)'함을 당하기도 하는데, 이런 경우에는 신속하게 거래하려고 노력하기보다는 여유를 가지고 좀 더 시간을 버는 쪽이 유리하다고 판단하였다.

'일진'이 '동효' 및 '처재' 효와 '합'하는 점은 다른 사람이 물주(物主)가 될 수다. '본괘' 중의 '관귀' 효가 '동'하여 '세효'를 '상(傷)'하게 하는 경우에는 중간에 든 사람으로 인하여 거래에 어려움이 생길 운이고, '본괘' 중에는

'관귀' 효가 없으면서 '세효'가 '왕상'한 기운을 띠고 있는 경우는 매매가 이루어지기 어려운 것으로 보았다.

'본괘' 중의 '처재' 효가 '동'해서 '세효'나 '응효'를 '생'하거나, 서로 '합'하는 경우는 다른 '관귀' 효가 '묘'에 들었거나, '절'에 들었다면, 거래가 성사되기 어려운 것으로 보았다. 그리고 만약 성사가 된다 하더라도 많은 어려움과 우여곡절이 있을 수니, '관귀' 효가 '묘'에서 벗어나기까지 기다렸다 거래를 하는 편이 더 좋을 것이라고 했다.

경인(庚寅)년, 신사(辛巳)월, 갑진(甲辰)일에 장사에 관한 점을 쳐서 수천(水天) <<수(需)>> 괘를 얻었다.

처재(妻財) 자(子) ⅠⅠ
형제(兄弟) 술(戌) Ⅰ 伏亥
자손(子孫) 신(申) ⅠⅠ 世
형제(兄弟) 진(辰) Ⅰ
관귀(官鬼) 인(寅) Ⅰ
처재(妻財) 자(子) Ⅰ 應
<<수(需)>>는 곤궁유혼괘(坤宮游魂卦)

이 괘는 '세효'에 '신금(申金)' '자손' 효가 들어 있으니까, 1차적으로는 길하다고 판단할 수 있겠으나, 그렇게 판단해서는 안 된다. 왜냐하면 '세효'의 '신금(申金)' 기운이 4월에는 '공(空)'해서 전혀 재물을 만들어내지 못한다고 보아야 하기 때문이다.

그리고 '본궁 괘' <<곤>>에서 재물을 나타내는 '해수(亥水)'는 '술토(戌土)' '형제' 효 아래 '복(伏)'하고 있으면서 '본효' '토'로부터 '극'함을 당하고 있고, '일진' '진토(辰土)'와는 '형(刑)'하는 관계를 형성하고 있어서, 이 재물은 매매하기에 가장 좋은 시기를 벗어나 있는 것이다. 또한 '형제' 효의 '토(土)' 기운은 '월건' '사(巳)'에서는 '절'에 든 상태이며, '일진' '진(辰)'에 의해서는 '묘'에 든 상태다.

'본괘' <<수(需)>>와 '본궁 괘' <<곤(坤)>>의 관계에 있어서도 <<곤(坤)>>괘 가운데 있는 '진술축미(辰戌丑未)' '토' 기운이 '형제' 효의 '토' 기운과 서로 '충'하는 형상이므로 이번 장사는 실익이 없는 거래가 될 것으로 판단하였다.

이상의 점 풀이에서는 새로운 견해가 많이 등장하였다. 이렇듯 실제로 점을 해석하는 데 있어서 일정한 틀이 존재하는 것은 아니다. 사안을 보고 보다 많은 변수를 고려하여, 보다 합리적으로 해석하려고 노력하는 태도가 무엇보다도 중요하다고 할 수 있다.

『증산복역』에 나오는, 새로운 견해로 해석한 재물에 관한 점 하나를 소개하면 사월(巳月), 정사(丁巳)일에 재물에 관한 점을 쳐서 '본괘'로 수화(水火) <<기제(旣濟)>>, '변괘'로 풍수(風水) <<환(渙)>>을 얻은 경우다.

형제(兄弟) 자(子) X 應(卯)
관귀(官鬼) 술(戌) l
부모(父母) 신(申) ll
형제(兄弟) 해(亥) △ 世(午)
관귀(官鬼) 축(丑) X   (辰)
자손(子孫) 묘(卯) △   (寅)

<<기제(旣濟)>>는 감궁삼세괘(坎宮三世卦), 변괘는 <<환(渙)>>
『증산복역』의 저자, 야학노인(野鶴老人)은 이 점에 대해 이렇게 말했다.

"만약 오랜 시간을 두고 재물을 얻고자 하는 경우라면, 재물을 얻을 수 없을 것이다. 그러나 바로 턱 밑에서 재물을 구하는 것이라면 다음 날, 곧 '무오(戊午)'일이 되면 재물을 얻게 될 것이다."

그러면 어떻게 해서 이런 풀이가 나왔을까?

지금부터 야학노인의 설명을 들어보기로 하자.

우선 '세효'에 '형제' 효가 들어 있으며, '세효'가 변하여 '처재' 효 '오화(午火)'가 되었는데, 이런 '변효'를 '일진'이나 '월건'이 '극(克)'하지 못하고, '일진'과 '월건'도 함께 도와주고 있는 형상이다. 그리고 '정사(丁巳)'일에는 '자축(子丑)'이 '순공'에 들게 되는데, 이때는 바로 '본괘'의 '응효'가 '공'한 상태가 되는 시간이다.

그래서 다음 날 '무오(戊午)'일이 되면 '자(子)'와 '오(午)'가 서로 '충'하여 '응효'가 '공'으로부터 벗어나게 되고, '세효'에 '처재' 효가 임하면서, 또한 '일건'으로부터도 도움을 받게 되니 반드시 재물을 얻게 된다고 보았는데, 과연 그 다음 날 재물이 생겼다.

일곱째 경우를 보자.

계절에 따라 생산되는 물건을 거래(매매)하여 돈을 벌고자 하는 경우에는 우선 계절과 관계없이 점괘 가운데 '관귀' 효가 왕성한 기운을 띠면서, 아무런 움직임도 없는 경우를 길한 것으로 생각했다. '형제' 효는 없는 것이 좋으며, 만약 있다면 그 기운이 미약한 쪽이 길하다.

옛날 사람들은 일반적으로 겨울에 거두어들여 여름에 판매하는 물건의 경우에는 '처재' 효에 '사(巳)'와 '오(午)', '화' 기운이 드는 것을 길한 것으로 생각했다. 마찬가지 이치로 봄에 거두어 가을에 판매하는 물건은 '처재' 효에 '신(申)'과 '유(酉)', '금' 기운, 가을에 거두어 들여 봄에 판매하는 상품의 경우는 '처재' 효에 '인(寅)'과 '묘(卯)', '목' 기운이 드는 것을 길한 것으로 간주했다. 그러니까 여름에 거두어 들여 겨울에 판매하는 물건은 당연히 '처재' 효에 '자(子)'와 '해(亥)', '수' 기운이 든 것을 길한 것으로 생각했다.

그렇다면 각 철에 판매하는 상품의 경우는 어떠할까?

상품이 생산되는 계절에 따라 '본괘' 중의 '처재' 효에 봄 상품은 '진(辰)', 가을 상품은 '술(戌)', 겨울 상품은 '축(丑)', 여름 상품은 '미(未)'가 들면 길한 것으로 생각했다.

'처재' 효가 '왕상'한 기운을 가지고 '세효'를 '생'하거나, '극'하는 경우에는 시간이 경과하면 상품의 가격이 올라갈 것으로 판단하였으며, 반대로 기운이 쇠퇴한 '처재' 효가 '세효'로부터 '극'함을 당하는 경우에는 시간이 지나갈수록 상품 가격이 하락할 것으로 예측했다.

일상적인 상품의 거래에서는 '처재' 효가 '사(巳)'와 '오(午)', '화(火)' 기운을 띠고 있으면 가격이 쉽게 상승할 것으로 내다보았으며, 반대로 '처재' 효에 '해(亥)'와 '자(子)', '수(水)'의 기운이 깃들어 있으면 물건 값이 하락할 경우에 대비하여 경계심을 늦추지 말라고 당부하고 있다.

'본괘' 중의 '처재' 효가 '변'하여 '형제' 효가 되었다거나 '관귀' 효나 '자손' 효가 변하여 '부모' 효가 된 경우에는 처음 물건이 생산되었을 때는 품귀 현상을 보이다가 한물이 되면 물건이 흔해질 것으로 보았다.

또한 '처재' 효가 변하여 '자손' 효가 된 경우나 '관귀' 효가 변하여 '처재' 효가 된 경우는 앞의 예와 반대로, 처음에는 취급하고자 하는 물건이 흔하겠으나, 시간이 지나면서 물건이 귀해질 것으로 보았다.

옛날 사람들은 '본괘'의 '처재' 효가 왕성한 기운을 지니고 있는 데 비해, '변괘'의 '처재' 효는 쇠미한 기운을 내보일 경우는 먼저 파는 쪽이 좋은 값을 받을 수 있을 것으로 보았으며, 시간이 지나면 물건 값이 차츰 하락할 것이라고 생각했다.

'처재' 효가 '내괘'에 들어 있으면서 '공(空)'한 상태면 화물이 신속하게 팔려나갈 것으로 생각하였으며, 반대로 '외괘'에 있으면서 '공'한 상태면 판매가 지체되어 재고가 많이 쌓일 것으로 생각했다.

'처재' 효가 '외괘'에 있으면서 '세효'를 '생'하거나, '세효'와 '합'하는 경우에는 취급하고자 하는 물건을 쉽게 구할 수 있다고 봤다. 반대로 '응효'가 '내괘'에 있으면서 '처재' 효를 '생'하거나, '처재' 효와 '합'하는 경우에는 구해 놓은 물건의 판매가 수월하게 이루어질 것이라고 생각했다.

'세효'에 '처재' 효가 들어 있으면서, '묘'에 든 경우에는 화물의 판매가 쉽게 이루어지지 않을 것으로 봤으며, 판매가 이루어진다 하더라도 그 이익이 미미할 것이라고 생각했다.

이상으로 화물의 판매와 관련된 점(占) 풀이 방법을 대략적으로 살펴보았는데, 이것은 어디까지나 참고 사항일 뿐이다.

다시 두어 개의 점괘를 더 살펴보자.

인월(寅月), 기해(己亥)일에 빌려준 돈을 회수하여 장사를 해보려고 하는데, 어떨지 그 결과를 물어 산뢰(山雷) <<이(頤)>>괘를 얻었다.

형제(兄弟) 인(寅) l
부모(父母) 자(子) ll
처재(妻財) 술(戌) ll 世
처재(妻財) 진(辰) ll
형제(兄弟) 인(寅) ll
부모(父母) 자(子) l 應
<<이>>괘는 손궁유혼괘(巽宮游魂卦)

이 괘는 '본괘' 중에 있는 2개의 '처재' 효 '진(辰)'과 '술(戌)'의 '토' 기운이 쇠약한데, '동효'나 '일진', '월건'으로부터 '생'함을 얻거나 도움을 받는 기미가 전혀 없다. 이런 경우에는 취급하고자 하는 물건의 가격이 앞으로 전혀 상승하지 않을 것 같아 걱정스럽다. 그럼에도 불구하고, 이런 경고를 무시하고 물건을 수매한다면 반드시 크게 손해를 볼 것이라는 것이 기본적인 해석이다.

자월(子月) 기축(己丑)일에 가지고 있는 물건을 언제 판매하면 가장 좋은 가격을 받을 수 있을지 점(占)을 쳐서 [본괘]로 뇌택(雷澤) <<귀매(歸妹)>>, [변괘]로 중택(重澤) <<태(兌)>>를 얻었다.

부모(父母) 술(戌) ∥ 應
형제(兄弟) 신(申) X (酉)
관귀(官鬼) 오(午) l
부모(父母) 축(丑) ∥ 世
처재(妻財) 묘(卯) l
관귀(官鬼) 사(巳) l

<<귀매>>는 태궁귀혼괘(兌宮歸魂卦), 변괘는 <<태>>

이 괘는 '처재' 효의 '묘목(卯木)'이 '월건' '자수(子水)'로부터 '생'함을 얻고 있어 기본적으로는 재물이 생길 수다. 그러나 당장은 좋은 가격을 받을 수 없다고 나오는데, 그 까닭은 '동효'인 '신금(申金)'이 변하여 '유금(酉金)'이 되어서도 여전히 '처재' 효, '묘목(卯木)'을 '극'하고 있기 때문이다.

따라서 '신금'을 멀리 날려 보낼 수 있는 시기를 찾아야 하는데, '인월(寅月)'이 되면 '인(寅)'과 '신(申)'이 '충'하게 되므로 지금 가지고 있는 물건의 가격이 올라갈 것으로 생각했다. 과연 점괘의 풀이대로 '인월(寅月)', 곧 정월이 되자 물건 값이 다락 같이 상승하였다.

여덟째 경우를 보자.

사업을 확장해서 돈을 벌고자 하는 경우다. 새롭게 사업을 하거나, 새 가게를 열고자 하는 사람들 가운데는 종종 자신이 하고자 하는 업종이 적합한지, 새 사업으로 이익을 낼 수 있을지 등에 관하여 점을 친다.

[납갑서법]에서는 '본괘' 중의 '세효' 또는 '처재' 효가 '왕상'한 기운을 지니고 있으면 새 사업이 성공할 것이라고 생각했다. 마찬가지로 '세효'에 '처재' 효나 '자손' 효가 들어 있으면서 '왕상'한 기운을 지니고 있는 경우, 또 '세효'가 '동효'나 '일진', '월건' 같은 것으로부터 아무런 '형', '해', '극', '파'도 당하지 않고 있는 경우는 새 사업이 성공할 것으로 보았다.

반대로 '세효'와 '처재' 효가 '절'에 들었거나 '묘'에 든 경우, 또는 '형', '충', '공', '파'를 당하는 경우, 또는 '응효'에 '형제' 효나 '관귀' 효가 들어있으면서 활기차게 움직여 '세효'를 '극'하는 경우는 새로운 사업이나 신규로 점포를 개장하는 것은 신중을 기해야 한다고 봤다. '육충' 괘는 역시 불길하게 생각하여, 새 사업에 대한 생각을 재고하라고 권한다.

'태세'가 '세효'를 '생'하거나 '세효'와 '합'하는 경우, 또는 '동효'가 '태세'와 '충'하는 경우도 역시 새로운 사업이나 새 가게를 열기에는 불길한 조짐이다. 만약 '월건'이 '본괘'의 '세효'를 '생'하거나 '세효'와 '합'하고 있으면서 '세효'가 '동'하여 다시 '월건'과 '충'하는 경우에는 이 점괘 역시 새 사업을 하거나 새 가게를 열기에는 불길한 점이니, 때를 기다리는 것이 올바른 처신이다.

그런데 이런 경고를 무시하고 서둘러 새 사업을 강행한다면 반드시 좋지 않은 결과를 맞게 될 것이다. 또 '본괘' 중의 '처재' 효가 변하여 '자손' 효가 된 경우에는 지금 상태의 규모를 유지하는 것이 현명한 방법이며, 새 점포를 연다거나, 규모를 확장하는 일은 손해를 볼 우려가 있다.

새로운 가게나 새 사업을 해서 이익을 낼 수 있을지 알아보는 점에서는 일반적으로 '본괘' 중에 있는 '처재' 효가 '동'해서 '세효'를 '생'하거나, '세효'와 '합'하는 경우가 아니면 모두 이익을 낼 수 있을 것으로 풀이했다. 그 중에서도 특별히 '처재' 효가 '세효'나 '자손' 효 아래 '복(伏)'하고 있으면서 다른 '동효'나 '일진', '월건'으로부터 '생'함을 받거나, '부(扶)'함을 얻는 경우에는 많은 이익을 낼 수 있을 것으로 보았다. '처재' 효가 '동'하여 '자손' 효가 된 다음, 다시 '처재' 효를 '생'하거나, 또는 '자손' 효가 '동'하여 '처재' 효가 된 다음, 다시 '자손' 효를 '생'하는 경우도 모두 많은 이익을 낼 수 있을 것으로 보았다.

반대로 '상괘'에 들어 있지 않은 '처재' 효가 '왕상'한 기운을 지니고 '동'하여 '공', '파', '묘', '절'에 든다거나, '형제' 효로 '변'하여 '처재' 효를 위협하는 경우에는 크게 손실을 볼 수(數)로 풀이하였다. 더구나 '형제' 효가 '동'하여 '세효'를 '극'하는데, 이런 '형제' 효를 돕는 '부모' 효까지 존재한다면, 이런 경우에는 처음 출자한 돈까지도 손실을 볼 수 있으니 매우 조심해야 한다고 말했다.

'부모' 효 아래 '처재' 효가 '복(伏)'하고 있으면 투자금의 절반 이상을 잃을 수도 있으니 각별한 주의가 필요하고, '처재' 효가 '관귀' 효 아래 '복(伏)'하고 있는 경우에는 인·허가, 세금 등의 문제로 돈이 이리저리 흩어져 버릴 형세여서, 이익을 보아도 그 돈이 자신의 수중에 들어오기는 어렵다고 보았다.

'처재' 효가 '형제' 효 아래 '복(伏)'하고 있는 경우에는 새 사업을 해서 이익을 얻는 데 불리하다고 보았으며, 뜻하지 않은 구설수나 시비에 휘말리지 않도록 조심하라고 일렀다. 새롭게 사업을 시작해서 이익이 생기지 않으면 금전상의 손실뿐만이 아니라, 걱정으로 인한 울혈증(鬱血症)까지도 생길 수 있으니 조심해야 한다. 특히 이런 울혈증이 질병이 되지 않도록 유의해야 한다.

그러니까 [납갑서법]에서는 새 사업을 하는 사람들에게 금전상의 문제는 물론, 신체상의 건강 문제까지도 살펴보아야 한다고 충고하고 있다.

이상으로 [납갑서법]은 '재물을 구하는 점괘를 어떻게 해석하는가?' 하는 부분에 대하여 대체적으로 살펴보았다. 하지만 이것도 어디까지나 참고자료일 뿐, 절대 불변의 요전(要典)은 아니라는 점을 다시 한 번 명심하여 주기 바란다.

2. 건강과 질병에 관한 점

　질병에 관한 점에서는 관심사가 크게 2가지로 나누어진다.
　첫째는 병 자체에 관한 것으로 시간이 경과하면 병이 더 심해질까, 아니면 병이 나을까 하는 점이고, 두 번째는 과연 어떤 의사를 만나서 어떤 약을 쓰면 효과를 볼 수 있을까 하는 점이다.
　[납갑서법]으로 병에 관하여 점을 칠 때, 본인이 자신의 병에 관하여 점을 치는 경우는 '세효'나 '신효'로써 '용신'을 삼는다. 그렇지 않고 다른 사람의 병을 가지고 대신 점을 치는 경우에는 '응효'로 '용신'을 삼는데, 부모, 형제, 아내, 자식의 병인 경우는 병자가 속한 '부모' 효, '자손' 효 등으로 '용신'을 삼는다.
　'내괘'와 '외괘' 가운데서 '내괘'는 아픈 사람이 되고, '외괘'는 질병이 되며, 6효 중에서는 '세효' 내지는 '용신'이 되는 효가 아픈 사람이 되고, '관귀' 효가 질병이 된다.
　병의 유무를 알고자 하는 점에서 다음과 같은 다섯 가지 점괘의 경우는 일반적으로 질병이 있다고 판단하는 예다.
　첫째, '관귀' 효에 '세효' 또는 '신효'가 들어 있거나, 아니면 다른 '용신'

이 되는 효가 들어있는 경우.

　둘째, '관귀' 효가 '동'해서 '세효'나 '신효' 또는 '용신'이 되는 효를 '형', '해', '극', '충'하는 경우.

　셋째, '관귀' 효가 '세효'나 '신효' 또는 '용신' 효 아래 '복(伏)'하고 있는 경우.

　넷째, '세효', '신효', '용신' 효가 '동'하여 '관귀' 효로 변한 경우.

　다섯째, '본괘' 가운데 있는 '관귀' 효가 '변'하여 '변괘'에서도 다시 '관귀' 효가 된 경우.

　이상 다섯 가지의 점괘는 모두 질병이 발생하는 경우로 보았다.

　중국의 명나라, 청나라 때에는 '관귀' 효가 오행 중 어디에 속하는가를 살펴서 질병이 신체의 어느 부위에서 발생했는지 추측하기도 했다.

　가령 '관귀' 효가 음효로서 '내괘'에 자리 잡고 있으면서, '금'의 성질인 '신유(申酉)'에 속한 경우는 폐에 질병이 있는 것으로 간주했다. '목'의 성질인 '인묘(寅卯)'에 속한 경우는 간에, '수' 기운인 '해자(亥子)'에 속한 경우는 신장, 방광, 요도 등에, '사오(巳午)'로 '화'에 속하였다면 심장과 소장에, 그리고 '진술축미(辰戌丑未)'로 '토'에 속한 경우는 쓸개, 위, 대장 등에 질병이 있는 것으로 판단하였다.

　또 '관귀' 효가 '외괘' 가운데 양효의 모양을 하고, '금(金)'에 속한 경우는 사지, 뼈와 치아, 오른쪽 귀, 소변에 문제가 있을 것으로 판단하였다. 목(木)에 속하였으면 근육과 대퇴부, 왼쪽 귀, 수(水)에 속한 경우는 구강, 피부, 기관지, 혈액 등에, 그리고 '토(土)'에 속한 경우는 코, 배와 등의 근육, 화(火)에 속한 경우는 흉부와 손바닥과 발바닥에, 이 중에서도 '진술(辰戌)' '토'에 속한 경우에는 머리와 목에, '축미(丑未)' '토'에 속한 경우에는 어깨와 등에 병이 있는 것으로 판단하였다.

　이외에도 8개의 '본궁 괘'로 질병의 부위를 짐작하기도 했는데, 가령 <<건>>괘라면 머리, <<곤>>괘는 배, <<진>>괘는 다리, <<손>>괘는 넓

적다리, <<감>>괘는 귀, <<이>>괘는 눈, <<간>>괘는 등, <<태>>괘는 입과 혀로 판단하였다.

또 다른 방법으로는 '관귀' 효가 6개의 효 가운데 어느 위치에 들어 있는가를 가지고 질병의 부위를 판단하기도 했다. 초효가 '관귀' 효면 다리에, 두 번째 효면 장딴지 내지는 무릎, 세 번째 효면 복부, 허리 내지는 신장 부위, 항문과 방광, 요도, 네 번째 효면 가슴과 등, 그리고 유방, 다섯 번째 효면 목과 손 부위, 마지막으로 상효인 경우에는 머리, 얼굴, 뇌의 병으로 간주하였다.

옛 점서(占書) 가운데는 질병의 원인에 대해서도 논한 기록이 있는데, 여기서는 독자 여러분에게 참고가 될 만한 일부분만 소개하겠다.

먼저 질병의 원인을 알고자 할 때는 '본괘' 중에 있는 '육친'과 '육신(六神)'을 동시에 이용하였다. 가령, '관귀' 효에 '청룡'이 들어 있으면 남자의 경우에는 과도한 주색 내지는 돈과 재물로 인한 다툼으로 생긴 질병으로 생각했으며, 여자의 경우에는 임신과 출산으로 인한 질병으로 간주했다.

'관귀'와 '백호'가 같은 효 안에 든 경우에는 구타나 장례로 인한 질병이 아니면 짐승을 잡으려다 당한 상처 등으로 인한 질병이라고 생각했다. '관귀'에 '현무'가 든 경우는 과도한 색욕이나, 비를 맞고 오래 굶주렸거나, 도둑으로 물건을 잃어버린 것이 화가 되어 생긴 병이다.

'관귀'가 '구진'과 만난 경우는 높은 데서 떨어져 다친 낙상이거나, 단식이나 폭식으로 인한 비장과 위장의 병일 수 있으며, '관귀'와 '등사'가 함께 든 경우는 근심이나 놀람, 과도한 생각으로 인한 병일 수 있다. 마지막으로 '관귀' 효가 '주작'을 만난 경우는 구설수로 인한 화병이거나, 다른 사람의 저주로 인하여 생긴 병이라 보았다.

옛날 사람들의 이와 같은 생각을 오늘날에도 그대로 적용하려 든다면 틀림없이 억지춘양이 되고 말 것이다. 그러니까 다만 참고로만 삼아야 할 바다.

이외에도 '본괘' 가운데 있는 '관귀' 효가 변화하는 모양을 보고 병의 원인을 판단하기도 했다. 이 방법에서는 '관귀' 효가 '본괘'의 '부모' 효 아래 '복(伏)'하고 있거나, 또는 '부모' 효가 동하여서 '관귀' 효로 '변'한 경우에는 그 병의 원인이 걱정과 상심에 있다고 보았다.

만약 '관귀' 효가 '본괘'의 '형제' 효 아래 '복(伏)'하고 있거나, '형제' 효가 '변'하여 '관귀' 효가 되었다면 이 병의 원인은 재산으로 인한 다툼이라고 생각했다. '관귀' 효가 '처재' 효 아래 '복(伏)'하고 있는 경우, '처재' 효가 '변'하여 '관귀' 효가 된 경우에는 음식을 조절하지 못하여 생긴 병으로 간주하였으며, '관귀' 효가 '자손' 효 아래 '복'하고 있거나 '자손' 효가 '변'하여 '관귀' 효가 된 경우에는 외부의 원인으로 생긴 질병이 아니라, 환자 자신의 무절제한 생활로 인하여 생긴 질병이라고 보았다.

병의 증상과 관련해서는, '본괘' 중에 있는 '관귀' 효가 '왕상'한 기운을 지니고, '용신'을 '상'하게 하는 모양이면, 병의 증세가 매우 심각한 것으로 판단했다.

'관귀' 효가 '일진'과 같은 오행에 속해 있으면서 '동'하는 경우에는 응급처치가 요구되는 매우 급박한 질병으로 간주하였으며, '관귀' 효가 '월건'과 같은 오행을 지닌 경우는 그 달이 가기 전까지는 병이 치유되지 않을 것으로 생각했다. '관귀' 효의 기운이 쇠미하면서 '태세'와 오행이 동일한 경우는 소모성 질환으로 병을 치료하는 데 많은 시간이 소요될 것으로 생각하였다. '세효'나 '신효' 내지는 '용신'에 쇠미한 기운을 지닌 '관귀' 효가 들어 있다면, 이런 경우는 완치가 불가능한, 평생 관리가 필요한 질병으로 생각했다.

병에 관한 점에서는 병에 못지않게, 의사와 치료 방법도 중요하다.

[납갑서법]에서는 주로 '자손' 효를 가지고 의사와 약을 살펴보았는데, '자손' 효 이외에도 '응효'와 '외괘'로서 가끔 의사와 치료 방법을 알아보기

도 했다.

　질병에 관한 점에서는 일반적으로 '외괘'가 '내괘'를 '극'하거나, '응효'나 '자손' 효가 '용신'이 되는 효를 '극'하는 경우에는 복용하는 약의 효과가 있다고 생각했다.

　반대로 '내괘'가 '외괘'를 '극'하거나 '세효'나 '용신'이 되는 효가 '자손' 효를 '극'하는 경우에는 의사와 약의 효험이 없다고 생각하거나, 있다고 해도 그 효과가 지극히 미미하다고 생각했다.

　만약 '외괘'가 '내괘'를 '생'하거나 서로 '합'하는 경우, 또는 '응효'와 '자손' 효가 '세효'를 '생'하거나 '합'하는 경우에는 증상에 따라 복용하는 약의 효과가 천천히 나타날 수도 있다고 생각하였다.

　'외괘'가 '내괘'를 '극'하거나, '응효'가 '세효'를 '극'하는 경우, 또는 '본괘' 가운데 '자손' 효가 없는 경우는 병을 치료해 줄 좋은 의사를 만나지 못하는 것으로 생각했다.

　'본괘' 중에 있는 '부모' 효와 '형제' 효가 함께 '동'하고 있고, '자손' 효가 '형제' 효로부터 '부(扶)'함을 받고 있는 경우에는 좋은 의사의 치료를 받을 수 있다고 생각했다.

　만약 '본괘' 중의 '관귀' 효와 '부모' 효는 아무런 움직임도 없이 조용한데, '자손' 효와 '응효'는 활발하게 움직인다면 이것은 좋은 의사를 만날 조짐이라고 생각했다.

　그러나 '본괘' 중에 있는 '세효'가 '응효'나 '자손' 효를 '극'한다면 비록 유명한 의사를 청해 온다 하더라도 그 치료 효과가 크지 못할 것이라고 생각했다.

　'본괘' 중에 있는 '응효'나 '관귀' 효가 '동'해서 '세효'를 '형', '해', '충', '극'하는 경우는 약물을 잘못 사용하여 환자가 심한 부작용을 입지나 않을까 조심스러워 했다. 일반적으로 '자손' 효가 '진오유해(辰午酉亥)'에 들어서 '자형(自刑)'하는 경우에는 약물 오용에 대하여 조심해야 한다고 경고하고 있다.

'일진'이 '본괘' 중에 있는 '자손' 효와 '충'하거나, '자손' 효를 '상'하게 하는 경우, '자손' 효가 변하여 '부모' 효나 '관귀' 효가 된 경우, '자손' 효가 '동'하는데 '퇴신'이 되어 뒤로 물러나는 모양을 하는 경우는 모두 다 약을 써도 효과가 나타나지 않는 것으로 봤다.

'본괘' 중의 '세효'에 '관귀' 효가 들어 있기는 하나, '관귀' 효의 기운이 그렇게 왕성하지 않은 경우는 비록 병의 증상이 그렇게 중하지는 않으나 약으로 그 병을 치료하는 데는 많은 어려움이 따른다고 보았다.

'본괘' 중에 '자손' 효가 없으면서 '세효'와 '응효'가 '비화(比和)'하는 경우나, '본괘' 중에 '자손' 효가 있기는 하지만 그 상태가 '공'이나 '절'에 든 경우는 의사나 약을 바꾸어 보라고 권유하고 있다.

비슷한 경우로 '본괘' 가운데 '자손' 효가 2개 있으면서, 2개가 함께 동하는 경우에는 의사를 바꾸거나 치료 방법을 바꾸면 반드시 좋은 효과를 보게 된다고 말하고 있다.

'본괘' 가운데 있는 '자손' 효와 '관귀' 효가 모두 '공'을 만난 경우에는 불치의 병도 낫게 된다고 봤다. '자손' 효가 '처재' 효와 함께 '동'하여서 '관귀' 효의 도움을 얻게 되는 경우에는, 일시적으로는 치료에 어려움이 있으나, 결국은 좋은 결과를 얻게 될 것이라고 했다.

이상이 [납갑서법]으로 본 병에 관한 점의 대략적인 해석법이다. 이외에도 많은 언급들이 존재하고 있는데, 그 중 몇 가지만 더 소개하면 다음과 같다.

'본괘' 중에 있는 '관귀' 효의 오행이 '금(金)'에 속한다면, 뜸으로 치료하는 것이 좋은 방법이며, 환약으로 치료하는 것은 좋지 않다. 이렇게 풀이한 근거는 질병의 속성이 '금'에 속하기 때문에 '금' 기운을 '극'하는 뜸, 즉 '화

(火)'로 다스리면 크게 효과를 볼 수 있다고 한 것이다.

마찬가지 이치로 '본괘' 중의 '관귀' 효의 오행이 '목(木)'에 속하는 경우에는 침으로 치료하는 것이 좋고, 탕약으로 치료하는 것은 좋지 않다. 이것 역시 '금'은 '목'을 '극'하지만, '수'는 '목'을 '생'하기 때문이다.

'관귀' 효의 오행이 '화'에 속한다면 시원한 탕약으로 치료하는 것이 좋고, 약초로 만든 환이나 편(片)은 좋지 않다고 한 것이나 '관귀' 효의 오행이 '토'에 속한 경우는 뜸이 좋지 않다고 말한 것이 다 동일한 이치에 의해서다.

그런데 이런 점과 관련해서 유대균 교수는 자신이 경험한 바를 다음과 같이 소개하고 있다. 유 교수는 외할아버지로부터 받은 유전적 영향으로 인해 젊어서부터 전립선 비대증으로 배뇨에 어려움을 겪고 있었다. 그래서 스스로 점을 쳐 보았더니 '본괘'로 천지(天地) <<비(否)>>, '변괘'로 천뢰(天雷) <<무망(无妄)>>이 나왔다.

유 교수는 우선 치료의 결과를 나타내는 '변괘' <<무망>>을 보고, "<<무망>>으로 치료하지 못할 질병이 없다."고 생각했다. 그리고 질병을 치료할 방법을 찾고자 '본괘'를 살펴보았다. 그랬더니 '본괘' <<비>> 가운데는 '관귀' 효가 2개가 있는데, '사(巳)'와 '오(午)'로 오행상의 '화(火)'의 성질을 지니고 있었다. '관귀' 효는 질병을 나타내는 것이므로 질병의 속성이 '화'에 속한다고 보고, 치료 방법은 당연히 '화'의 기운을 '극'하는 '수(水)'로 해야 한다고 생각하면서, 탕약(湯藥)으로 치료하는 것이 마땅하다고 결론을 내렸다.

그래서 탕약을 지어 복용했는데, 시간이 경과해도 배뇨의 어려움은 조금도 개선되지 않고, 탕약으로 인하여 오히려 몸이 붓는 부작용만 나타났다. '수(水)'가 '화(火)'를 '극'한다는 오행생극의 원리에 의지하였다가 예기치 못한 곤경에 빠진 것이었다. 그래서 자신의 지혜로는 더 이상 어떻게 해

볼 방법이 없어, 친구가 의사로 근무하고 있는 병원으로 찾아갔더니, 그 친구가 당장 수술을 받으라고 했다.

결론적으로 말하자면 유 교수는 친구로부터 수술을 받고 완쾌되었는데, 퇴원하고 나서 아무리 생각해보아도 [납갑서법]의 원리로 따져볼 때 뭔가 앞뒤가 잘 맞지 않는 것 같았다.

칼은 '금(金)'이고, '금'은 '화(火)'로부터 '극'함을 당하는 존재이므로, 수술로서는 절대로 병이 치료될 수 없다는 것이 [납갑서법]의 원리인데, 현실에서는 [납갑서법]의 이런 이론과 전혀 다른 결과가 도출되었기 때문이다.

유 교수는 자신의 이런 경험을 가지고 이렇게 고백하고 있다.

"우리가 옛사람들의 점 이론을 배우는 것은 매우 중요하다. 하지만 옛사람들의 주장을 맹신하며 따르는 행위는 기피해야 한다. 점의 해석이라는 것은 그 시대의 역사와 환경, 사회구조와 과학기술의 수준 내에서 이루어지는 것이지, 그 범위를 벗어나 제멋대로 공상(空想) 과학처럼 풀이되는 것은 아니다."

이렇게 본다면 지금의 의술은 [납갑서법]이 처음 완성되었던 시기와는 비교할 수 없을 정도로 발전하였다. 그런데 이렇게 발달한 의료 기술은 인정하지 않고 '본괘' 가운데의 '관귀' 효가 오행 중 '화'의 성질을 지니고 있으니 탕약으로 치료하는 것이 마땅하다는 옛사람들의 생각만 존중하여, 현대의학의 치료법이나 수술을 거부한다면, 이런 사람이야말로 시대에 뒤떨어진 어리석은 사람이라고 손가락질을 받아 마땅할 것 같다는 것이 유 교수의 결론이다.

이제 실제 점괘로 질병에 관한 점의 해석법을 공부해 보기로 하자.

먼저, 경인(庚寅)년, 무인(戊寅)월. 기사(己巳)일에 다른 사람의 병을 가지고 대신 점을 쳐서 '본괘'로 중수(重水) <<감(坎)>>, '변괘'로 수산(水山) <<건

(蹇)>>을 얻은 경우다.

형제(兄弟) 자(子) ‖ 世
관귀(官鬼) 술(戌) l
부모(父母) 신(申) ‖
처재(妻財) 오(午) X 應 (申)
관귀(官鬼) 진(辰) △ (午)
자손(子孫) 인(寅) ‖
<<감>>괘는 감궁본궁괘(坎宮本宮卦), 변괘는 <<건(蹇)>>

앞에서 말한 것처럼 이 괘는 다른 사람의 병을 가지고 대신 점을 친 것이므로, '응효'로서 '용신'을 삼아야 한다.

먼저 '본괘'의 '응효'는 '오화(午火)'로 '태세(太歲)'와 '월건(月建)' '인목(寅木)'으로부터 공히 '생'함을 득하고 있으며, '일진(日辰)' '기사(己巳)'와는 서로 '비(比)'하는 관계를 형성하고 있다. 그런데 이런 '본괘'가 '변괘'로 바뀌면서 오행도 '신금(申金)'으로 바뀌었다. 그리고 이런 '신금'은 '본괘'의 '자손' 효 '인목(寅木)'과 '충'하면서, '형'한다.

따라서 이 병자는 약을 복용해도 효과를 보지 못하거나, 효과를 본다고 해도 극히 미미하게밖에 보지 못할 것이라고 봤다. 또 다른 한 편으로는 '본괘'의 '진토(辰土)' '관귀' 효가 '변괘'에서는 '처재' 효로 바뀌면서 오행상의 성질도 '오화(午火)'로 바뀌었다. 그리고 이런 '변효'는 '본괘'의 '응효' '오화'를 '형(刑)'한다.

'진토(辰土)'는 주로 비장(脾臟)과 위장(胃腸)을 나타내기 때문에 비장이나 위장에 생긴 병인데, '본괘'의 '자손' 효는 '인목'으로 '태세', '월건'의 도움을 받아 매우 왕성한 기운을 보이는 데 비해, '관귀' 효 '진토'는 '인목'으로부터 '극'함을 당함으로 해서 그 기운이 매우 약하다.
   그래서 치료에 상당한 희망을 가질 수는 있으나, '본괘'의 6효가 모두 '충'하는 '육충' 괘여서 새로운 질병이 생겨날 형상이라, 일시에 치료가 되기는 어려울 것으로 판단했다.

   경인(庚寅)년, 술(戌)월, 신유(辛酉)일에 아들이 아버지의 병에 관하여 점을 쳐서 '본괘'로 뇌수(雷水) <<해(解)>>, '변괘'로 택수(澤水) <<곤(困)>>을 얻었다.

   처재(妻財) 술(戌) ∥
   관귀(官鬼) 신(申) X 應 (酉)
   자손(子孫) 오(午) l
   자손(子孫) 오(午) ∥
   처재(妻財) 진(辰) l 世
   형제(兄弟) 인(寅) ∥ 伏子
   <<해(解)>>는 진궁이세괘(震宮二世卦), 변괘는 <<곤(困)>>

   이 괘는 '부모'의 병에 관하여 친 점인데 '본괘' 가운데는 '부모' 효가 없다. 그래서 '본궁 괘'에서 '용신'을 찾아야 하는데, '본궁 괘'의 초효, '자수(子水)'가 '부모' 효가 된다. 이 '본궁 괘'의 '부모' 효는 '본괘'의 초효 '인목(寅木)' 아래 '복(伏)'하고 있는데, '인목'을 '생'하느라 완전히 그 기운이 소진되어 버린 상태. 그리고 '용신' '자수'를 '생'하는 '원신(元神)' '신금(申金)'이 '동'하여 '유금(酉金)'으로 바뀌었다.
   이렇게 '진신(進神)'으로 변한 다음, 다시 '일진' '신유(辛酉)'와 서로 '합'하는 형상이므로, 아버지는 별 탈 없이 기력을 보전할 것으로 판단했다.

다만 '진토(辰土)'가 '세효'를 '지(持)'하고 있는 것이 불안한데, 다행스럽게도 '태세'와 '월건'과 '복신(伏神)'이 모두 '인목(寅木)'을 '극'하고 있어, 시간이 경과하여 '신유(辛酉)'일이 되면 확실하게 회복할 것으로 봤다.

이번에는 경인(庚寅)년, 무인(戊寅)월, 정묘(丁卯)일에 아버지가 아들의 병에 대하여 점을 쳐서 '본괘'로 지택(地澤) <<림(臨)>>, '변괘'로 산택(山澤) <<손(損)>>을 얻은 경우를 살펴보자.

자손(子孫) 유(酉) X (寅)
처재(妻財) 해(亥) ‖ 應
형제(兄弟) 축(丑) ‖
형제(兄弟) 축(丑) ‖
관귀(官鬼) 묘(卯) l 世
부모(父母) 사(巳) l
<<림(臨)>> 괘는 곤궁이세괘(坤宮二世卦), 변괘는 <<손(損)>>

이 괘는 '용신'이 상륙(上六) '자손' 효인데, '본괘'에서는 '유(酉)'였던 '자손' 효가 '변괘'에서는 '인(寅)'으로 '변'하면서, '유'의 '금' 기운이 '인'에서는 '절(絶)'에 들게 된다. 뿐만 아니라 '태세'에서도 '절'에 들고, '월건'에서도 '절'에 들면서, '일진' '정묘(丁卯)'와는 서로 '충'하면서, '파'하는 관계까지 형성된다. 그러니까 이 점은 당일로 병자가 사망할 아주 흉한 괘다.

다음은 경인(庚寅)년, 무인(戊寅)월, 무인(戊寅)일에 아내가 남편의 병에 대하여 점을 쳐서 '본괘'로 산지(山地) <<박(剝)>>, '변괘'로 풍지(風地) <<관(觀)>>을 얻은 경우다.

처재(妻財) 인(寅) l
자손(子孫) 자(子) X 世 (巳)
부모(父母) 술(戌) ll
처재(妻財) 묘(卯) ll
관귀(官鬼) 사(巳) ll 應
부모(父母) 미(未) ll
<<박(剝)>>괘는 건궁오세괘(乾宮五世卦), 변괘는 <<관(觀)>>

이 점은 아내가 남편의 병에 관하여 점을 친 것이므로 당연히 '관귀' 효가 '용신'이 되는데, '본괘' 중에 있는 '관귀' 효는 '사화(巳火)'로 '태세', '월건', '일진'으로부터 모두 '생'함을 얻고 있다. 그래서 많은 사람들은 '주인 양반에게 아무런 일도 없을 것.'이라고 말했지만, 자세히 살펴보면 꼭 그런 것만은 아니다.

우선 '본괘' 중에 있는 '자손' 효가 '동'하여 '관귀' 효로 변한 것이, 앞서 말한 바와 같이 '약물 오용으로 인한 부작용이 염려되는' 바로 그 점에 해당된다. 뿐만 아니라 치료의 효과를 나타내는 '본괘' 중의 '자손' 효의 '자수(子水)'가 '변괘'에서 '사화(巳火)'로 바뀌었다.

그런데 '수(水)'의 기운은 '사(巳)'에 이르게 되면 '절'에 들게 되므로 매우 불길하다. 뿐만 아니라 '본궁 괘' <<건>> 가운데의 '관귀' 효는 제4위에 위치하는데, '오(午)'로 '화(火)'의 성질을 지니고 '본괘'의 '술토(戌土)' 아래 '복(伏)'하고 있다.

그런데 '화(火)' 기운은 '술(戌)'에서 '묘(墓)'에 들게 되므로 좋지 않다. 뿐만 아니라 이런 '오화(午火)'는 '본괘' 중의 '관귀' 효 '사화(巳火)'와 서로 '형(刑)'하는 모양이어서 더욱 좋지 않다. 그리고 치료의 효과를 나타내는 '본괘' 중의 '자손' 효 '자수(子水)' 역시 '동'하여 '본궁 괘' 중의 '관귀' 효 '오화(午火)'와 '충'하면서, '극'하고 있어 이것 또한 흉한 조짐이다.

결국 이와 같은 모든 관계들을 종합해 보면 이 병자는 약을 잘못 복용한 것이 원인이 되어 앞으로 더 이상 치료가 되지 않을 것 같다.

그나마 다행스러운 것은 '용신'이 '태세', '월건', '일진'으로부터 '생'함을 얻고 있다는 것인데, 이런 다행스러움이 전체적인 점괘의 불운을 이겨내지는 못하고, 잠깐 동안 시간을 연장하는 효과밖에 가져오지 못할 것 같다. '갑신(甲申)'일이 되면 '원신'은 '절'하고, '기신'이 '생'하게 되니, 이날이 되면 생명이 다할 것이라 판단하였다.

이번에도 아내가 남편의 병을 가지고 점을 친 경우다. 경인(庚寅)년, 경진(庚辰)월, 정묘(丁卯)일에 점을 쳐서 '본괘'로 풍수(風水) <<환(渙)>>, '변괘'로 천풍(天風) <<구(姤)>>를 얻었다.

부모(父母) 묘(卯) l
형제(兄弟) 사(巳) l 世
자손(子孫) 미(未) X (午)
형제(兄弟) 오(午) X (酉) 伏亥
자손(子孫) 진(辰) l 應
부모(父母) 인(寅) ll
<<환(渙)>>괘는 이궁오세괘(離宮五世卦), 변괘는 <<구(姤)>>

이 괘는 부인이 남편의 병에 관하여 친 점이므로, 당연히 '관귀' 효로서 '용신'을 삼아야 하는데, '본괘' 가운데는 '관귀' 효가 없다. 그래서 '본궁 괘' 가운데서 '용신'을 찾는데, '본궁 괘' <<이(離)>>에는 '관귀' 효가 제3위에 들

어 있으며, 오행상의 성격은 '수(水)'다. 이 '해수'가 '본괘'의 '형제' 효 '오화(午火)' 아래 '복(伏)'하고 있는 것이다.

그런데 점을 친 날이 '정묘(丁卯)'일이므로 지금은 '해수'가 '순공(旬空)'에 들어 있다. 그래서 당장은 병세에 아무런 차도가 없다.

한편 '본괘' 가운데 치료의 효과를 나타내는 '자손' 효는 2개가 있는데, '진(辰)'과 '미(未)'로서 모두 '토(土)'의 성질을 지니고 있다. 이런 '진미'의 '토' 기운은 '원신(元神)'인 '관귀' 효 '해수'를 '극'하는 '기신(忌神)'의 모양을 하고 있다. 여기에 덧붙여서 2개의 '형제' 효 '사오(巳午)'가 모두 '화' 기운으로 '기신'을 '생'하는 '구신(仇神)'이 되어서 '기신'과 함께 '해수'를 '극'한다. 그래서 아무런 희망도 보이지 않는 것이다.

특히 '정묘'일로부터 가장 빨리 돌아오는 '해(亥)'의 날, 즉 '을해(乙亥)'일이 되면 '순공'에 들어 있던 '해수'가 '순공'으로부터 벗어나 움직이기 시작할 것이므로, 본격적으로 흉한 일이 생기지 않을까 두려웠는데, 과연 '을해'일이 되자, 그 남편이 사망하였다.

경인(庚寅)년, 계미(癸未)월, 무술(戊戌)일에 아내가 남편의 병을 가지고 점을 쳐서 '본괘'로 택화(澤火) <<혁(革)>>, '변괘'로 택수(澤水) <<곤(困)>>을 얻은 경우.

관귀(官鬼) 미(未) ∥
부모(父母) 유(酉) l
형제(兄弟) 해(亥) l 世
형제(兄弟) 해(亥) △　(午)
관귀(官鬼) 축(丑) X　(辰)
자손(子孫) 묘(卯) △ 應 (寅)

<<혁(革)>>괘는 감궁사세괘(坎宮四世卦), 변괘는 <<곤(困)>>

이 괘에는 '용신'의 자격을 가진 '관귀' 효가 2개 있는데, 2개의 '용신'이 있을 때는 '동'하여 움직이는 쪽을 우선 '용신'으로 삼는다는 원칙에 따라 이 점의 경우는 제2효 '축토(丑土)'를 '용신'으로 삼는다. 지금 이 '축토'는 '월건'으로부터 '파(破)'를 당하고 있으면서, '동'하여 '진'으로 변한 다음에는 '묘'에 들었다. 아울러 왕성한 기운을 지닌 '자손' 효로부터 '극'함까지 당하고 있다.

그래서 대부분의 사람들은 이 점괘가 흉하다고 풀이하였는데, 유대균 교수는 조금 다르게 생각했다. 유 교수는 '신(申)'의 날이 되면 '관귀' 효의 '토' 기운을 '극'하는 '목' 기운이 '절'에 들게 되고, '토' 기운은 '장생(長生)'을 맞게 되므로 치유가 된다는 것이다.

이 두 가지 해석 중 어느 것이 [납갑서법]의 이론에 더 충실하였는가는 독자 여러분의 판단에 맡기겠다.

이번에는 남편이 부인의 병을 가지고 점을 친 경우다. 경인(庚寅)년, 갑신(甲申)월, 을축(乙丑)일에 점을 쳐서 '본괘'로 중뢰(重雷) <<진(震)>>, '변괘'로 뇌지(雷地) <<예(豫)>>가 나왔다.

처재(妻財) 술(戌) ‖ 世
관귀(官鬼) 신(申) ‖
자손(子孫) 오(午) l
처재(妻財) 진(辰) ‖ 應
형제(兄弟) 인(寅) ‖
부모(父母) 자(子) △ (未)

《진(震)》은 진궁본궁괘(震宮本宮卦), 변괘는 《예(豫)》

이 괘의 '용신'은 상륙 '처재' 효인데, 오행으로는 '술토(戌土)'다.

'을축' 일에는 '술'과 '해'가 '순공(旬空)'에 들기 때문에 지금은 '용신'이 '공'한 상태다. 그러면서 '응효'의 '토' 기운과 '일진'의 '토' 기운으로부터 동시에 '형'함을 당하고 있다. 그리고 '응효'인 '진토'는 '자형(自刑)'하는 형상이다.

'본괘' 중의 효들의 움직임을 보면, 초효의 '자수(子水)'는 '동'하여 '미토(未土)'로 '변'하여 '일진'인 '축토(丑土)'로부터 '파(破)'를 당하고 있으며, '세효'의 '술토(戌土)' 역시 '일진'의 '토' 기운으로부터 '형'함을 당하고 있다.

이렇게 볼 때 지금은 질병을 나타내는 '용신'이 여러 가지 제약을 받음으로 해서 병이 치료될 것으로 판단된다. 다만 치료의 결과를 나타내는 '자손' 효가 '자형(自刑)'하는 형상이므로, 혹시 약을 잘못 복용하여 병이 악화될 수 있는 경우를 조심해야 할 것이며, '사일(巳日)'이나 '오일(午日)'이 되면 '자손' 효의 '화' 기운이 왕성해져서 '처재' 효의 '토' 기운을 '생'하게 될 것이므로 이때쯤 되면 병세가 훨씬 가벼워질 것으로 보았다.

질병과 관련된 점에서 "어느 날이 되면 반드시 쾌차할 것이다." 또는 "유명을 달리할 것이다."라고 말하는 것과 "어느 날이 되어도 병세가 호전되지 않으면 더 이상 치료가 어려울 것이다."라고 말하는 것은 비교적 착오가 일어날 가능성이 많은 판단들이다. 따라서 이런 풀이를 들려주기 전에는 한 번 더 신중하게 점괘를 살펴보고, 말을 전하는 것이 꼭 필요한 태도라고 하겠다.

경인(庚寅)년, 갑신(甲申)월, 계유(癸酉)일에 남편이 아내의 병에 관하여 점을 쳐서 '본괘'로 천택(天澤) 《리(履)》, '변괘'로 풍천(風天) 《소축(小

畜)>>을 얻었다.

형제(兄弟) 술(戌) l
자손(子孫) 신(申) l 世 伏子
부모(父母) 오(午) △ (未)
형제(兄弟) 축(丑) X (辰)
관귀(官鬼) 묘(卯) l 應
부모(父母) 사(巳) l
<<리(履)>>괘는 간궁오세괘(艮宮五世卦), 변괘는 <<소축>>

이 점은 '본괘' 중에 '처재' 효가 없다. 그래서 '본궁 괘'에서 '용신'을 찾아야 하는데, '본궁 괘' <<간(艮)>> 중에는 '자수(子水)'가 '처재' 효로 '본괘'의 '세효' 신금(申金)' 아래 '복(伏)'하고 있다. 그리고 '비신(飛神)'인 '신금(申金)'은 '복신(伏神)'인 '자수(子水)'를 '생'하고 있다.

'본괘'의 3위에 처한 '형제' 효는 '축토(丑土)'로서 '동'하여 '처재' 효 '자수(子水)'를 '극'하여야 하나, '본괘' 중의 '비신' '신금(申金)'을 '생[生]'하는 일에 탐닉하여, '변괘'의 '용신' '자수(子水)'를 '극'하는 일을 잊어버리고 있다. 여기에다 치료의 결과를 나타내는 '자손' 효는 '월건'의 도움을 받아 힘차게 '본궁 괘'에 있는 '용신' '처재' 효를 '생'하고 있다.

이런 정황들로 봐서 이 병은 확실히 낫게 될 터인데, 그 시기가 언제인가 하면 바로 다음 번 '신(申)'의 날이 돌아오는 '갑신(甲申)'일이 될 것이다. '갑신'일이 되면 '처재' 효의 '수' 기운이 '장생(長生)'하게 될 것이므로 이와 같이 판단하였다.

그런데 유대균 교수는 이와 같은 풀이에도 이의를 제기하고 있다. 앞에서 '형제' 효인 '축토(丑土)'가 '동'하여 '처재' 효인 '자수(子水)'를 '극'하여야 하나, '본괘' 중의 '비신' '신금(申金)'을 '생(生)'하는 일에 탐닉하여, '변괘' 중의 '용신' '자수(子水)'를 '극'하는 일을 잊어버리고 있다 하였는데, 이렇게 해석한 이유가 납득이 되지 않는다는 것이다.

지금까지 8가지 점괘를 예로 삼아, [납갑서법]으로 질병에 관한 점을 해석하는 방법에 대하여 알아보았다. 같은 점괘를 가지고도 사람에 따라서는 다소 해석의 방법에 차이가 있다는 것도 알았다. 하지만 이런 모든 설들을 다 통합해서 살펴보면, 대략 다음과 같은 4가지의 경우에는 병자가 사망하지 않는 것으로 판단하였다.
첫째, '용신'이 '일진'이나 '월건'에 거하면서, '본괘' 가운데 '관귀' 효나 '처재' 효가 없는 경우.
둘째, 병자를 나타내는 '신효'가 '공(空)'하고, 병자의 생명을 나타내는 명효(命爻)들이 '공'한 경우.
셋째, '용신'이 '장생'하면서, '왕'성한 기운을 지닌 경우.
넷째, '본괘' 중에는 '용신'이 없는데, '본궁 괘' 중에 있는 '용신'을 '생'하는 '원신'이 있는 경우.
이외에도 '이생(二生)', '양병(兩病)', '사불위(四不危)' 등의 점 풀이 방법이 있는데, 이런 이론들을 간단하게 소개하겠다.

정양옥의 『역모(易冒)』에는 미(未)월, 병신(丙申)일에 어머니의 병에 관하여 점을 쳐서 '본괘'로 천화(天火) <<동인(同人)>>, '변괘'로 화뢰(火雷) <<서합(噬嗑)>>을 얻은 경우가 나온다.

　　자손(子孫) 술(戌)１ 應
　　처재(妻財) 신(申) △ (未)

형제(兄弟) 오(午) l
관귀(官鬼) 해(亥) △ 世 (辰)
자손(子孫) 축(丑) ll
부모(父母) 묘(卯) l
<<동인>>괘는 이궁귀혼괘(離宮歸魂卦), 변괘는 <<서합>>

 이 괘의 '용신'은 '부모' 효 '묘목(卯木)'이다. 그리고 '본괘' 중에 '동'하고 있는 2개의 효가 있는데, 하나는 '처재' 효 '신금(申金)'으로 '용신(用神)' '묘목(卯木)'을 '극'하는 '기신(忌神)'의 모양을 하고 있으며, 다른 하나는 '관귀' 효로 '해수(亥水)'의 성질을 가지고, '용신'을 '생'하는 '원신(元神)'의 모양을 하고 있다.
 이런 경우, '처재' 효 '신금'이 '용신'의 '묘목'을 '극'한다고 보는 것이 일반적인 해석인데, 『역모』의 저자 정양옥은 '기신'인 '신금'이 '원신'인 '해수'를 '생'하는 데 모든 기운을 다 배설해 버림으로써 '용신'을 '극'하지 못하고, 오히려 '원신'인 '해수'가 '용신'인 '묘목'을 '생'한다고 풀이하였다.
 이와 같이 괘 가운데 있는 '원신'과 '기신'이 함께 동하는 경우, '원신'은 자신의 역할을 충분히 감당하는 데 비해, '기신'이 자신의 역할을 감당하지 못하고 흔들리는 경우에는 이런 점괘를 가리켜 [이생지괘(二生之卦)]라 한다고 했다.
 그러나 이 점괘에 대하여는 다른 해석도 있다. 그 해석은 '본괘' 중의 '세효' '해수(亥水)'가 '동'하여 '진토(辰土)'로 변하는데, '수' 기운은 '진(辰)'에서 '묘(墓)'에 들게 되므로, '용신'인 '묘목'을 '생'하지 못한다는 것이다.

 이번에는 [양병(兩病)]으로 판단이 난 경우다.
 묘월(卯月), 을묘(乙卯)일에 아내의 병에 관하여 점을 쳐서, '본괘'로 천화(天火) <<동인(同人)>>, '변괘'로 택산(澤山) <<함(咸)>>을 얻은 경우다.

　자손(子孫) 술(戌) △　應(未)
　처재(妻財) 신(申) l
　형제(兄弟) 오(午) l
　관귀(官鬼) 해(亥) l　世
　자손(子孫) 축(丑) ll
　부모(父母) 묘(卯) △ (辰)
<<동인>>은 이궁귀혼괘(離宮歸魂卦), 변괘는 <<함>>

　이 괘의 '용신'은 '처재' 효로 '신금(申金)'이다. 상구의 '자손' 효 '술토(戌土)'가 '동'하여 '용신'인 '처재](妻財)' 효, '신금(申金)'을 '생'하므로, 본래는 '자손' 효가 '원신(元神)'이 되어 '용신'을 도와야 하나, 또 다른 '동효'인 초효의 '묘목(卯木)'이 '구신(仇神)'이 되어서 '자손' 효, '술토(戌土)'를 '극'하므로 결과적으로는 새로운 병을 하나 더 얻게 된다고 보았다.
　이 해석에 대한 다른 해석은 '본괘' 가운데의 '자손' 효가 '술'에서 '미'로 변하여 '퇴신(退神)'이 되었기 때문에 '처재' 효를 '생'할 기운이 사라져 버렸다는 것이다. 그리고 '구신(仇神)'이 '원신(元神)'을 '극'하는 모양이므로, 새로운 병 한 가지를 더 얻게 된다고 했다.

　이번에는 미월(未月), 임인(任寅)일에 남편의 병에 관하여 점을 쳐서 '본괘'로 천화(天火) <<동인(同人)>>, '변괘'로 수화(水火) <<기제(旣濟)>>를 얻은 경우다.

　자손(子孫) 술(戌) △　應 (子)

처재(妻財) 신(申) l
형제(兄弟) 오(午) △　(申)
관귀(官鬼) 해(亥) l 世
자손(子孫) 축(丑) ll
부모(父母) 묘(卯) l
<<동인>>은 이궁귀혼괘(離宮歸魂卦), 변괘는 <<기제>>

이 괘의 '용신'은 '관귀' 효다. 먼저 '자손' 효 '술토(戌土)'가 '동'하여 '관귀' 효 '해수(亥水)'를 '극'하고 있다. '일진' '인목(寅木)'이 '처재' 효 '신금(申金)'과 '충(沖)'하는데, 이 '충'으로 인하여 '신금'이 '암발(暗發)'하면서 '관귀' 효 '해수(亥水)'를 '생'하게 되어, 이 괘는 시간이 지나면 다시 병이 나타날 수다.

그러면 묘월(卯月) 병인(丙寅)일에 자식의 병에 관하여 점을 쳐서 '본괘'로 중지(重地) <<곤(坤)>>, '변괘'로 산택(山澤) <<손(損)>>을 얻은 경우는 어떠할까?

자손(子孫) 유(酉) X 世 (寅)
처재(妻財) 해(亥) ll
형제(兄弟) 축(丑) ll
관귀(官鬼) 묘(卯) ll 應
부모(父母) 사(巳) X　(卯)
형제(兄弟) 미(未) X　(巳)
<<곤(坤)>>괘는 곤궁본궁괘(坤宮本宮卦), 변괘는 <<손(損)>>
이 괘는 '부모' 효가 '발동(發動)'하고 있어, 본래는 자식을 병으로부터

구할 수 있을 수이나, '자손' 효의 '유금(酉金)'이 '일진', '월건'으로부터 '파(破)'를 당하고 있기 때문에 '부모' 효가 '자손' 효를 구하지 못하는 수다.
정양옥은 이와 같은 경우가 [양병(兩病)]에 속하는 예라고『역모』에서 소개하고 있다.

마지막으로 옛사람들이 병에 관해 점을 쳐서 전혀 위험하지 않다고 생각한, '사불위(四不危)'라는 점괘가 있는데, 그것은 다음과 같다.

첫째, '비신(飛神)'은 '용신(用神)'을 '절(絶)'하면서, '복신(伏神)'은 '용신'을 '생'하는 경우.
둘째, '외괘'에는 '용신'이 없고, '내괘'에만 '용신'이 있는 경우
셋째 '본괘' 중에는 '용신'이 없고, '일진'이나 '월건' 가운데 '용신'이 있는 경우
넷째, '본괘' 중의 '일진'이나, '월건', '동효'가 '용신'을 '극(克)'하거나, '용신'이 '동'하여 '일진'이나 '월건' 또는 다른 '동효'로부터 '생(生)'함을 얻거나, '부(扶)'함을 득하는 경우.

이상의 네 가지 점괘는, 점을 통하여 알고자 한 병이 전혀 생명에 위협이 되지 않는다고 판단하였다. 예를 들어서 진월(辰月), 신묘(辛卯)일에 자식의 병에 관하여 점을 쳐서 화수(火水) <<미제(未濟)>> 괘를 얻은 경우를 보자.

형제(兄弟) 사(巳) I 응(應)
자손(子孫) 미(未) II
처재(妻財) 유(酉) I

형제(兄弟) 오(午) II 세(世)
자손(子孫) 진(辰) I
부모(父母) 인(寅) II
<<미제>> 괘는 이궁삼세괘(離宮三世卦)

이 괘는 '외괘'에 '자손' 효, '미(未)'가 있기는 하지만 '순공(旬空)'에 처해 있고, '내괘'에 있는 '자손' 효, '진(辰)'은 '월건(月建)'을 득하고 있으므로, 나중에 병이 치유될 상이다.

다시 오월(午月), 무인(戊寅)일에 아내의 병에 관하여 점을 쳐서 수화(水火) <<기제(旣濟)>> 괘를 얻은 경우를 살펴보자.

형제(兄弟) 자(子) II 응(應)
관귀(官鬼) 술(戌) I
부모(父母) 신(申) II
형제(兄弟) 해(亥) I 세(世)
관귀(官鬼) 축(丑) II
자손(子孫) 묘(卯) I
<<기제>> 괘는 감궁삼세괘(坎宮三世卦)

이 괘 중에는 '용신'인 '처재' 효가 없다. 대신 '오월(午月)'과 '무인(戊寅)'일이 '원신(元神)'과 '용신(用神)'의 모습을 하고 있다. 그러므로 '사불위'의 설에 따른다면 그 아내의 병은 당연히 그 달이 가기 전에 나을 것으로 보았다.

이외에도 『증산복역(增刪卜易)』에는 병점(病占)에 관한 여러 가지 이론들이 소개되어 있다. 그 중 몇 가지를 소개하면 다음과 같다.
 첫째, '육충(六沖)' 괘가 변하여 다시 '육충' 괘가 된 경우에는, 고질이 된 병은 낫기가 어려우나, 금방 생긴 병이라면 약을 쓰지 않아도 치료가 된다.

 둘째, '본괘'가 '변'하여, '일진'이나 '월건' 또는 다른 '동효'로부터 '절(絶)'이나, '극(克)'을 당하는 경우는 새롭게 생긴 병도 위험하다. 그러나 '용신'이 '순공(旬空)'에 들어있다면 근심하지 않아도 된다. 하지만 오래 된 병은 그렇지가 않다.
 '용신'이 '순공'에 들었거나, '월건'으로부터 '파(破)'를 당하고 있다면 흉하다. 옛날 점서는 대부분 '오래 된 병이나, 새로 생긴 병 할 것 없이 '용신'이 '공(空)'하면, "구할 방법이 없다."고 했다. 『증산복역』은 병점에서 특별히 치료의 결과를 중요시하여, '용신'이 '순공'에 처한 경우에는, '삼합(三合)', '육합(六合)'의 괘를 만난다 하더라도 끝내 병이 낫지 않고 마지막을 맞게 될 것이라고 말하고 있다.

 셋째, '본괘'의 '용신'이 '변'하여 '관귀' 효가 된 경우, '관귀' 효가 '변'하여 '용신'이 된 경우, '기신'이 '변'하여 '용신'이 된 경우, 또는 '용신'이 '변'하여 '기신'이 된 경우는 모두가 난치병이 될 것이라고 보았다.
 또 '세효'가 '변'하여 '관귀' 효가 되어 다시 '세효'를 '극'하는 경우와, 형제, 처, 자식의 질병에 관한 점에서 '관귀' 효가 '형제', '처재', '자손' 효로 '변'하거나, '형제', '처재', '자손' 효가 '관귀' 효로 '변'하는 경우 모두 좋지 않다고 봤다.
 『증산복역』에서도 병에 관한 점에서 '형제' 효가 '처재' 효로 '변'한다거나, '처재' 효가 '형제' 효로 '변'하는 경우, '부모' 효가 '변'하여 '자손' 효가 되거나, 반대로 '자손' 효가 '변'하여 '부모' 효가 되는 경우는 모두 좋지 않다고 보았다.

넷째, '본괘' 중에 있는 '용신'이 '묘(墓)'나 '절(絶)'에 든 경우, 또는 '동효'가 화하여 '묘'나 '절'에 든 경우는 '용신'의 기운이 왕성한가, 쇠약한가를 살펴보아서 그 결과를 판단하는데, 만약 '용신'의 기운이 왕성하다면 걱정할 것이 없지만, '용신'의 기운이 쇠약하다면 걱정스러운 바가 없지 않다.

'일진'이나 '월건'이 '동효'를 '극'하는 경우에도 역시 '동효'의 기운이 쇠약한지, 왕성한지를 살펴보아 '동효'의 기운이 왕성한 경우에는 '동효'가 '일진'이나 '월건'과 '충'하는 날이 오면 자신을 '극'하는 '일진'이나 '월건'을 한 방에 날려 버릴 것이므로 병이 나을 것이라고 생각했다. 그러나 '동효'의 기운이 쇠한 경우에는 '충'하는 시기가 도래하여도 '극'하는 기운을 날려버릴 수가 없으므로 위험할 것이라고 생각했다.

다섯째, 앞에서 이미 기술한 바와 같이 '세효'에 '관귀' 효가 들어 있는 경우는 이미 병이 든 사람의 점으로 봤다. 이 이론에 대해서『증산복역』에서는 두 가지 이야기를 하고 있다.

만약 스스로 자신의 병에 관하여 점을 친 경우라면 그 병은 낫기가 어렵다. '자손' 효나 '동효'가 '세효'의 '관귀' 효를 '극'해 준다 하더라도 이것은 잠깐 동안의 효과일 뿐, 병이 완전히 나을 수는 없다고 봤다.

그런데 다른 사람의 병을 가지고 친 점에서, '세효'에 '관귀' 효가 든 경우는 걱정스러운 증상임에는 틀림이 없으나, '자손' 효가 동하여 '관귀' 효를 '극'하는 경우에는 즉시 평안을 찾을 수 있을 것으로 보았다.

특별히 자신의 병을 가지고 친 점에서 '세효'에 '관귀' 효가 들어 있는 경우에는 그 병이 낫기 어렵다고 말했는데, 이 부분에 대해서도 먼저 그 병이 새롭게 생긴 병인지, 아니면 오래 전부터 지니고 있던 병인지 살펴보아야 한다고 했다. 그래서 새롭게 생긴 병일 때는 '관귀' 효가 '충'하여 사라질 때까지 기다리면 많은 경우, 병이 낫는다고 봤다. 그런데 이런 경우가 아니면 끝까지 병이 치료되지 않는다고 생각했다.

여섯째, '관귀' 효가 '동'하거나, 또는 '본괘' 중에 있는 '기신'이 '동'하여 '진신(進神)'의 모양으로 변하는 경우, 자신의 병에 관한 점이면 병세가 더 악화될 것으로 판단하였다. 이에 덧붙여 '일진'이 '장생(長生)'하는 형상이거나, '동효'가 '변'하여 '장생'에 드는 경우에도 병세가 악화될 것으로 보았다.

'기신'이 '동'하여 '진신'으로 변하는 경우에도 마찬가지로 생각했으며, 반대로 '기신'이 '변'하여 '퇴신'이 되면 병세가 호전될 것으로 봤다.

일곱째, '본괘' 중에 '용신'이 없어, '일진'과 '월건'으로서 '용신'을 삼은 점에서는 '복신(伏神)'을 찾을 필요도 없이 그대로 병이 낫는다고 보았다. 그러나 '복신'의 기운이 쇠약할 때는 다시 점을 치는 것이 마땅하다고 했다.

지금까지 열거한 일곱 가지 경우는 야학노인이 오랜 기간 동안 자신이 경험한 바를 집대성하여 한 진술이다.

이상으로 [납갑서법]으로 친 점 가운데서 질병과 관련된 내용을 대략적으로 살펴보았다. 이 과정에서 본 바와 같이 옛날 사람들은 병이 발생한 원인과 신체의 어느 부위에 발생하였느냐 하는 부분을 비교적 중요시하였다. 하지만 지금은 의료 기술이 발달하여 이런 문제들은 전혀 중요하게 생각되지 않는다.

그럼에도 불구하고 돈을 들여 갑갑한 문제를 풀어보려고 찾아온 의뢰인들이 있다면, 이런 사람들에게 예전 사람들의 점 해석을 그대로 전달해 주어서는 안 될 것이다. 옛날 사람들의 점 풀이는 그 시대의 상황과 사회 환경, 과학 기술, 철학의 범위 속에서 만들어진 것이기 때문에 그런 옛날식 점 풀이를 들려주어서는 올바른 점술인이라고 할 수 없을 것이다.

지금의 점은 지금의 방법으로 해석해야만 한다.

예를 들어 명(明)나라, 청(淸)나라 시대의 점서에는 '천연두'에 관한 점이 상당히 많이 등장하고 있다. 그래서 '천연두'의 열꽃이 언제 필 것인가, 얼마나 소밀하게 필 것인가 하는 등등의 문제를 아주 소상하게 묻고 있다. 명청(明淸) 당시 '천연두'에 관한 점이 이렇게 많이 등장한 것은 그 시절 '천연두'가 사람의 생명을 위협하는 아주 무서운 질병이었기 때문이다. 하지만 제너의 종두법이 발명된 이후, 오늘날의 현실은 '천연두'가 어떻게 생긴 병인지조차 알지 못하는 사람들이 대부분이다.

3. 혼인과 출산에 관한 점

우리가 질병에 관한 점으로 죽음에 대해 생각해 보는 계기를 가졌다면, 혼인에 관한 점으로는 삶에 관해 생각해 보는 계기를 갖게 될 것이다.

옛날에는 혼인 점을 칠 때, 부녀자들의 운을 '처재' 효로 따져 판단하였다. 이렇게 처(妻)와 재물(財物)을 하나의 카테고리로 묶어 놓은 것은, 중세 시대까지만 해도 중국의 부녀자들이란 금전으로 사고 팔 수 있는 존재였으며, 타인에게 양도할 수도 있었고, 심한 경우에는 도박판에서 값을 매겨 저당을 잡힐 수도 있는, 인격체라기보다는 물건으로 취급되었기 때문이다.

이에 반해 아녀자들이 남자들에 관하여 점을 칠 때는 '관귀' 효로서 '용신'을 삼았다. 물론 '관귀' 효로 '용신'을 삼은 까닭은 남자란 곧 여자들을 다스리는 존재라고 생각했기 때문이다.

하지만 지금은 상황이 바뀌어 이와 같지 않다. 현재 한국이나 중국에서는 양성이 법률적으로 동등하게 취급되어 부인이 호주로 되어 있는 가정도 적지 않다. 가정 구성이 이런 만큼 혼인에 대한 생각도 많이 바뀌어서, 지금은 여자가 먼저 청혼을 하기도 하고, 성격차를 내세워 먼저 이혼을 주장하기도 한다.

시대가 변함에 따라 이렇게 남자와 여자에 대한 생각도 바뀌었는데, 아직도 과거의 혼인 점에서 적용한 남자는 '관귀' 효, 여자는 '처재' 효라는 공식을 가지고 점괘를 풀어나간다면, 당연히 현실과 맞지 않을 것이다. 그렇다면 이런 상황에서는 어떻게 해야 현실과 부합하는 점 해석을 내놓을 수 있을까?

점의 근본 이치는, '수(數)를 가지고 만고불변의 진리인 이(理)를 나타내는 것'인데, 시대의 변화에 따라 어제의 점 풀이와 오늘의 점 풀이가 달라야 한다면, 만고불변의 진리인 이(理)도 시대에 따라 변한다는 말인가? 그렇다면 어떻게 그처럼 변하는 이(理)를 진리라고 할 수 있단 말인가?

이런 생각을 하게 되면 머릿속이 여간 복잡하지가 않다. 그리고 이런 생각에 대한 답은 각자가 다를 수 있으므로 여기서는 장황하게 그 논의를 하지 않고, 잠깐 복잡한 머리도 식힐 겸 해서 결혼과 연관된 점과 관련하여 유대균 교수가 경험한 이야기를 하나 소개하고자 한다.

어느 부인이 남편과 이혼을 결심하고 이혼 소송을 제기하기 전에, 유 교수에게 점을 부탁하였다. 이 부인은 먼저 이혼을 결심했을 정도로 경제적으로 능력을 지닌 사람이었으며, 남편 되는 사람은 상대적으로 경제력이 부족한 편이었다.

이 문제에 대한 점을 의뢰받고 유 교수는 먼저 어떤 효를 '용신'으로 삼아야 할지 그것부터 고민하였다 한다. 이 점의 핵심 주제는 이혼이지만, 이혼을 하기 위해 재판까지 신청하였을 경우에는 이 점은 단순하게 이혼에 관한 점만 되는 것이 아니라, 소송에 관한 점도 될 수가 있기 때문이었다. 여기서 이혼에 관한 점이라면 당연히 남편을 '관귀' 효로 봐야 하지만, 소송에 관한 점으로 본다면 '관귀' 효가 되어야 하는 것은 법원이기 때문이다.

이런 문제로 해서 우선 '용신'을 정하기부터가 여간 어려운 것이 아니었다. 이 부인의 이혼은 법원이 부인의 편을 들어 이혼이 성립되었는데, 남편은 이혼할 생각이 전혀 없었다고 했다. 이 부인의 경우와 같이 지금은 남자들보다 사회적으로 더 높은 자리에서, 더 강한 힘을 가지고 활동하는 여성들도 많이 있다. 기업가의 경우에는 그 남편을 비서 내지는 하급 직원으로 부리는 경우까지도 있다.

세상이 이렇게 변하였는데도, 아직까지 '관귀' 효와 '처재' 효의 오행생극을 가지고 혼인 점의 성사나 길흉 여부를 판단한다면 모르긴 해도, 아마 무슨 잠꼬대 같은 소리를 하고 있느냐고 웃고 말 사람들이 많이 있을 것이다.

그러므로 우리는 [납갑서법]으로 혼인에 관한 점을 칠 때는 먼저 혼인이란 그 시대의 풍습과 아주 밀접하게 연결되어 있다는 점을 먼저 명심해야 할 것이다. 그래서 이런 변화를 염두에 두고, 이런 변화에 맞는 새로운 시스템으로 점을 치고, 판단하여야 할 것이다.

지금 우리가 경험하고 있는 이런 변화는 예전의 술수가들은 전혀 경험해 보지 못한 새로운 변화다. 그리고 이런 변화가 또 앞으로는 어떤 방향으로 진행될지 아무도 알지 못한다. 다만 우리가 안다고 말할 수 있는 것은, 현재를 살고 있는 우리가 이런 변화와 발을 맞추어 나가야만 [납갑서법]이 도태되지 않고, 지속적으로 생명을 유지할 수 있을 것이란 점이다.

혼인 점에서 가장 큰 관심사는 혼인이 성사될 수 있을지 여부를 아는 것이다.

이 문제에 관하여 옛날 사람들은 '세효'나 '응효'가 '처재' 효나 '관귀' 효를 '생(生)'하거나, '합(合)'하거나, '비화(比和)'하는 경우에는 성사가 된다고 보았다. 이때 '세효'가 음효면 여자 쪽에서 적극적으로 혼인을 서두를 것으로 생각하였고, '세효'가 양효면 남자 쪽에서 혼인을 주도적으로 이끌어 나갈 것이라고 생각했다.

'본괘' 중의 '세효'가 '응효'를 '생'하면, 이 점괘는 남자가 여자를 구하는 상이고, 반대로 '응효'가 '세효'를 '생'하면 여자가 남자를 구하는 괘다. 만약 '세효'와 '응효'가 상극이면, 이 혼인은 이루어지지 않을 것이며, 이루어진다 해도 많은 우여곡절을 겪은 다음에 가까스로 이루어질 것이다. '세효'와 '응효', 그리고 '일진'이 '삼합국(三合局)'을 이루는 경우에는 다른 사람의 도움으로 성사가 될 것으로 봤다.

'본괘' 중의 '세효'와 '응효', 그리고 '부모' 효가 '동'하여, '합'하는 경우는, 남녀 당사자는 물론 양갓집 '부모'들도 다 동의하는 축복받은 결혼이 될 것이고, '세효'와 '응효', 그리고 '자손' 효가 '동'하여 '합'하는 경우에는 남녀 두 사람이 이미 청매, 죽마가 되어 몸을 허락한 사이인지도 모른다.

'본괘' 중의 '관귀' 효가 '변'하여 '부모' 효가 되었을 때는 남자 쪽 집안 어른들이 결혼을 서두를 수이고, '본괘' 중의 '처재' 효가 '변'하여 '부모' 효가 되었을 경우에는 여자 집 가장이 결혼을 서두를 수다. '세효'가 '본괘' 중의 '관귀' 효를 '생'하거나, '관귀' 효와 '합'하는 경우는 남자 쪽 친척들이 결혼을 서두를 상이다.

괘가 '육합'을 이루었다면 이 혼인은 성사가 된다. 그러나 괘가 '육충'을 이룬 경우는 혼인에 변고가 있을 수다. '본괘'는 '합괘(合卦)'인데, '변괘'가 '충괘(沖卦)'이면 혼인이 이루어진 다음에 다시 변고가 생길 상이고, 반대로 '본괘'가 '충괘'이고, '변괘'가 '합괘'면 처음에는 어렵고 장애가 있겠으나 마지막에는 좋은 인연으로 결합될 것으로 생각했다.

괘가 비록 '육충'의 관계를 이루고 있으나, '세효'와 '응효'가 '동'하여 '일진'과 함께 거하는 경우에는 혼담을 물리려고 해도 쉽사리 그렇게 되지 않을 만큼 남녀가 잘 어울리는 혼인이 될 것이다.

만약 '세효'와 '응효'가 서로 '충(沖)'하면서 '극'하거나, 또는 '처재' 효와 '관귀' 효가 서로 '충'하면서 '극'하는 경우에는, '일진'이나 다른 '동효'로부터 '생'하거나 '합'하는 도움을 얻는다 하더라도 혼인이 이루어지지 않을 것이다. 하지만 완전히 결렬되었다고 생각한 다음에, 엉뚱한 사람의 도움으로 혼인이 이루어질 수도 있는 운세다.

'세효'와 '응효', '처재' 효와 '관귀' 효가 서로 '생'하거나, '합'하는 경우에는 '일진'이나 다른 '동효'로부터 '충극(沖克)'을 당한다 하더라도 혼사가 이루어지는데, 혼사가 이루어진 다음에 엉뚱한 일로 물거품이 되어 버릴지도 모르는 수다.

만약 '본괘' 중의 '세효'와 '응효', 또는 '관귀' 효와 '처재' 효가 모두 '묘(墓)'에 들었거나, '절(絕)'에 들었거나 또는 '형(刑)', '해(害)', '충(沖)', '극(克)'을 당하고 있다면 이 혼인은 원만하게 성사되기가 어렵다.

또 '세효'나 '관귀' 효가 '묘절'이나 '형(刑)', '해(害)', '충(沖)', '극(克)'을 당하고 있다면 이 결혼은 남자 집에서 탐탁지 않게 여길 상이고, '응효'와 '처재' 효에 이와 같은 현상이 나타났으면 이런 경우는 여자 쪽 집안에서 흔쾌하게 동의하지 않을 상이다.

'본괘' 중의 '부모' 효가 화하여 '관귀' 효가 된 경우에는 남자 쪽 집안 어른이 반대할 상이고, '부모' 효가 화하여 '처재' 효가 된 경우에는 여자 쪽 집안 가장이 반대할 수다. '본괘' 가운데 '부모' 효가 '세효'나 '응효'를 '극'하고 있으면, 이런 경우는 남녀가 결합은 할 것이나 양가 부모가 반대하는 혼인이 될 것이며, 만약 '형제' 효가 '세효'나 '응효'를 '극'하거나 '충'한다면, 혼인 이후에 '형제'들의 비우호적인 태도로 가족 간의 화목에 크게 손상이 일어날까 염려스러운 상이다.

혼인에 관해 묻는 점에서 만약 '관귀' 효가 '변'하여 다시 '관귀' 효가 되었다면, 이런 경우는 남자 쪽에서 이랬다, 저랬다 변덕을 부릴 수이고, 만약 '형제' 효가 '변'하여 다시 '형제' 효가 된 경우에는 혼담이 오고 가는 과정 중에 여러 가지 어려운 문제들이 불거져 나올 수 있으나, 결국은 좋은 인연으로 맺어질 것이다.

'본괘' 중에 '관귀' 효가 2개 있으면서, 2개가 동시에 움직이는 경우에는 한 여자의 집에 두 남자의 집로부터 청혼이 올 수도 있는 상황이니, 곤란을 당하지 않도록 잘 살펴보아야 할 것이며, 만약 2개의 '관귀' 효가 동시에 '응효'를 '극'하는 경우에는 여자의 집에서 두 남자 집에다 동시에 혼인을 허락한 것은 아닌지 조심스럽게 알아보아야 할 것이다.

<<건>>괘와 <<곤>>괘의 경우와 같이 6개의 효가 모두 양이나 음으로 된 점괘는 혼인이 쉽게 이루어지지 않을 괘다.

괘 중의 '청룡'이 움직여서 '세효'나 '응효'를 '생'하거나 '합'하는 경우에는, 혼인이 이루어지면 아주 길한 일이 많이 생길 것으로 보았지만, '백호'가 동하여 '세효'나 '응효'를 '극', '충', '형', '해'하면 혼인을 하지 않는 편이 좋을 정도로 매우 불길한 혼인이라고 생각했다.

남자 쪽에서 신부를 구하는 점에서는 '본괘' 중에 '처재' 효가 없으면 혼인이 이루어지지 않을 것이고, 여자 쪽에서 신랑을 구하는 점에서는 '관귀' 효가 없으면 혼인이 이루어지지 않을 것이다.

혼인의 점에서는 [납갑서법]뿐만 아니라, 다른 많은 점서에서도 공통적으로 길하다고 언급한 4개의 점괘가 있는데, 택산(澤山) <<함(咸)>>, 뇌풍(雷風) <<항(恒)>>, 수택(水澤) <<절(節)>>, 지천(地天) <<태(泰)>>가 바로 그 점이다.

이 4가지 점괘는 '합', '충'이나 '변괘' 등을 따져볼 것도 없이 무조건 길한 것으로 판단하였다. 뿐만 아니라, '본괘' 중에 있는 '처재' 효와 '관귀' 효의 기운이 약하거나, '묘'에 들었거나, '상'함을 입은 경우에도 전체적으로는 길한 것으로 판단하였다.

반대로 화택(火澤) <<규(暌)>>와 택화(澤火) <<혁(革)>>과 뇌수(雷水) <<해(解)>>와 중화(重火) <<리(離)>>의 네 괘는 흉한 것으로 보았다. 이런 괘는 설령 '관귀' 효와 '처재' 효가 서로 호응하면서 '생' '합'하여도 길한 것으로 보지 않았다.

　이외에도 점서 가운데는 8개의 순괘를 가지고 용모의 생김새를 추정해 놓은 것도 있으며, 또 오행을 가지고 덕행을 추측해서 말해 놓은 것도 있는데, 이런 것들 중 대부분은 점을 치는 술사들이 본인들 마음대로 만들어낸 것들이 아닌가 싶다.

　다만 『역림보유(易林補遺)』 가운데 '육신(六神)'을 가지고 신랑 신부의 성정을 살핀 것이 있는데, 이 부분은 상당히 정리된 생각을 가지고 자세하게 자신의 견해를 피력한 것 같아 여기에 소개한다.

　『역림보유(易林補遺)』에 의하면 '처재' 효에 '청룡'이 든 경우는 골격이 준수하고, '등사(螣蛇)'가 든 경우는 성정이 허황되고, 뜬구름 같다고 했다. 그리고 '백호'는 패역(悖逆)을 관장하는 별로 생각하였으며, '현무'는 풍류와 관련된 별로 생각해서 이 별에 속한 사람은 그 성향도 그와 같으리라 생각했다. 끝으로 '주작'은 교묘한 말과 요설을 펼치는 요사한 존재로 생각했으며 '구진'은 진중하여 말이 없는 사람으로 간주하였다.

　이상은 남자가 여자에 관하여 점을 쳤을 때 이야기고, 여자가 남자에 관하여 점을 쳤을 때는 '관귀' 효에 '청룡'이 든 경우, 성품이 온화하고 글재주가 뛰어난 것으로 보았다. '등사'가 임한 경우에는 언행이 허황되고, 겉치레가 많은 것으로 봤다. '백호'가 든 남자는 용감하고 무예에 일가견을 가진 사람으로, '현무'가 든 경우는 간웅의 기질이 있을 것으로 봤다. '구진'이 든 경우에는 돈후하면서 여러 가지 재주를 가진 사람으로, '주작'이 든 경우는 언변이 뛰어나고, 글이 능한 사람으로 보았다.

　이렇게 '육신'으로 성정을 살필 때도 먼저 '용신'의 기운이 쇠약한가, 왕성한가를 살펴보는 것이 중요하다고 언급하였는데, 이 부분은 점을 판단하는 데 있어 옛사람들이 어떤 생각을 가지고 있었던가를 알아볼 수 있는 매우 중요한 언급이라고 생각된다.

그래서 '관귀' 효의 기운이 '왕'성한데 '현무'가 임하였다면 이때는 걸출한 인물이 될 것으로 생각하였으나, '관귀' 효의 기운이 '절'한 상태에 있는데 '현무'가 임한 경우에는 간신이 될 가능성이 많다고 생각했다.

이런 판단이 사실과 부합하느냐, 부합하지 않느냐 하는 점도 중요하지만, 그보다 더 중요한 것은 이런 결론들이라는 것이 당시의 역사와 시대적 조건 하에서 형성된 옛사람들의 생각이라는 점이다. 우리는 먼저 이 부분을 소중히 생각하고, 당시 사람들의 그렇게 생각한 근거를 유추해 그런 풀이들이 탄생한 근본적인 이치를 깨달아야 한다는 것이다.

혼인 점에 대한 예 하나를 살펴보자.

을축(乙丑)년, 정묘(丁卯)월, 무인(戊寅)일에 여자가 혼인에 관한 점을 쳐서 '본괘'로 산지(山地) <<박(剝)>>, '변괘'로 풍지(風地) <<관(觀)>>괘를 얻었다.

처재(妻財) 인(寅) I
자손(子孫) 자(子) X 세(世) (巳) 복신형(伏申兄)
부모(父母) 술(戌) II   복오[관귀](伏午官鬼)
처재(妻財) 묘(卯) II
관귀(官鬼) 사(巳) II 응(應) 복인재(伏寅財)
부모(父母) 미(未) II
<<박(剝)>>은 (건궁오세괘乾宮五世卦), 변괘는 <<관(觀)>>

우선 이 괘는 점을 친 여인의 신분을 '본괘'의 '세효'로 보지 않고, '본궁괘' <<건(乾)>> 가운데 있는 '처재' 효로 삼았다는 데 주목할 필요가 있다. 이것은 앞서 다른 점들의 '용신'과는 다른 판단이라는 점을 눈여겨볼 필요

가 있다.

　이 괘의 '본궁 괘' <<건>>에서 여인을 나타내는 '처재' 효는 제2위에 처하고 있으면서, '본괘'인 <<박>> 괘의 '응효' '사화(巳火)' '관귀' 아래 '복(伏)'하고 있다.

　먼저 점을 치는 여인이 '관귀' 아래 '복(伏)'하고 있으므로 이 여자는 남편이 있는 부인이라고 생각했다. 그리고 '처재' 효의 오행 '인목(寅木)'과 '관귀' 효의 '사화(巳火)'가 서로 '형(刑)'하고 있으므로 지금 이 부부 간은 사이가 화목하지 못하다고 판단하였다. 그래서 점술사는 이 여자가 지금의 남자를 버리고 다시 시집을 가려는 것으로 판단하였다. 그리고 '본궁 괘'의 '처재' 효 '인목(寅木)'이 이미 '본궁 괘'의 '관귀' 효 '오화(午火)'를 '생'하면서, 서로 '합'하기까지 하고 있으므로 두 사람은 이미 진작부터 정을 통하고 있는 관계로 판단하였으며, 여자는 본 남편을 버리고 지금 이 정부에게로 시집가기를 원하는 것으로 판단하였다.

　그런데 '세효' 아래 '복(伏)'하고 있는 '변괘'의 '형제' 효가 '신금(申金)'의 기운을 띠고 '본괘'의 상구(上九) '처재' 효의 '인(寅)'과 서로 '충'하고 있고, 또 '세효'인 '자손' 효 '자수(子水)'도 '동'하면서 '본궁 괘'의 '오화(午火)', '관귀' 효와 '충'한다. 따라서 지금 여자는 '형제'들과 서로 '충'하고 있으며, 여자의 정부는 '자손'들과 '충'하고 있는 것으로 보인다. 거기다가 정인을 나타내는 '본궁 괘'의 '오화(午火)' '관귀' 효는 현재 '본괘'의 '술토(戌土)' 아래 '복(伏)'하고 있으면서, '묘(墓)'에 든 상태이므로 아무런 기운도 발휘하지 못한다. 거기다 설상가상으로 '본괘'의 '세효' '자수(子水)'로부터 '충'까지 당하고 있다.

　이런 모든 관계들을 종합해 보았을 때, 이 혼인은 매우 불리하다.

　(※이 점은 '본괘' 중의 '용신'을 버리고 '복신'과 '본궁 괘'의 '처재' 효, '관귀' 효를 주요 자료로 삼아 괘의 길흉을 판단하였는데, 이와 같은 점의 해석법은 이제까지 한 번도 등장하지 않

은 완전히 새로운 해석법이다.

　이런 해석법을 보고 유대균 교수는 "점을 해석하는 데는 정해진 일정한 법이 있을 수 없다(筮无定法)."고 했다. 이와 같은 방법이 가능한 것은 점을 치고자 하는 여성의 현재 상황을 점술사가 충분히 고려했기 때문인 것이다.)

　을축(乙丑)년, 병자(丙子)월, 정묘(丁卯)일에 남자가 혼인에 관한 점을 쳐서 '본괘'로 화택(火澤) <<규(睽)>>, '변괘'로 뇌택(雷澤) <<귀매(歸妹)>>를 얻은 경우는 어떠할까?

　부모(父母) 사(巳) △　　술(戌)
　형제(兄弟) 미(未) Ⅱ　　복자(伏子)
　자손(子孫) 유(酉) Ⅰ 세(世) 복술(伏戌)
　형제(兄弟) 축(丑) Ⅱ
　관귀(官鬼) 묘(卯) Ⅰ
　부모(父母) 사(巳) Ⅰ 응(應) 복진(伏辰)
　<<규>>는 간궁사세괘(艮宮四世卦), 변괘는 <<귀매>>

　이 괘는 우선 '본궁 괘' 속에 있는 '처재' 효, '자수(子水)'는 '월건(月建)'을 득하고 있어 그 기운이 매우 왕성한데 이에 비해 '외괘'인 <<이(離)>> 괘는 아주 무력한 모양이다.

　(註 : 괘에 기운이 있는가, 없는가는 그 괘 가운데 있는 '복신(伏神)'으로 판단하는데 예로 든 점괘의 경우, '외괘(外卦)'는 <<이(離)>>로 오행상 '화(火)'에 속하는데, 이 '화'를 '극'하는 '자수(子水)'가 육오 효 아래 '복(伏)'하고 있기 때문에 기운이 없다고 한 것이다.)

　이렇게 <<이(離)>> 괘의 기운이 쇠약한 것을 가지고, 가세는 가난할 것

205

으로 미루어 짐작하였으며, '본궁 괘'에 있는 '처재' 효의 기운이 왕성한 것을 가지고는 용모가 아름다울 것이라고 추측했다. 이 괘는 '처재' 효가 '외괘'에 있어 상대방 여성의 성질이 급하고 자유분방할 것으로 보았으며, <<이>> 괘가 지닌 '화'의 성격처럼 그 성격도 격할 것으로 보았다. 그리고 피부는 까무잡잡하고, 얼굴 윤곽은 둥글 것이라고 생각했다.

(註 : 이렇게 판단한 까닭은 옛날 사람들은 8개의 순괘를 가지고 얼굴 생김을 추정하기도 했는데, 이 점의 경우 '본궁 괘' 중의 '처재' 효는 '본괘'의 육오(六五) 효 아래 '복(伏)'하고 있다. 그리고 이 육오 효의 위치는 '육신(六神)'의 배치로 보았을 때 '현무(玄武)'의 자리에 해당한다. 앞에서도 말한 바와 같이 '현무'는 대개 풍류를 즐기는 여성들에게 많이 나타난다고 보았기 때문에 자유분방할 것이라고 보았으며, '현무'가 지닌 색깔이 검은색이므로 피부색이 까무잡잡할 것이라고 유추한 것 같다. 아울러 '처재' 효가 들어 있는 '외괘'가 <<이>> 괘이므로 <<이>>는 해를 상징하는 것으로 보아, 얼굴이 해처럼 둥글다고 생각하지 않았나 싶다.)

또한 '본궁 괘'의 '처재' 효는 '본괘'의 '형제' 효 아래 '복(伏)'하고 있는데, '본괘'의 '세효'와 '응효'가 모두 '변'하여 '형제' 효로 화함으로써 결과적으로 말하면 '본괘'의 '형제' 효, '세효', '응효'가 모두 '처재' 효를 '극'하는 모양이다. 이렇게 '처재' 효를 '극'하려는 요소들이 많다는 것을 결혼 점에서는 그만큼 신부가 될 여성에게 접근하려는 사람들이 많다는 의미로 해석하였다. 이런 상황에다 '본괘'의 상육 '부모' 효 '사화(巳火)'가 '진토(辰土)'로 '변'하여 '묘'에 듦으로 해서 주인이 없는 모양이 되었으니까, 결과적으로 이 혼인은 이루어질 수가 없다고 보았다.

그런데 만약 이 혼인이 이루어진다면 어떤 사람과 인연이 될까?

서북방에 있는 사람과 인연이 될 가능성이 높다고 보았다. 그 까닭은 <<규>>가 <<간>>궁 '사세 괘'이기 때문이다. <<규>>의 '본궁 괘', <<간(艮)>>은 선천팔괘(先天八卦)의 방위(方位)로 보았을 때, 서북방에 해당하기 때문에 서북방의 사람과 인연이 될 수 있으리라고 말한 것이다. 이 괘는 '본괘' <<규>>보다는 '본궁 괘' <<간>>과 '복효' '자수(子水)', '진술(辰戌)' '토'를 가지고 그 '충', '극' 관계를 살펴 혼인의 성사 여부를 판단하였는데, 이와 같은 점의 해석법은 지금까지 공부한 것과는 전혀 다른 방법이었다는 것을 알 수 있다.

이와 같은 점 해석을 통해서도 알 수 있듯이 [납갑서법]으로 점을 해석하는 데는 어떤 경우에도 변하지 않는 절대적인 방법이라는 것은 존재하지 않는다. 점을 치고자 하는 사람의 사정을 최대한 많이 고려하여, 모든 것을 보다 합리적이면서도 도덕적으로 판단하고자 하는 노력이 필요하다. 그래서 단순히 '용신'으로서만 점의 길흉을 판단하는 것이 아니라, '동효'와 '변효', '비신(飛神)'과 '복신(伏神)', '일진'과 '월건'……그 어떤 것이든 다 길흉의 기준이 될 수 있다는 마음을 가지고, 이 모든 요인들을 열린 마음으로 바라볼 수 있어야 한다는 것이다.

[납갑서법]으로 푼 점괘는 하나하나가 모두 저마다의 특징을 지니고 있다. 이런 수많은 특징들을 아무런 편견 없이 있는 그대로 받아들였을 때, 우리는 [납갑서법]의 요체에 한 걸음 더 다가섰다고 말할 수 있다.

이제 이런 마음가짐으로 기축(己丑)년, 병자(丙子)월, 무오(戊午)일에 남자가 혼인에 관한 점을 쳐서 '본괘'로 택수(澤水) <<곤(困)>>, '변괘'로 뇌수(雷水) <<해(解)>>를 얻은 경우를 살펴보자.

부모(父母) 미(未) Ⅱ
형제(兄弟) 유(酉) △ (申)

자손(子孫) 해(亥) Ⅰ 응(應)
관귀(官鬼) 오(午) Ⅱ
부모(父母) 진(辰) Ⅰ 복묘(伏卯)
처재(妻財) 인(寅) Ⅱ 세(世)
<<곤>>은 태궁일세괘(兌宮一世卦), 변괘는 <<해>>

이 괘는 '응효'가 '세효'를 '생(生)'하면서 '합(合)'하는 관계이므로 혼인이 성사될 수 있으나, 오위(五位)에 처한 '형제' 효, '유금(酉金)'이 '동'하여 이위(二位)에 '복(伏)'하고 있는 '처재' 효, '묘목(卯木)'과 '충'하는 것과 또 '변효' '신금(申金)'이 '세효'에 들어있는 '처재' 효 '인목(寅木)'과 '충'하면서 '인목(寅木)'을 '극'하는 형세인 것이 신경에 거슬리는데, 점술사는 이런 요인들을 근거로 들어서 "이 혼인은 다른 사람의 방해로 인하여 절대로 이루어질 수가 없다."고 판단하였다.

이 점에 대한 또 다른 풀이로는 '본괘'의 '형제' 효가 '유금(酉金)'에서 '신금(申金)'으로 '변'하면서 '퇴신(退神)'의 모양을 하고 있고, 이런 '유금(酉金)'과 '신금(申金)'은 '일진' '오화(午火)'로부터 '극'함을 당하고 있어, 실제로 '형제' 효가 '처재' 효를 '극'하기에는 그 기력이 많이 부족한 모양이다. 그래서 이 괘는 '형제' 효, 즉 다른 사람들의 방해로 인하여 파탄이 날 소지가 있기 때문에 이렇게 될지 여부를 다른 변수들을 가지고 좀 더 세밀하게 살펴봐야 한다고 판단했다.

경인(庚寅)년, 무인(戊寅)월, 계해(癸亥)일에 남자가 혼인에 관한 점을 쳐서 '본괘'로 지뢰(地雷) <<복(復)>>, '변괘'로 산뢰(山雷) <<이(頤)>>를 얻은 경우는 또 어떨까?

자손(子孫) 유(酉) X (寅)
처재(妻財) 해(亥) II
형제(兄弟) 축(丑) II 응(應)
형제(兄弟) 진(辰) II
관귀(官鬼) 인(寅) II
처재(妻財) 자(子) I 세(世)
<<복>>은 곤궁일세괘(坤宮一世卦), 변괘는 <<이>>

옛날 사람들은 이 괘를 크게 길한 괘로 판단하였다. 그 까닭은 우선 '자손' 효인 상육(上六) '유금(酉金)'이 '관귀(官鬼)' 효 '인목(寅木)'으로 '변'하여 '처재' 효 '해수(亥水)'와 '합'하고 있고, 또 '월건' '인목(寅木)', '일진' '해수(亥水)'는 '처재' 효 '자수(子水)'와 '관귀' 효 '인목(寅木)'을 '상'하고 있으며, '세효' '자수(子水)'와 '응효' '축토(丑土)'가 서로 '합'하고 있기 때문에 길하다고 본 것이다.

그리고 제오위에 처한 '처재' 효, '해수(亥水)'가 '자형(自刑)'하는 모양이므로, 신부 될 사람의 성격은 절제력이 뛰어나고, 얼굴은 아름다울 것이라고 생각했다.

이 괘 역시 앞, 앞의 점괘 <<규>> 지(之) <<귀매>>의 경우와 마찬가지로, 여러 가지로 의뢰인이 듣기 좋은 말을 하고 있는데, 다소 과장된 이런 점 풀이가 나온 까닭은 예전의 점술인들은 대개 떠돌이 식객들이었던 관계로, 이렇게 좋은 말을 해 줌으로써 의뢰인으로부터 좀 더 풍성한 대접을 받을 수 있지 않을까 하고 기대했기 때문일 것이라고 생각한다.

이 점을 가지고 '신부의 성품이 반듯할 것'이라고 말하였는데, 만약 '육신(六神)'을 가지고 그런 말을 했다면 그건 잘못 판단한 경우일 것이다. 5위의 처한 '처재' 효는 '육신'으로는 '등사(螣蛇)'와 함께 처하는데, 옛날 사람들은 뱀을 가지고 여성의 성품이 단정하다거나, 얼굴이 예쁠 것이라고 추정하지는 않았다.

정양옥의 저서, 『역모』 가운데는 8개의 '순괘'로써 사람의 생김새를 추정한 부분이 있는데, 가령 '처재' 효가 <<곤(坤)>> 괘 속에 있을 때는 혼인할 여성의 몸피가 듬직하고, 기개가 드높아서 '국모의 자격을 갖춘 현명한 여성'이라고 말하였다.

이 점에서는 상육의 '자손(子孫)' 효가 '동'하여 '인목(寅木)'으로 '변'하여, '상괘'가 <<곤(坤)>>괘로부터 <<간(艮)>>괘로 변하였다. 그래서 '처재' 효가 <<간>>괘 속에 들어가게 되었는데, 이렇게 '처재' 효가 <<간>>괘 속에 처하면, 이런 점의 주인공이 되는 여성은 단정하고 독실하며, 침선에 좋은 솜씨를 가진 것으로 생각하였다.

그러나 미모가 탁월할 것이라고는 생각하지 않았다. 얼굴은 약간 거무스름할 것이고, 초효가 양효(陽爻)이므로, 발이 작을 것이라고 생각했다. 그런데 초효가 양효여서 발이 작을 것이라고 말한 부분에 이르면, 이 점 풀이는 완전히 점술사가 자기 마음대로 지껄이고 있다는 것이 명백해진다. 괘 가운데 있는 초효가 양효면 점괘의 주인이 되는 여인의 발이 작을 것이라는 것은 괘상의 이치와 전혀 동떨어진 황당무계한 소리이기 때문이다.

옛날 사람들은 이렇게 혼인의 점에서는 '본괘'뿐만이 아니라, '본궁 괘'도 참고로 살펴보았다. 그런데 간혹 제멋대로인 이런 점 풀이가 '소 뒷걸음치다 쥐잡기' 식으로 적중하여, 사람들로부터 감탄의 소리를 들었는지는 모르겠으나, [납갑서법]을 자신의 덕을 닦기 위한 수련의 한 방법으로 공부하는 사람들이라면, 이런 이치에 맞지도 않는 소리를 가지고 사람들을 희롱해서는 안 될 것이다.

옛날 혼인의 점에서는 자식의 생산 문제도 비중 있게 다루었다. 특히 새 며느리가 집안에 들어오면 언제쯤 임신을 하게 될 것이며, 언제쯤 아기가 태어날지에 대해 대단한 관심을 가졌다.
 하지만 지금은 의학이 발달하여 자녀의 출산을 가지고 점을 치는 사람은 거의 없는 것 같다. 이런 변화 역시 시대의 변화와 함께 달라진 현실이라고 할 수 있을 것이다.

4. 직업과 명예에 관한 점

    옛날 점서에서는 관리가 되어 국가로부터 녹을 받는 일을 '공명(功名)'에 관한 항목으로 생각하였다. 지금도 공무원이라면 평생 먹고 사는 것이 보장된 직장인이라고 생각하는데, 봉건시대에는 이런 생각이 더 심해서 어떤 사람이 관직에 나아갔다 하면, 그것으로 곧 재물과 명예를 보증하는 보증서를 딴 것처럼 생각하였다.
    옛날 중국의 점서에서는 관리가 되는 일, 승진 여부, 어떤 직책을 가지고 어떤 곳에서 근무하게 될지 등등의 일들을 하나의 카테고리로 묶어 '모관(謀官)'이라고 통칭하였다. '모관'의 점으로 알고자 했던 일들은 대략 다음과 같은 것들이었다.

    관직에 나아갈 수 있을까, 없을까?
    관리가 된 다음에는 얼마나 높은 직급까지 승진할 수 있으며, 언제까지 그 자리에 있을 수 있을까?
    관직에 있는 동안 좋은 보직을 받아서 얼마나 많은 재화를 모을 수 있을까?
    우선, 관직에 나아갈 수 있을까, 없을까 하는 문제부터 살펴보자.

[납갑서법]에서는 어떤 사람이 관리가 될 수 있을지 여부를 문서와 관련지어 생각했는데, 그 까닭은 관리가 되기 위해서는 오늘날의 임명장과 같은 문서가 필수적이었기 때문이다. 그래서 관리가 될 수 있을지 여부를 묻는 점에서는 문서를 나타내는 '부모' 효가 '용신'이 되었다.

관직에 나아간 다음에는 얼마나 높이 승진할 수 있을지가 또 다른 관심사라고 할 수 있는데, 승진과 관련된 점에서는 승진하고자 하는 사람의 운세는 '세효'로, 승진을 주관하는 사람, 즉 임금은 '응효'로 보았다. 그래서 '세효'와 '응효'가 '생', '합', '비화'하는 관계이면 승진할 수 있을 것으로 보았다. 그런데 이런 경우에도 '세효'가 '응효'를 '생'하는 경우에는 자신이 노력을 하여 승진할 것으로 판단하였고, 반대로 '응효'가 '세효'를 '생'하는 경우에는 다른 사람의 추천에 의하여 승진할 것으로 판단하였다.

만약 '본괘' 중의 '세효'와 '관귀' 효가 '왕'성한 기운을 지니고 '동'한다면, 승진은 떼놓은 당상이라고 보았고, '처재' 효와 '자손' 효가 동시에 '동'하는 경우, 아니면 '처재' 효만 홀로 '독발(獨發)'하는 경우에도 역시 승진을 한다고 봤다.

옛날 사람들은 관직을 돈으로 사고팔 수 있는 것으로 생각했기 때문에 '공명' 점에서 '처재' 효를 중요하게 생각했으며, 자신이 하던 일을 자식이 물려받아 하는 경우도 허다하였으므로 이런 경우에는 '자손' 효를 가지고 관운을 판단하기도 했다.

'세군(歲君)'과 '월건(月建)'이 '세효'와 '신효(身爻)'를 돕는 경우는 승진을 한다고 보았고, '관귀' 효에 '주작'이 임하여 '동'하는 경우도 역시 승진을 한다고 봤다. '관귀' 효가 화하여 다시 '관귀' 효가 되었을 때, 이런 변화가 '진신(進神)'의 모양을 하고 있으면 예상을 뛰어 넘는 파격적인 승진도 기대할 수가 있다고 했다.

그러나 '관귀' 효가 '퇴신(退神)'의 모양으로 변하면 이런 경우는 불리하다. 이미 파직을 당한 사람이 복직을 할 수 있을지 여부를 묻는 점에서 '귀혼' 괘가 나왔다거나, 또는 '관귀' 효가 조금도 움직이지 않는 괘가 나왔다면 이 사람은 다시 관직에 복직할지도 모른다.

'모관'의 점에서는 '유혼' 괘나, '관귀' 효가 왕성하게 동하는 점괘의 경우, 높이 승진할 수 있다고 생각했다. 만약 '유혼' 괘가 '변'하여 다시 '유혼' 괘가 되었다면 승진 후에 멀리 지방으로 나갈 운이고, '본괘' 가운데 '관귀' 효나 '부모' 효가 2개씩 있으면서 왕성하게 '동'하는 경우에도 역시 '모관'의 점에서는 이롭다.

'모관'의 점에서는 '내괘'가 왕성하고, '외괘'의 기운이 쇠미한 경우에는 승진이나 이동을 바라지 말고, 가만히 그 자리를 지키는 것이 유리하고, 반대로 '내괘'가 쇠하고, '외괘'가 왕성한 경우에는 새로운 자리를 찾아 움직여 보는 것이 바람직하다.

'내괘'와 '외괘'가 모두 왕성한 경우는 그대로 자리를 보전하고 있거나, 새로운 보직을 찾아 움직여 보거나 모두가 다 길하다.

'본괘' 중에 '주작(朱雀)'이 움직이는 모양이면 기쁜 소식이 올 상이다. 그리고 '부모' 효와 '관귀' 효가 모두 '공'하거나, 또는 '관귀' 효가 아무런 움직임도 없이 조용하게 있거나, 또는 '신효'나 '세효'가 '동'하면서 '태세'나 '월건'을 '형'하는 경우에는 모두 다 관직에 나아갈 수 없는 점이다.

이상으로 대략의 개념은 알아보았고, 이제부터는 '모관'과 관련된 실제의 점들을 몇 가지 살펴보기로 하자. 을축(乙丑)년, 임신(壬申)월, 을축(乙丑)일에 관운이 있어 관직에 나아갈 수 있을지 여부를 물어 '본괘'로 중뢰(重雷) <<진(震)>>, '변괘'로 뇌지(雷地) <<예(豫)>>를 얻었다.

처재(妻財) 술(戌) Ⅱ 세(世)

관귀(官鬼) 신(申) Ⅱ

자손(子孫) 오(午) Ⅰ
처재(妻財) 진(辰) Ⅱ 응(應)
형제(兄弟) 인(寅) Ⅱ
부모(父母) 자(子) △ (未)
<<진>>은 진궁본궁괘(震宮本宮卦), 변괘는 <<예>>

이 점은 자신의 '모관'에 대하여 직접 점을 친 것이라면 이루어지지 않을 수이고, 다른 사람의 '모관'에 대하여 대신 점을 친 것이라면 노력과 재물을 많이 들인다면 이루어질 가능성이 있는 괘로 판단했다.

이제부터 그런 점풀이가 나온 과정을 살펴보자.

'본괘'의 '용신'은 초효 '자수(子水)'다. 이 '자수(子水)' 효가 '관귀' 효 '신금(申金)', '응효' '진토(辰土)'와 한데 어우러져서 '신자진(申子辰)' '삼합수국(三合水局)'을 이룬다.

먼저, 자신의 '모관'을 알아보기 위하여 친 점이라면 이루어지지 못할 것이라고 한 까닭은 자신을 나타내는 '세효' '술토(戌土)'가 '을축(乙丑)' 일에는 '순공'에 들기 때문이다. 또한 '축일(丑日)'의 '토' 기운으로부터 '형'함을 당하고 있어 이루어질 수 없다고 본 것이다.

그런데 타인을 나타내는 '응효'는 '진토(辰土)'로서 '일진'이나 다른 '동효'로부터 아무런 제약도 받지 않기 때문에 이루어질 것이라고 본 것이다. 다만 수고와 재물이 많이 들 것이라고 본 것은 '본괘' <<진>>이 '변괘' <<예>>로 바뀌면서 초효의 '자수(子水)'가 '동'하여 '미토(未土)'로 바뀌었는데, 이런 '변효'가 '본효'를 '극'하므로 '부모' 효가 '상(傷)'을 당하기 때문이다.

덧붙여서 '응효'인 '처재' 효, '진토(辰土)'마저 '토극수(土克水)'해서 '부모' 효를 '극'하고 있다. 그런 중에서도 다행스러운 것은 '일진' '축토(丑土)'가 '미토(未土)'와 '충'하면서, '자수(子水)'와 '합'하는 관계를 형성하고 있다는 점이다. 그리고 '자(子)'의 '수(水)' 기운은 '월건(月建)' '신(申)'에서 '장생'하므로, 다소간의 재물을 뇌물로 사용한다면 '모관'이 성사될 수 있을 것으로도 봤다.

하지만 이 부분에서 '다소간의 재물을 뇌물로 사용한다면'이라고 단서를 붙여 말한 것은 [납갑서법]의 시스템으로 점괘를 풀이하여 나온 것을 판단한 말은 아닌 듯하고, 점을 친 사람 자신이 자신의 경험을 가지고 말한 것 같다.

기축(己丑)년, 계유(癸酉)월, 정유(丁酉)일에, 사위가 장인이 수도에서 근무하는 중앙공무원으로 승진해 올라갈 수 있을지 물어 보아, '본괘'로 화지(火地) <<진(晉)>>, '변괘'로 화뢰(火雷) <<서합(噬嗑)>>을 얻은 경우다.

관귀(官鬼) 사(巳) Ⅰ 복술(伏戌) (父母)
부모(父母) 미(未) Ⅱ
형제(兄弟) 유(酉) Ⅰ 복오(伏午) (官鬼)
처재(妻財) 묘(卯) Ⅱ 복진(伏辰) (父母)
관귀(官鬼) 사(巳) Ⅱ
부모(父母) 미(未) Ⅹ
<<진>>은 건궁유혼괘(乾宮游魂卦), 변괘는 <<서합>>

이 괘는 '태세' 기축(己丑)'이 '부모' 효 '미(未)'와 '충'하고 있고, '관귀' 효 '사(巳)'는 '순공'에 들어 있다. 또 초효는 '본궁 괘'에서 '자수(子水)'로 '변'하여 '본괘'의 '유금(酉金)' 아래 '복(伏)'하고 있는 '관귀' 효 '오화(午火)'를 '극'하고 있다. 그리고 '월건'과 '일진' '유금(酉金)'은 '변괘'의 '처재' 효

'묘목(卯木)'을 '극'하고 있고, 또한 '변괘' 중의 '부모' 효 '술토(戌土)'는 '관귀' 효 '사화(巳火)' 아래 '복'하고 있으면서 '본효'로부터 '생(生)'함을 득하는 형세이나, '사화(巳火)'가 '순공'에 들어있음으로 해서 실제로는 '술토(戌土)'를 '생'하지 못한다. 여기에 덧붙여 설상가상으로 '일진'과 '월건'의 '금'을 '생'하느라, '토(土)'의 기운이 다 소진되어 버려 '기축'년에는 중앙관리로 뽑히지 못할 것이라 봤다.

대신 해가 바뀌어 '경인(庚寅)'년이 되면, '인(寅)'에서는 '관귀' 효의 '화(火)' 기운이 '장생'하게 되므로, 이를 근거로 해서 '정월이면 뽑힐 것'으로 봤다. 이때 정월로 그 시기를 단정한 것은 정월은 '인월(寅月)'로 '목(木)'이 왕성한 기운을 가지고 '화(火)'를 '생'하기 때문이다.

기축(己丑)년, 병자(丙子)월, 정묘(丁卯)일에 관직을 구하는 점을 쳐서 '본괘'로 화택(火澤) <<규(睽)>>, '변괘'로 뇌택(雷澤) <<귀매(歸妹)>>를 얻은 경우.

부모(父母) 사(巳)　△　복인관(伏寅官)
형제(兄弟) 미(未) II
자손(子孫) 유(酉) I 世　복술형(伏戌兄)
형제(兄弟) 축(丑) II
관귀(官鬼) 묘(卯) I　복오관(伏午官)
부모(父母) 사(巳) I 應

<<규>>는 간궁사세괘(艮宮四世卦), 변괘는 <<귀매>>

이 점은 관직을 얻을 수는 있으나, 자신의 힘으로는 아니고, 유력자에게 부탁하여야만 얻을 수 있는 상이다.

이렇게 해석한 근거는 문서에 해당하는 '부모' 효 '사화(巳火)'가 '일진'

'묘목(卯木)'으로부터 '생'함을 얻고 있기 때문이다. 유력자에게 부탁하면 이 일이 이루어질 것이라고 한 까닭은 '본궁 괘'의 '관귀' 효 '인(寅)'이 문서를 관장하는 '부모' 효, '사화(巳火)' 아래 '복(伏)'하고 있기 때문이다. '관귀' 효는 곧 유력자를 의미하는데, 이런 유력자가 문서를 주관하는 '부모' 효 아래 '복(伏)'하고 있는 것을 가지고 이렇게 풀이한 것이다.

하지만 이런 풀이는 '수로서 이치를 추정하는(以數推理)' [납갑서법]의 올바른 해석법이라고는 할 수 없고, 자신의 경험을 위주로 '정(情)으로써 점괘를 해석하는' 방법이라 생각되기 때문에 점술인으로서 본받을 만한 태도는 못 된다고 생각한다.

다음은 경인(庚寅)년, 경진(庚辰)월, 무인(戊寅)일에 관리가 될 수 있을지 여부를 물어 '본괘'로 산지(山地) <<박(剝)>>, '변괘'로 풍지(風地) <<관(觀)>>을 얻은 경우다.

처재(妻財) 인(寅) Ⅰ 복술부모(伏戌父母)
자손(子孫) 자(子) Ⅹ 세(世) (巳)
부모(父母) 술(戌) Ⅱ 복오관(伏午官)
처재(妻財) 묘(卯) Ⅱ 복진부모(伏辰父母)
관귀(官鬼) 사(巳) Ⅰ 응(應)
부모(父母) 미(未) Ⅱ
<<박>>은 건궁오세괘(乾宮五世卦), 변괘는 <<관>>

'재물'이나 '질병'에 관한 점에서는 '본궁 괘'를 보는 경우가 거의 없는데, '혼인'의 점과 '모관'의 점에서는 '본궁 괘'를 보는 경우가 많이 있다는 것을 먼저 기억해 두어야 할 것 같다.

이 괘도 '본궁 괘'의 '관귀' 효를 가지고 '모관' 여부를 판단하였다. 이 괘의 '본궁 괘' '관귀' 효는 '오화(午火)'로 '술토(戌土)' 아래 '복'하고 있는데, '술'로 인하여 '묘(墓)'에 든 형상이다. 그리고 '본괘'의 5위에 처한 '자손' 효 '자수(子水)'와는 서로 '충'하면서, '자수'로부터 '상'함을 입고 있다.

이 괘를 풀이한 사람은 관직에 나아가고자 하는 사람이 일찍이 상관을 음해한 적이 있어 절대로 다시 관직에 나갈 수가 없을 것이라고 했는데, 이 풀이는 지나치게 자신의 경험을 앞세운 근시안적인 판단인 것 같다.

'본궁 괘'의 '부모' 효가 '순공'에 처해 있어서 문서에 관한 일이 언제 처리될지 분명하지 않기 때문에 이 점을 푼 사람은 관직에 나아갈 수 있을지 여부도 지체되고 있다고 말했는데, 이 부분은 점을 푼 사람이 약간 오해를 한 것 같다. 왜냐하면 '본궁 괘'의 '부모' 효 '진'과 '술', 그 어느 것도 '공'에 처하지 않았기 때문이다. 그러니까 '순공'으로 인하여 관직에 나갈 수 있을지 여부가 지체되고 있다는 것은 억지소리인 것이다.

이런 점 풀이는 설령 현실에서 그 풀이대로 이루어졌다 하더라고 [납갑서법]으로 공부하는 사람들에게는 아무런 가르침도 주지 못한다고 보아야 할 것이다. 이제 몇 개의 점괘를 기록하여 두었으니, 독자 여러분도 함께 풀어보시기 바란다.

첫 번째는 경인(庚寅)년, 신사(辛巳)월, 임진(壬辰)일에 관직에 나아가고자 점을 쳐서 수천(水天) ≪수(需)≫를 얻은 경우다.

처재(妻財) 자(子) Ⅱ
형제(兄弟) 술(戌) Ⅰ
자손(子孫) 신(申) Ⅱ 세(世) 복축(伏丑)
형제(兄弟) 진(辰) Ⅰ 복묘(伏卯) 관귀(官鬼)

관귀(官鬼) 인(寅) Ⅰ 복사(伏巳) 부모(父母)
처재(妻財) 자(子) Ⅰ 응(應)
<<수>>는 곤궁유혼괘(坤宮游魂卦)

이 괘는 '본궁 괘' 안에 있는 문서를 가리키는 '부모' 효 '사화(巳火)'에 '월건(月建)'이 임해서 '관귀' 효 아래 '복'하고 있다. 그리고 '본괘' 내의 '세효' '신금(申金)'을 '생'하고 있어 구하는 관직은 얻게 될 것 같다.

그런데 걱정스러운 것은 '세효' '신금(申金)'이 '월건' '신사(辛巳)'와 힘을 합하여 '관귀' 효를 '극'하려 한다는 것과 '일진'이 '세효'를 '생'한다는 점이다. 그래서 원하는 일이 지체되고 있는데, 여름이 되어 '화'의 기운이 '왕'성해지면 이런 '왕'성한 '화' 기운이 '금(金)' 기운을 '극'하게 되므로 '금'의 기운이 더 이상 '관귀' 효에 화(禍)를 미치지 못할 것이다.

또한 '본궁 괘'의 '관귀' 효, '묘목(卯木)'은 '본괘'의 '형제' 효인 '진토(辰土)' 아래 '복'하고 있으면서, '일진' '임진(壬辰)'과는 서로 '형제' 관계를 형성하면서 '처재' 효 '자수(子水)'를 위협하고 있다. 그리고 '본괘'의 '관귀(官鬼)' 효 '인목(寅木)'은 자신 아래 '복'하고 있는 '본궁 괘'의 '부모' 효 '사화(巳火)'와는 서로 '형'하는 관계다.

이런 여러 가지 관계들로 판단해 보건대, 이 일을 담당하고 있는 공무원이 뇌물을 바라는 것 같다. 그러니까 뇌물을 공여하면 쉽게 일이 이루어지겠다고 판단한 것이다. 그런데 '뇌물 운운'은 지나치게 개인적 경험을 근거로 한 말인 것 같고, 점괘 어디에도 그런 풀이를 해야 할 괘의 움직임은 나타나 있지 않다.

두 번째는 경인(庚寅)년, 신사(辛巳)월, 정유(丁酉)일에 '모관'의 점을 쳐서 '본괘'로 <<건(乾)>>, '변괘'로 <<이(離)>>를 얻은 경우다.

부모(父母) 술(戌) Ⅰ 세(世)
형제(兄弟) 신(申) △ 미(未)
관귀(官鬼) 오(午) Ⅰ
부모(父母) 진(辰) Ⅰ
처재(妻財) 인(寅) △ 축(丑)
자손(子孫) 자(子) Ⅰ
<<건(乾)>> 지 <<이(離)>>

이 괘를 판단하는 데는 <<주역>>의 효사(爻辭)를 사용하였다. '본괘' <<건>>의 2효와 5효의 효사를 보면 '이현대인(利見大人)'이라는 구절이 나온다. 먼저 이 효사를 근거로 해서 근원적으로 이 괘는 길한 것으로 판단하였다.

다만 '본괘' <<건>>은 6효가 모두 '충'하는 '육충괘(六沖卦)'인데, <<이>>괘로 변한 다음에도 역시 '육충괘'의 모양을 하고 있다는 것과, '본괘'의 '처재' 효인 '인(寅)'이 '동'하면서 '변괘' 가운데 있는 문서를 관장하는 '부모' 효 '축토(丑土)'를 '극'하고 있다는 점, 그리고 가까운 거리에서 도움을 주는 '형제' 효 '신(申)'이 '동'하여 '미(未)'로 '변'하였기 때문에 그 거리가 더욱 멀어졌다는 점을 들어서, 이번에는 도모하는 일이 이루어지지 않을 것으로 판단했다.

그러나 '관귀' 효의 '오화(午火)'가 '왕'성해지는 시기가 오면 반드시 관직을 얻을 수 있을 것이니 그때까지 기다려야 한다고 보았다.

이 점에는 다른 해석도 있는데, 다른 해석은 <<건>>괘가 <<이>>괘로 변하였는데, 이런 '변괘'의 '화' 기운이 '본괘'의 '금'을 '극'하기 때문에, 지극히 흉한 것으로 본다는 것이다.

다음으로는 경인(庚寅)년, 무인(戊寅)월, 을묘(乙卯)일에 다른 사람이 관직에 임명될지 문서를 구하는 점을 쳐서 '본괘'로 산지(山地) <<박(剝)>>,

'변괘'로 풍지(風地)<<관(觀)>>을 얻은 경우를 보자.

  처재(妻財) 인(寅) Ⅰ 복술(伏戌)부모(父母)
  자손(子孫) 자(子) Ⅹ 세(世) 사(巳)
  부모(父母) 술(戌) Ⅱ
  처재(妻財) 묘(卯) Ⅱ 복진(伏辰)부모(父母)
  관귀(官鬼) 사(巳) Ⅱ 응(應)
  부모(父母) 미(未) Ⅱ
  <<박>>은 건궁오세괘(乾宮五世卦), 변괘는 <<관>>

   이 괘는 '응효'가 '관귀' 효로서 '사화(巳火)'인데, '세군', '월건', '일진' 모두로부터 '생'함을 얻고 있다. 이 부분을 가지고 많은 사람들은 길하다고 말하는데, 꼭 그런 것은 아니다.
   왜냐하면 '세군', '월건'으로부터 '관귀' 효, '사(巳)'가 '형(刑)'함을 당하고 있으며, '세효'의 '자(子)'가 '동'하여 '관귀' 효를 '상'케 하고, '본궁 괘'에서 문서를 관장하는 '부모' 효는 '진술토(辰戌土)'인데 이것 역시 '세군', '월건', '일진'으로부터 '극'함을 당하고 있기 때문이다. 덧붙여서 '세효'가 '응효'를 '극'하고 있어, 이 점은 내가 상대방과 불화하여, '모관'이 잘 되지 않을 것으로 추측된다.

   경인(庚寅)년, 경진(庚辰)월, 기사(己巳)일에 누구에게 부탁하면 관직에 나갈 수 있을지 사람을 찾는 점을 쳐서 '본괘'로 뇌화(雷火) <<풍(豊)>>, '변괘'로 지뢰(地雷) <<복(復)>>을 얻었다면 어떻게 될까?
  관귀(官鬼) 술(戌) Ⅱ
  부모(父母) 신(申) Ⅱ 세(世)

처재(妻財) 오(午) △ 축(丑)
형제(兄弟) 해(亥) △ 진(辰)
관귀(官鬼) 축(丑) II 응(應)
자손(子孫) 묘(卯) I
《《풍》》은 감궁오세괘(坎宮五世卦), 변괘는 《《복》》

이 괘 중의 문서에 해당하는 '부모' 효는 그 오행이 '신금(申金)'인데, 이 '신금'은 '일진' '사화(巳火)'와 서로 '합'하는 관계에 있다. 그리고 '해수(亥水)' '형제' 효는 '동'하여 '진(辰)'으로 '변'한 다음 '묘(墓)'에 들고, '일진(日辰)'을 '파(破)'해 버릴 뿐 아니라, '월건(月建)' '진(辰)'에서는 '묘'에, '일진(日辰)' '사(巳)'에서는 '절(絶)'에 든 형상이므로 반드시 죽을상이다. 그래서 [모관]을 부탁하려고 하는 사람이 반드시 죽을 것이라고 판단하였는데, 이 풀이는 잘못되었다.

원래 하나의 점으로 두 가지 일을 동시에 물어볼 수 없다. 그러니까 이 점으로는 자신이 관직에 나아갈 수 있도록 인사 청탁을 해야 할 사람만 알아보아야 한다. 그 사람의 생사에 대해 알아보려면 따로 점을 쳐야 한다. 그런데 앞의 일을 가지고 점을 쳐서, 뒤에 일에 관한 결론을 얻었으니, 이런 점풀이는 절대로 있을 수가 없는 것이다.

'모관'의 점과 관련하여 지금까지 공부한 8가지 점괘를 살펴보면, 옛날 사람들은 '세효'가 '관귀' 효나 문서를 관장하는 '부모' 효와의 '생합비화(生合比和)' 하는 관계를 중요하게 생각했다는 것을 알 수 있다. 그 다음으로 중요하게 생각한 것은 '본궁 괘'의 각 효가 '본괘'의 '세효', '응효', '부모', '관귀' 효와 가지는 '생극(生克)' 관계였다

'모관'의 점에서도 '질병'이나 '혼인'에 관한 점에서와 마찬가지로, 개인

의 경험을 바탕으로 한 무리한 억측이 등장하였다.

이런 점 풀이들은 장기간에 걸친 개인의 경험이 어느 순간, 영감의 인도에 따라 자신도 모르는 사이에 입을 통해 나온 것으로 보이는데, 이런 점 풀이의 특징은 오행의 생극합충(生克合沖)을 고정적인 연산 방법에 따라 무리하게 적용하였다는 것이다.

따라서 우리는 점의 길흉을 판단할 때 진실로부터 멀리 떨어져 있지는 않은지 걱정하는 것은 좋지만, 그렇다고 해서 지나치게 모든 관계를 점의 공식에다 견강부회(牽强附會)하는 것은 경계해야 할 일이다.

오늘날 우리는 옛 사람들의 점괘 풀이 가운데서 참된 것 가운데 있는 잘못된 것과 잘못된 것 가운데 있는 참된 것들을 구분해서 찾아내려고 노력하고 있다. 그리고 이렇게 찾아낸 것들 가운데서 가치 있는 것들을 보다 자세하게 검증해서 그것들을 연구대상으로 철저하게 공부하고 있는 것이다.

5. 기타 일상사에 관한 점

여기서는 일상생활 가운데서 수시로 봉착하게 되는 '취직과 인사이동', '사람 찾는 일', '잃어버린 물건을 찾는 일', '소송(訴訟)' 등과 관련하여 [납갑서법]으로 점을 친 예를 간단하게 소개하려고 한다.

취직과 인사이동

'취직과 인사이동'은 앞서 '모관'의 점에서와 마찬가지로, 문서에 의해 결정이 되기 때문에 문서를 관장하는 '부모' 효로써 '용신'을 삼는다. 그래서 '부모' 효가 왕성하게 활동하거나 '관귀' 효가 왕성하게 '부모' 효를 돕거나, '세군', '월건', '일진'이 왕성한 기운을 가지고 '부모' 효, '관귀' 효를 돕는 경우, '세효'가 '부모' 효, '관귀' 효를 '생'하거나, 이들과 '합'하는 경우에는 취직이 이루어질 수 있다고 보았다.

대체로 '본괘'가 '동'하여 변한 '변괘'가 '부모' 효를 '형'하거나, '해'하거나, '극'하거나, '충'하는 경우에는 취직이나 인사이동에 불리하다고 봤다.

'본괘' 중에 '용신'이 되는 '부모' 효가 없다거나, '관귀' 효가 '공', '파', '묘', '절'에 임하였거나, '부모' 효, '관귀' 효가 '동'하여 '공', '파', '묘', '절'에 드는 경우는 모두 취직이 이루어지지 않을 수로 보았다.

'본괘'의 '부모' 효가 '공', '파', '묘', '절'에 든 경우, 또는 '변괘'의 '부모' 효가 '공', '묘', '절'에 든 경우에는 취직이 어렵다고 보았다. 다만 '일진'이나 '월건'이 왕성한 기운을 가지고 돕는다면 전혀 취직이 안 된다고 생각하지는 않고, 시간이 좀 걸릴 것이라고 보았다.

'부모' 효가 왕성하게 '동'하여 '세효'나 '신효'를 '생'하거나 그와 '합'하는 경우, 또는 '처재' 효나 '자손' 효가 조금도 움직이지 않는 경우는 취직이나 인사이동에 유익한 점이라 생각했다.

만약 인사이동을 하는데 그 시기가 언제일까? 이 문제로 친 점에서는 '부모' 효가 왕성한 경우에는 '부모' 효가 '묘'에 드는 날, '부모' 효의 기운이 쇠약한 경우에는 그 기운이 왕성해지는 날에 이루어진다고 보았다. '본괘' 중에는 문서를 관장하는 '부모' 효가 없고, '본궁 괘' 중에 '부모' 효가 '복'하고 있다면 그 '부모' 효가 드러날 때 인사이동이 실시된다고 봤다.

심인(尋人), 심물(尋物)

사람을 찾는 점에서는 일반적으로 찾고자 하는 사람이 멀리 있느냐, 가까이 있느냐, 어느 방향에 있느냐, 돌아올 가능성은 있느냐의 여부를 가장 많이 묻게 된다. 사람을 찾는 점괘에서는 찾고자 하는 사람이 누구인가에 따라 '용신'이 '부모', '형제', '처재', '자손' 등으로 다양하게 갈라진다.

우선 '용신'이 '외괘'에 자리 잡고 있으면 찾고자 하는 사람이 비교적 멀리 있다고 보았으며, '내괘'에 처하고 있으면 물론 그 반대로 생각했다. 또한 '용신'이 '본괘' 중에 있으면 가까이 있다고 생각했고, '변괘'나 다른 효 아래 '복'하고 있으면 멀리 있다고 생각했다.

점괘가 '귀혼(歸魂)' 괘이거나 '응효'가 움직이지 않는 안정된 괘라면 찾고자 하는 사람이 멀리 있지 않지만, '유혼(游魂)' 괘나 '응효'가 '동'하는 괘는 찾는 사람이 점점 더 멀어져 가는 상이라고 했다.

찾고자 하는 사람이 간 방향에 대해서는 '용신'이 <<건(乾)>>에 들었으면 서북 방향에 있다고 했다. 마찬가지로 <<곤(坤)>>에 들었으면 서남 방향, <<손(巽)>>일 경우에는 동남, <<간(艮)>>일 경우에는 동북 방향 등, 이와 같이 '용신'이 들어 있는 8개 '본궁 괘'의 후천팔괘 방위를 가지고 그 방향에 찾고자 하는 사람이 있다고 봤다.

12지지에 따라서는 방향이 '자(子)'에 들었을 때는 북방, '축인(丑寅)'에 들었을 때는 동북방, '묘(卯)'는 동방, '진사(辰巳)'는 동남방, '오(午)'는 남방, '미신(未申)'은 서남방, '유(酉)'는 서방, '술해(戌亥)'는 서북방이라고 생각했다.

'본괘' 중에 '용신'이 없을 때는 '본궁 괘'의 '복신(伏神)'과 '일진'이 들어 있는 방향을 참고로 해서 살펴보았는데, 이런 이론이 언제나 맞는 것은 아니었다.

잃어버린 사람을 찾아 나서면 만날 수 있을까?

이것을 묻는 점에서는 '용신'이 '동'하는 경우 만나기 어렵다고 봤다. 이와 반대로 '용신'이 정(靜)한 경우에는 쉽게 만날 수 있을 것으로 생각했다. '외괘'가 '내괘'를 '생'하거나 서로 '합'하는 경우, 또는 '응효'가 '세효'를 '생'하거나 '합'할 때는 찾는 사람이 다시 돌아올 희망이 많이 있다. 그러나 '외괘'가 '내괘'와 '충'하면서 '상'하게 하는 경우, 또는 '응효'가 '세효'와 '충'하면서 '상'하게 하는 경우는 찾는 사람이 돌아올 가능성이 희박하다.

'세효'가 왕성한 기운을 가지고 기운이 약한 '응효'를 '극'하거나, '비신(飛神)'이 '복신(伏神)'을 '극'하는 경우는 찾는 사람을 볼 수가 있을 것이다. 하지만 '복신'이 '비신'을 '극'하거나, '용신'이 '공(空)', '절(絶)', '묘'에 든 경우, 또는 '용신'이 왕성한 기운을 가지고 '동'하는 경우는 사람을 찾기가 어렵다.

제5위에 처한 '용신'이 '동'하여 '퇴신'으로 변했다면 떠난 사람이 반쯤 갔다 다시 돌아올 상이고, '용신'이 상효에 처해 있으면서 조금도 움직이지 않고, 달리 '충'하거나, '파'하는 것들도 없다면, 이 괘는 한 번 가고는 다시 돌아오지 않을 상이다.

'용신'이 '동'하여 다시 '용신'으로 변한 경우는 돌아와도 진득하게 머물러 있지 못할 상이고, '일진'이나 '동효' 또는 '변효'가 '세효'를 '생'하거나, 그와 '합'하는 경우에는 떠난 사람이 혼자가 아니고, 일행이 있다고 봤다.

'일진'이나 '동효'나 '변효'가 '용신'을 '형', '해', '극', '상'하는 경우는 집을 나간 사람이 다른 사람에게 붙들려서 돌아오지 못하는 경우다. '본괘' 중의 '응효'나 '용신'이 '세효'를 '생'하거나, '합'하면서 꼼짝도 하지 않으면 '응효'나 '용신'이 '일진'과 '충'하는 날이 오면 돌아올 것이라 생각했다.

사람을 찾는 점에서 '육합괘'가 나오면 잃어버린 사람이 누군가에 의해 감금되어 있는 것은 아닌지 세밀하게 살펴볼 필요가 있다. 그리고 '육충괘'가 나왔을 때는 바로 찾을 수 있다고 봤다. 이 부분에 대해서는 다른 의견도 있는데, 그것은 곧 '육충괘'는 불길하다는 것이다.

이상의 여러 가지 설들은 모두 옛날 사람들이 사람을 찾는 점에서 괘를 풀이한 것을 소개한 것이니 공부에 참고가 되었으면 한다.

이제 사람을 찾는 점 하나를 살펴보고자 한다.

경인(庚寅)년, 신사(辛巳)일에 달아난 여자 노비를 찾기 위해 점을 쳐서

'본괘'로 천뢰(天雷) <<무망(无妄)>>, '변괘'로 천택(天澤) <<이(履)>>괘를 얻었다.

처재(妻財) 술(戌) Ⅰ
관귀(官鬼) 신(申) Ⅰ
자손(子孫) 오(午) Ⅰ 세(世) 복미재(伏未財)
처재(妻財) 진(辰) Ⅱ
형제(兄弟) 인(寅) X (卯)
부모(父母) 자(子) Ⅰ 응(應) 복축(伏丑)
<<무망(无妄)>>은 손궁사세괘(巽宮四世卦), 변괘는 <<이(履)>>

　이 점은 도망간 노비를 찾는 점이므로 '본궁 괘'의 '복효', '처재' 효로 '용신'을 삼았다. 이 '용신'은 '본괘'의 '세효' 아래 '복'하고 있는데, '비신'을 '생'하고 있음으로 해서 결국은 노비를 찾을 것이라고 판단하였다.
　또한 어디로 갔는지에 대해서는, 둘째 효 '인목(寅木)'이 '동'하여 '묘목(卯木)'으로 '변'한 것이 '진신(進神)'의 모양을 하고 있으며, 또한 '현무'가 임하였으니, '현무'를 가리키는 뒷문 쪽으로 나갔을 것이고, 나가서 동쪽에 있는 '목(木)'의 성을 가진 사람의 집에, 두 사람에 의해 붙들려 있다고 판단했다.
　이렇게 풀이한 까닭은 '인'이 '변'하여 된 '묘'가 곧 '동방'을 가리키며, '인'과 '묘'는 모두 '목'의 오행을 지니고 있으니, '목'의 성을 가진 사람의 집에 있다고 풀었고, 둘째 효의 '인목'이 '변'하여 '묘목'이 되었으므로 같은 '목'의 오행을 가진 두 사람에게 붙들려 있다고 본 것이다. 하지만 '형제' 효가 '세효'를 '생'하고 있으므로 반드시 돌아올 것으로 봤다. 다만 한 가지 걱정스러운 것은 '처재' 효가 '응효' 아래 '복'하고 있으면서, '응효'와 서로 '합'

하고 있다는 점이다.

(※이 부분은 '본궁 괘'의 초효 '축토(丑土)'가 '처재' 효가 되는데, 이 '처재' 효가 '본괘'의 '응효' '자수(子水)'와 '합'한 것을 말한다.)

그래서 다음 '임오(壬午)'일이 되면 '자(子)'와 '오(午)'가 서로 '충'하면서 이 '합'이 깨어져 그 아래 '복'하고 있는 '처재' 효가 다시 살아나온다고 본 것이다. 그런데 과연 동문(東門) 근처에 살고 있던 장씨(蔣氏) 성을 가진 형제가 이 노비를 보내주어 돌아왔다.

이상으로 사람을 찾는 점에 대한 이야기를 간단하게 마치고, 이제부터는 잃어버린 물건을 찾는 점에 대한 옛날 사람들의 생각을 살펴보자.

'본괘'의 '외괘'에 '처재' 효가 있으면서 그 움직임이 왕성한 경우에는 잃어버린 물건이 멀리 떨어져 있다고 생각했다. 반대로 '처재' 효가 '내괘'에 있으면서 아무런 기력도 없는 상태이거나 '처재' 효가 '순공'이나 '월파'를 당한 경우, 또는 '묘(墓)'나 '절(絶)'에 들었거나, 아니면 '처재' 효가 '동'하여 '관귀' 효로 변한 경우, '본괘' 가운데 '처재' 효 없는 경우, '처재' 효가 '일진', '월건', 또는 다른 '동효'로부터 '형(刑)', '해(害)', '충(沖)', '극(克)'을 당하는 경우 등에는 잃어버린 물건을 다시 찾을 수 없다고 생각했다.

만약 '처재' 효가 전혀 움직이지 않거나, '관귀' 효가 '변'해 '처재' 효가 되어 '세효'를 '생'하거나, '세효'와 '합'하는 경우에는 대개 잃어버린 물건을 다시 찾을 수 있을 것으로 봤다.

'처재' 효가 '일진'이나 '월건'의 도움을 받아서 왕성한 기운으로 '세효'를 '생'하는 경우에는, '일진'이나 '월건'의 기운이 왕성한 시기에 이르게 되면 잃어버린 물건을 찾을 수 있다고 풀이했다.

소송(訴訟)

　소송의 점에서 가장 중요한 부분은 과연 소송에서 자신이 이길 수 있을까 하는 점이다. '내괘'가 '외괘'를 '극'하는 경우, 또는 '세효'가 '응효'를 '극'하는 경우는 소송에서 이길 것으로 판단했다. 반대로 '외괘'가 '내괘'를 '극'한다거나, '응효'가 '세효'를 '극'하는 경우에는 상대방이 승소할 것으로 봤다.
　'세효'와 '내괘'가 왕성한 기운을 지니고 있는 데 비해, '외괘'와 '응효'는 쇠잔한 기운을 지니고 있으면 내가 승소할 것으로 보았으며, 반대의 경우에는 상대방이 승소한다고 풀이했다.
　'내괘'와 '세효'가 '외괘'와 '응효'를 '생'하는 경우는 이 소송으로 인하여 재물도 손실을 입을 뿐 아니라, 체면도 잃을 것이며 다른 치욕스러운 일도 겪게 될 것이라 생각했다. 반대로 '외괘'와 '응효'가 '내괘'와 '세효'를 '생'하는 경우에는 소송으로 인하여 많은 이익을 볼 것으로 생각했다.
　'세효'와 '응효'가 '합'하는 점괘를 얻은 경우에는 중간에 중재인이 나타나 화해가 이루어질 것으로 생각했다.
　'본괘' 중에 있는 '관귀' 효가 '동'하여 '세효'나 '응효'를 '상'하게 하는 경우, 자신은 화해할 마음이 있으나 재판부가 이를 받아들이지 않을 수다.
　'일진'이 '세효'를 '생'하거나 '합'하는 경우, 또는 '일진'이 '응효'를 '충', '극', '형', '해'하는 경우는 내가 승소할 괘이고, 반대로 '일진'이 '세효'를 '충', '극', '형', '해'하거나, '일진'이 '응효'를 '생'하거나, '합'하는 경우에는 상대방이 승소할 것으로 생각했다.
　'응효'와 '관귀' 효가 움직여서 '세효'를 '상'하게 하거나 '극'하는 경우는 내가 패하는 소송의 점이고, 만약 '응효'가 '세효'를 '극'하는데 그 기운이 극히 쇠미하다면 상대가 나를 이기지 못한다고 보았다.
　만약 '세효'가 왕성한 기운을 지니고 쇠잔한 기운을 지닌 '응효'를 '극'하고 있는데, '일진'이나 '동효'가 와서 '응효'를 돕는다면 이것은 상대방이 누군가로부터 도움을 받게 될 점이다.

'본괘' 중에 있는 '세효'가 전혀 '동'하지 않으면서 '변괘'의 '응효'를 '극'한다면 소송하는 상대방 내부에 변화가 생겨 분란이 일어날 것이고, '세효'가 왕성한 기운을 지니고 '동'하여 '회두생(回頭生)'하면, 우리 쪽에 도움을 줄 사람이 나타날 수다.

'본괘' 중에 있는 '처재' 효가 '세효'로 '변'하는 경우 이 소송은 판결까지 가지 않고 중간에 화해로 조정하는 일도 가능하다고 보았다.

소송 점에서 가장 좋지 않은 것은 '관귀' 효가 '세효'를 '극'하는 경우다. 이 경우는 반드시 재판에 진다. 마찬가지로 '관귀' 효가 '응효'를 '극'한다면 이 경우에는 상대방이 반드시 진다.

만약 '관귀' 효가 '세효'와 '응효'를 동시에 '극'한다면, 이 재판은 원고와 피고가 공평하게 지분을 나누어 끝이 난다고 보았다.

※※※반대로 '관귀' 효가 '세효'와 '응효'를 동시에 '극'하거나 '충'하는 경우에는, 원고와 피고 모두가 곧장 50대의 해당하는 큰 문책을 당할 것이라고 풀이했다.

'본괘'의 '응효' 아래 '처재' 효가 '복'하고 있으면 상대방이 사사로이 뇌물을 요구할 것이고, 만약 '관귀' 효가 '세효'인 경우에는 내 쪽에서 재판부에다 뇌물을 주는 것이 마땅하다고 생각하는 것이다. 또한 '본괘' 중에 있는 '관귀' 효가 '변'하여 '형제' 효가 되었다면 대체로 상대방이 뇌물을 줄 의사가 있는 것이다. 이와 같이 재판과 관련해서도 뇌물의 이야기가 아무렇지도 않게 나오는 까닭은 고대 중국 사회에서는 뇌물을 주고받는 일이 아주 일상화되어 있었기 때문으로 보인다.

'본괘' 중의 '세효'가 '공'한 경우에는 내 쪽에서 재판을 하고 싶은 마음이 없음을 나타내는 것이고, '응효'가 '공'한 경우는 상대방이 재판을 그만두고 싶어 하는 것이다. 그리고 '본괘' 중에 있는 '세효'와 '응효'가 모두 '공'

한 상태면 피차가 소송까지 오게 된 것에 대하여 깊이 후회를 하는 것이다.

'본괘' 중에 있는 '관귀' 효가 '공'하면 이 괘는 더 이상 소송을 진행할 필요가 없을 만큼 확정적인 판결이 나온다. '세효'와 '응효'의 기운이 왕성한 경우는 '일진'과 '생', '합', '형', '극', '충'하는 관계에 따라 승소와 패소가 결정될 것이다.

이미 소송을 담당하는 관리가 결정된 후에 '육합괘'가 나왔다면 이 소송은 쉽게 합의를 이룰 수 있으나, '육충괘'를 얻은 경우에는 합의를 도출하는 데 어려움이 따른다고 보았다. 아직 소송을 담당할 관리가 결정되지 않은 경우에 '육충괘'는 소송이 무산되어 버릴 것을 예표하는 것이며, '본괘' 중의 '관귀' 효가 '동'하여 '자손' 효로 '변'한 경우는 쉽게 분쟁이 종식될 수다.

'관귀' 효가 '응효'를 '생'하거나 '합'하면서 '일진'과 '충'하는 경우에는 분쟁이 쉽게 끝이 나고 사람들은 편안해질 것이라고 생각했다.

다른 점서에는 이런 풀이도 있다. 만약 '관귀' 효가 '진술축미' 4개의 '토(土)'로 이루어져 있거나 '본괘' 중에 '처재' 효가 2개 있으면서 '자손' 효로부터 '상(傷)'함을 당하고 있거나, 또는 '일진'이 '관귀' 효를 '생'하거나, 반대로 '관귀' 효가 '일진'을 '생'하는 경우는 모두 사건 진행이 지지부진할 것으로 보았다.

'본괘' 중의 '자손' 효가 '동'하여 '관귀' 효가 된 경우, 또는 '관귀' 효가 '세효'나 '응효' 아래 '복'하고 있는 경우는 담당 재판부가 여러 차례 바뀌면서 같은 일을 가지고 반복해서 왔다 갔다 해야 할 상이다.

기축(己丑)년, 계유(癸酉)월, 무자(戊子)일에 소송에 관한 점을 쳐서 '본괘'로 풍지(風地) <<관(觀)>>, '변괘'로 중산(重山) <<간(艮)>>을 얻은 경우를 보자.

처재(妻財) 묘(卯) I
관귀(官鬼) 사(巳) △   (子)
부모(父母) 미(未) II 세(世)
처재(妻財) 묘(卯) X   (申)
관귀(官鬼) 사(巳) II
부모(父母) 미(未) II 응(應)
<<관>>은 건궁사세괘(乾宮四世卦), 변괘는 <<간>>

이 괘는 '세효'와 '응효'가 모두 '순공(旬空)'에 처해 있다. 따라서 원고 측, 피고 측 양쪽 모두가 소송을 취하고 물러서려고 한다. 그러니까 양가의 이야기를 재판부에 전해줄 대리인을 세우는 것이 급선무다.

이렇게 판단한 까닭은, '처재' 효, '묘목(卯木)'이 '동'해서 '신금(申金)'이 되어 '관귀' 효 '사화(巳火)'를 '생'하고 있고, '변효' '신금(申金)'은 '형제' 효가 되어서 '처재' 효 '묘목(卯木)'을 '극'하면서 '관귀' 효 '사화(巳火)'와는 서로 '합'하고 있기 때문에 소송을 담당한 관헌에게 그들의 입장을 전해 줄 대리인이 필요한 것으로 보았다.

다음은 경인(庚寅)년, 경인월, 기묘(己卯)일에 송사에 관한 점을 쳐서 '본괘'로 풍지(風地) <<관(觀)>>, '변괘'로 산지(山地) <<박(剝)>>을 얻은 경우다.

처재(妻財) 묘(卯) I
관귀(官鬼) 사(巳) △   (子) 伏申兄
부모(父母) 미(未) II 세(世)   伏午官
처재(妻財) 묘(卯) II

관귀(官鬼) 사(巳) Ⅱ   伏寅財
부모(父母) 미(未) Ⅱ 응(應)
<<관>>은 건궁사세괘(乾宮四世卦), 변괘는 <<박>>

이 점은 만약 자신에 관한 점이라면 소송을 전담할 관리가 도착하기 전에 사건이 유야무야되어버릴 것이다. 왜냐하면 '세효' 아래 '형제' 효가 '복'하고 있는데, 이 '형제' 효가 '순공'에 들어 있으면서, 또한 '일진'으로부터 '충'함을 당하고 있기 때문이다.

그런데 이 점괘 풀이는 점괘를 판단한 사람에게 오류가 있었던 것 같다. 우선 '본괘'의 '세효'는 육사 효로서, 그 아래에는 '관귀' 효가 '복'하고 있다. 그런데 '세효' 아래 '형제' 효가 '복'하고 있으면서 '순공'에 처해 있다고 말한 것은 '본괘'인 <<관>>으로부터 판단한 것이 아니라, '변괘'인 <<박>>괘를 가지고 판단한 것으로 보인다. <<박>>괘는 건궁오세괘이므로 5효를 '세효'로 보면 그 아래 '신금' '형제' 효가 '복'하고 있고, '신금'은 '일진' '기묘'에서는 '순공'에 들어 있기 때문이다.

또한 '일진'과 '충'하고 있다는 풀이도 오류인 것 같은데, 왜냐하면 '묘(卯)'와 '충'하는 것은 '유(酉)'이기 때문이다. 위의 점괘 풀이에서 본 것과 같이 옛사람들도 착오로 인하여 괘를 잘못 풀이하는 수도 있었다.

다음은 경인(庚寅)년, 갑신(甲申)월, 을축(乙丑)일에 소송에 관한 점을 쳐서 '본괘'로 중뢰(重雷) <<진(震)>>, '변괘'로 뇌지(雷地) <<예(豫)>>를 얻은 경우다.

처재(妻財) 술(戌) Ⅱ 세(世)
관귀(官鬼) 신(申) Ⅱ

자손(子孫) 오(午) Ⅰ
처재(妻財) 진(辰) Ⅱ 응(應)
형제(兄弟) 인(寅) Ⅱ
부모(父母) 자(子) △ 미(未)
≪진≫은 진궁본궁괘(震宮本宮卦), 변괘는 ≪예≫

이 괘는 '관귀' 효가 '월건'으로부터 '금' 기운을 얻어 '금'의 기운이 매우 왕성하다. '부모' 효 '자수(子水)'는 '동'하여 '월건' '신(申)'에서 '장생(長生)'에 들어 있고, '세효'와 '응효'의 '진(辰)'과 '술(戌)'은 서로 '충'하고 있으므로 이 소송은 매우 화급을 다툰다고 본다.

그런데 고맙게도 '자수(子水)'가 '미토(未土)'로 '변'하여 재물 운을 지니면서 '본괘'의 '자수'를 극하므로, 만약 재판을 관장하는 관리에게 뇌물을 쓴다면 관대한 처벌을 받을 수 있을 것이라고 풀이했다. 그리고 이 소송은 '세효'와 '응효'가 서로 '비화'함으로 원고와 피고가 화해할 수 있을 것으로 봤다.

(註 : 그런데 관리에게 뇌물을 쓰면 관대한 처벌을 받을 수 있을 것이란 해석의 근거는 [납갑서법] 어디에도 없다. 그리고 화해할 수도 있을 것이라고 판단한 것은 '본괘'의 ≪수≫ 괘가 변하여 ≪예≫ 괘가 되었는데, ≪예≫괘의 '세효' '미(未)'와 '응효' '오(午)'가 서로 '합(合)'하는 것을 가지고 이런 풀이를 한 것 같다.

점 풀이의 구결(口訣)

이상으로써 옛날 점서에 나온 소송에 관한 점들을 간단하게 살펴보았다. 이제 마지막으로 옛날 사람들이 즐겨 사용한 점 풀이의 구결(口訣)을 소개하고자 한다. 이 구결 속에는 [납갑서법]의 요체도 많이 포함되어 있으니 참고 자료로 삼으면 좋을 것 같다.

어떤 집의 부모님께 병이 있는가, 없는가는 '부모' 효에 '백호'가 임하였는가, 또는 '백호'가 '부모' 효를 '형'하는가, '극'하는가를 보면 알 수 있다.

어떤 집의 부모님께 재앙이 있는가, 없는가는 '처재' 효가 '동'하여 '부모' 효를 '상'하는가 여부를 보면 알 수 있다.

어떤 가정에 '자손'이 있는가의 여부는 '용신'의 효에 '청룡'과 복덕이 임하였는가를 보면 알 수 있다. 어떤 가정에 자손이 없음은 육효 가운데 복신(福神)이 하나도 없다는 사실로써 알 수 있다.

'자손'의 질병은 '부모' 효가 '동'하여 '자손' 효와 서로 '극'하는 형세를 이루면 그러하고, '백호'가 '자손' 효에 임하여 '해'하는 경우에는 자손들에게 재앙이 있다고 할 것이다.

어떤 집에 어린 아이가 죽는 경우는 '자손' 효가 '공망'에 든 데다 '백호'까지 더불어 가세하는 경우이며, '형제'를 잃는 경우는 '형제' 효가 '공망'에 떨어져 '백호'로부터 '상'함을 당할 때다.

'백호'와 '형제' 효가 '동'하여 '처재' 효를 상하게 하는 경우는 집안의 부인에게 재앙이 있을 수고, '청룡'이 '처재' 효에 임한 경우는 부인에게 자식이 있을 점괘다.

어떤 집에 처와 첩이 싸우는 경우에는 '내괘' 가운데 '처재' 효가 둘이 있으면서 그 기운이 왕성하여 서로 다툴 때이고, 어떤 가정의 부인이 남편에게 손상을 입히는 점괘는 '처재' 효에 '관귀'가 임하면서 '공망'에 떨어졌을 경우다.

'관귀' 효가 '공망'에 떨어지거나, 그 기운이 '휴수(休囚)'할 때는 진행하던 소송이 멈출 수이고, '세효'에 '주작'이나 '백호'가 임하여 있는데, 다시 '관귀' 효가 와서 돕는 경우에는 소송이 많이 일어날 수다.

한 가정 식구들의 건강은 '육친'의 기운이 있고, 길한 신이 임하였는지 여부로 알 수 있으며, '청룡'이 '처재' 효에 임하여 재물을 지키는 경우에는 그 가정의 식구가 늘어날 괘다.

한 가정이 부유해지며, 창대해질 점괘는 '처재' 효가 왕성한 기운을 가지고 곳간에 거한 경우이며, '구진(勾陳)'이 '토(土)'에 들고, '자손' 효에 임한 경우는 논밭의 소산이 늘어날 수다.

'청룡'이 '처재' 효에 임하면서 그 기운이 왕성한 경우는 그 가정에서 하는 사업이 나날이 발전할 수이고, 어떤 가정에 기쁜 일이 임하는 경우는 '청룡'이 제 자리에 임하고 있으면서 덕이 그 집의 문 안뜰까지 들어왔을 때다.

'청룡' 효 위에 재물 운과 복이 왕성하게 임하면 그 가정이 부귀해지고, 번창할 것이며, '처재' 효 위에 소모하는 기운이 머물고, '휴수(休囚)'하는 형상이 나타나면 그 가정에는 가난을 초래할 일이 많이 일어날 것이다.

괘 가운데 복덕을 나타내는 효가 '공망'에 떨어져 있다면 어려운 일을 당해도 의지하거나 의논을 할 뒷배가 없을 상이며, '현무'가 '관귀' 효에 임한 경우는 조왕신(竈王神)에 의한 파탄이 있을 상이고, '현무'가 '수(水)'에 빠지면서 '관귀'가 나타나는 경우에는 가마솥이 깨져 내용물이 쏟아져 버릴 수다.

어떤 가정이 새 집을 얻을 수 있을까 하는 점은 '부모' 효에 '청룡'이 임하여, '왕'상한 기운으로 '공망'에 들지 않는다면 그렇게 될 것이고, 반대로 어떤 가정의 집이 낡아 못쓰게 되는 것은 '부모' 효에 '백호'가 들고 '휴수(休

囚)'한 경우다.

　어느 집 산소가 제대로 쓰였는가를 알아보는 점에서는 '백호'가 '공망'에 들었으면 이미 그 무덤은 잘못되었다고 봐야 하며, '백호'가 '공망'에 들면서 '해자(亥子)'에 임하였을 때는 무덤에 물이 들었을 수도 있다.

　'본괘'의 육효 가운데 그 어느 효에서도 '화(火)'의 기운을 볼 수 없다면 그 집에는 향불이 전혀 없을 수이고, '본괘'의 육효 가운데 '수(水)' 기운이 하나도 없으면 이 집에는 우물과 같은 물이 전혀 없을 수다.

　'본괘' 가운데 '화(火)'가 이중으로 나타난 경우는 그 집 가장이 두 집 살림을 할 가능성이 있으며, 부처님을 모시지 않는 집에서 '금(金)' 기운과 '관귀' 효가 '공'에 빠지면 집안에 아무런 기쁜 일도 없을 수다.

　한 집안에 두 가지 성을 가진 사람이 함께 있으면서 다투는 것은 두 개의 '관귀' 효가 왕성한 기운을 가지고 서로를 '충'하는 것으로 알 수 있으며, 두 개의 다른 성을 가진 사람이 함께 살아갈 운세는 '본괘' 가운데 '부모' 효가 이중으로 임했을 때다.

　'등사(螣蛇)'가 '유(酉)'에 든 경우는 집안의 닭이 요란스럽게 울어댈 것이 틀림없으며, '등사'가 '술(戌)'에 든 다음 다시 '관귀'를 만난 경우에는 집안의 개가 어지럽게 짖어댈 수다.

　'주작'이 '세효'에 임하여 있으면서 '관귀' 효가 와서 돕는 경우는 집안에 구설수가 끊이지 않을 수며, '본괘' 중의 '주작'이 '목(木)'에 머물면서 웃고 있다면 이것 또한 집안에 구설수가 일어날 상이다.

　'형제' 효와 '세효', '응효'에 '주작'이 든 경우는 집안에 분쟁이 많을 것이며, '현무'와 '관귀'가 왕성한 기운으로 '용신'에 임한 경우에는 그 가정에 머물러 지내는 사람의 수가 적을 것이다.

　집안에 도적의 패거리가 들 때는 '현무'가 '처재' 효에 들고, '관귀' 효가 왕성하게 활동할 때이고, 집안에 재앙과 화가 이르려고 할 때는 '관귀' 효가

'응효'에 임하면서 '세효'를 '극'한다.

집안에 천연두가 올 것은 '등사' 효가 '화(火)'를 입어 불에 타는 것으로 알 수 있으며, 집안에 병이 생겨 죽는 사람이 생기는 경우는 '용신'을 구해주는 '일진'이나 '월건', '동효' 같은 것이 하나도 없거나, 또는 '묘'에 들었을 때다.

'등사'와 '관귀'가 함께 하면서 '세효'에 임하였을 때는 집안에 큰 걱정거리가 생길 수이고, '백호'와 '등사'가 집안에 들어와 있으면 귀신과 요물은 집 밖으로 나갈 수다.

'현무'가 '수(水)' 기운을 지니고 '관귀' 효를 살(煞)하는 경우에는 집안의 누군가가 물에 빠져 죽을상이고, '등사'가 '목' 기운을 지니고 있는데, '관귀' 효가 '세효'에 임하였을 경우에는 집안에 목을 매 자살을 하는 사람이 있을 수다.

문서를 나타내는 '부모' 효에 '백호'가 임하여서 '관귀' 효를 밀어내는 경우에는 집안에 상복을 입고 찾아오는 사람이 있을 것이고, '현무'가 '관귀' 효에 임하면서 '응효'가 '동'하는 경우에는 잃어버린 물건을 찾게 될 것이다.

'처재' 효에 '구진'과 '현무'가 든 경우에는 의복을 잃어버릴 수 있는 운이고, '백호'가 '관귀' 효에 임한 경우는 집안의 가축을 도둑맞을 수도 있다.

제5효가 '관귀' 효로서 '축토(丑土)'의 기운을 가지고 '공망'에 떨어졌다면 소를 잃어버릴 운이고, 초효가 '관귀' 효로서 '현무'를 억누르는 상이면 닭을 잃어버릴 운이다.

'축토(丑土)'와 '해수(亥水)'가 '공망'에 떨어져 이 두 개의 위가 텅 비어있으면 그 집안에는 소와 말이 없을 것이고, '유금(酉金)'과 '술토(戌土)'의 두 효가 '공망'으로 텅 비어 있으면 그 집안에는 닭과 개가 없을 운이다.

어떤 집안에 찾아오는 사람이 전혀 없는 것은 '세효'와 '응효'가 모두 '공'

하여 사람의 흔적이 없는 것으로 알 수 있으며, 한 집안이 안녕하지 못한 것은 육효가 모두 움직여서 집안이 어지러운 것으로 알 수 있다.

하지만 단순히 이 이론에만 의지하는 것은 어리석은 사람들이 하는 일이고, 정말로 점의 길흉화복을 잘 판단하는 사람이 되기 위해서는 한 괘, 한 괘를 열심히 공부하고 생각하면서 자신만의 진리를 터득해야 할 것이다.

이 구결은 쉽고 일상적인 용어로 쉽게 쓰여 있어서 일반인들도 쉽게 보고 이해할 수가 있다. 개중에는 다소 거친 면이 드러나 보이는 곳도 군데군데 있지만, 이런 거친 면을 자세히 살펴보면 그 속에 감추어진 [납갑서법]의 원리 같은 것이 모래 가운데의 금처럼 포함되어 있기도 하다. 그러니까 이 요결도 열심히 공부해서 살펴본다면 유익함을 얻을 수 있을 것이다.

6. 지금 점의 예

　이상으로 옛날 점술사들의 점 풀이에 대한 공부는 끝내고, 이제부터는 현재의 역술가들이 친 점을 가지고 그들은 과연 어떻게 풀이했는지 공부해 보려고 한다.
　여기 나온 점의 예들은 유대균 교수가 역학을 공부하는 자신의 친구가 쳤던 점 200여 개 가운데 각기 다른 속성을 지닌 괘 10개를 뽑아 분류, 편집한 것들이다.
　이 점들은 시간과 장소는 물론 그 결과까지도 첨부된, 실제로 점을 쳐서 일어난 일들이다. 따라서 [납갑서법]을 이해하는 데 분명 좋은 산 공부가 될 것이다. 참고로 점괘를 기록한 방식은 이 점을 친 역술가가 사용한 방식과 배열을 그대로 따랐다.
　모든 괘의 풀이는 실제로 점을 친 사람이 풀이한 것만 언급하였고, 참고로 첨부해 놓은 의견은 유대균 교수의 생각이다. 이런 점괘와 그 풀이를 통하여 [납갑서법]의 원리를 깨닫는 데 큰 도움이 되었으면 좋겠다.

점례 1

인월(寅月) 을해(乙亥)일에 한 청년이 혼인에 관한 점을 쳐서 '본괘'로 택천(澤天) <<쾌(夬)>>, '변괘'로 택풍(澤風) <<대과(大過)>>를 얻었다.

현(玄) II   미형(未兄)
백(白) I 世 유자(酉子)
사(蛇) I   해재(亥財)
구(勾) I   진형(辰兄)
주(朱) I 應 인관(寅官)
용(龍) o   자재(子財) (丑財)

역우(易友)의 판단 : <<대과>>는 죽을 운이 낀 괘이므로, 혼인의 점에서 <<대과>>가 나왔다는 것은 여러 가지 어려움과 재난이 끼어 전체적으로 순탄하지 못할 것이라 봤다. 남자를 나타내는 '관귀' 효, 구이(九二) '인(寅)'이 여자를 나타내는 '처재(妻財)' 효, 구사(九四) '해(亥)'와 서로 '합'하는 관계이므로 부인은 얻게 될 것 같다. 그런데 '상괘'는 <<태(兌)>>로 나이가 적은 여자를 상징하고 있으며, '하괘' <<건(乾)>>은 나이가 많은 남자를 상징하고 있어, 남자는 나이가 많은데, 여자는 나이가 적을 것 같다.

참고①<<쾌(夬)>>는 결행을 의미한다. 그러니까 갈 것을 결심한 것이다. 그런데 <<쾌>>가 변하여 <<대과(大過)>>가 되었다. <<대과>>는 전체적인 괘의 의미가 '죽음'인만큼 혼인의 점에서는 확실히 좋지 않다.
②초효의 '자수(子水)'가 '변'하여 '축토(丑土)'가 되어, '변효'가 '본효'를 '회두극(回頭克)'하고 있으며, 또한 '세효'가 '공(空)'한 상태여서 혹시 이혼할

243

마음을 가진 것은 아닌지 걱정이 된다.

③2개의 '처재' 효가 모두 '수(水)' 기운을 지니고 있으므로 '수' 기운이 '묘절(墓絶)'에 드는 시기인 '진사(辰巳)' 월이 가장 위험하다.

④'세효'에 '백호'가 들어 있는 것 또한 좋지 못한 상이다.

이 점과 관련하여 역술인과 점을 치러 온 사람이 대화를 나누었다고 한다.

역술인 "당신이 계획하는 결혼은 남자는 나이가 많고 여자는 나이가 적은데, 그 연령 차이가 상당히 많은 것 같다. 여자는 자매들 가운데서 제일 어린 것 같은데, 3년 이내에 결혼하는 것은 좋지 않을 것 같다. 결혼을 하고자 하면 좋지 않은 일이 많이 일어날 것 같고, 심한 경우에는 생명이 위험한 일까지도 발생할지 모르겠다. 그리고 지금 당신이 결혼하고자 하는 이 여성은 현재 나가서 돌아오지 않고 있는데, 혹시 결혼을 하지 않고 이혼할 생각을 갖고 있는 것은 아닌가요?"

답 "예. 그런 생각도 가지고 있습니다. 제 나이는 27세이고, 결혼하려는 아내의 나이는 20세입니다. 우리는 혼인 신고는 하지 않았지만, 3년 동안 동거를 했고, 그 사이에 이미 아이까지 있습니다. 그런데 지난겨울 아내가 친정으로 갔을 때, 처갓집 부모님이 아내를 붙들고 놓아주지 않아 다시 저에게 돌아오지 못하고 있었습니다. 그래서 지난 11월에 제가 처갓집으로 찾아가 아내와 아이를 데리고 왔습니다. 그때 그 집에 가볍게 불을 지르고, 화약을 터뜨려 창문까지 깨놓았습니다. 제가 그렇게 한 이유는 처갓집에서 다시는 아내를 붙들어 놓지 못하도록 하기 위해서였는데, 저는 지금 그 일로 인하여 경찰에 구금을 당할지도 모릅니다. 이런 상황인데, 제가 그 여성과 결혼을 하게 되면 장차 어떻게 될까요?"

(※참고로 말하자면 이렇게 포악한 사람은 점을 쳐보지 않아도 결혼 후의 결과를 다 짐작할 수가 있을 것이다.)

결과 : 음력 3월초에 그 남자는 경찰에 체포되어 감옥으로 갔다. 그 사람이 체포된 시간은 청명(淸明) 날 밤이었는데, 신문에 그 이름이 익명으로까지 등장하였다.

점례 2

인(寅)월 을축(乙丑)일에 아버지의 병에 관하여 점을 쳐서, '본괘'로 천수(天水) <<송(訟)>>, '변괘'로 천풍(天風) <<구(姤)>>를 얻었다.

I	술자(戌子)
I	신재(申財)
I 세(世)	오형(午兄)
X	오형(午兄) (酉) 伏亥官
I	진자(辰子)
II 응(應)	인부(寅父)

역우가 판단하기로는 <<송(訟)>>괘가 <<구(姤)>>괘로 변하였으니 우선 남자라면 신체적으로 손상이 있을 것이라고 봤다. 그리고 관성(官星)인 '해(亥)'가 '감(坎)'에 거하니 '감'은 오행으로 '수(水)'에 해당하므로 대소변에 병이 있을 것으로 봤다.
※이런 판단은 분명히 [납갑서법]에 근거를 둔 것이 아니라, 역우의 오랜 경험을 통해 나온 결론인 것 같다.
'인(寅)'과 '해(亥)'는 서로 '합'하는 관계인데, 이 점에서는 '부모'와 '관귀'가 '합'하는 것이므로, 이 병은 낫지 않을 것이다.

'수(水)' 기운이 '묘(墓)'에 드는 '진(辰)'일이 되면 사망할 것 같은데, 그 시기가 언제냐 하면 '해관(亥官)'이 '진토(辰土)' 아래 '복'하고 있으므로 청명 전후가 될 것 같다고 판단했다.

그런데 '해관(亥官)'이 '진토(辰土)' 아래 '복'하고 있다는 역우의 판단은 착오였다. 이 괘에서 '해관'은 '오화(午火)' 아래 '복'하고 있다.

참고 ① '본괘'인 천수(天水) <<송(訟)>>은 '이화궁(離火宮)'의 '유혼(遊魂)' 괘다. 앞에서 언급한 바와 같이 병에 관한 점에서 '유혼' 괘는 전혀 이롭지가 못하다.

② 아버지를 가리키는 '부모' 효가 '인목(寅木)'으로 '내괘'인 <<감(坎)>> 괘 속에 처하고 있으므로, 아마도 방광이나 요도, 신장과 같은 비뇨기 계통의 장기에 병이 있지 않나 싶다.

③ 아버지의 병의 상태는 '부모' 효 '인목(寅木)'이 '월건'을 얻고 있으므로 당장은 어려움이 없을 것 같으나, '금'의 기운이 나타나 '목'의 기운을 '극'하는 음력 6, 7월이 되면 상당히 위험하지 않을까 걱정스럽다.

④ '본괘'의 '형제' 효 '오화(午火)'가 '변괘'에서는 '유금(酉金)' '처재(妻財)'로 변하였는데, '오화(午火)' 아래 '복'하고 있는 '해수(亥水)'로부터 '극'함을 당하고 있고, '변괘'의 '유금(酉金)' '처재(妻財)' 효는 '부모' 효 '인목(寅木)'을 '극'하고 있다.

⑤ '세효'와 '응효'에 포함되어 있는 4개의 효가 '화(火)'와 '수(水)'로 화수(火水) <<미제(未濟)>>괘를 형성하고 있어, 이 병은 치료가 잘 안 될 것이라고 보았다.

답 : 부친의 병은 신장이 위축되는 것으로 확인되었는데, 치료 방법은 신장을 이식 받는 것 밖에 없다고 했다.

경험 : 그 부친께서는 그 해를 넘기고 다음 해 정월(正月) 27일에 돌아가셨다. 그런데 돌아가신 그날이 '병자(丙子)'일이었다.

결론 : 유대균 교수와 그의 친구 역술인은 그 아버지의 병이 다가오는 정월에도 호전되지 않으면, 인월(寅月), 병자(丙子)일에는 돌아가실 것 같다고 예측하였는데, 과연 그 예측대로 되었다.

점례 3

신(申)월, 계사(癸巳)일에 둘째로 아들을 낳을 수 있을까 점을 쳐서, 중산(重山) <<간(艮)>>괘를 얻은 경우.

I 世 인관(寅官)
II   자재(子財)
II   술형(戌兄)
I 應 신자(申子)
II   오부(午父)
II   진형(辰兄)

역우의 판단 ①이 괘는 '육충(六沖)' 괘이면서, '삼형(三刑)'하는 형세이고, <<간>>괘의 전체적인 의미도 '머무는 것(止)'이므로 이루고자 하는 일이 쉽게 이루어지지 않을 수다.

②'내괘'와 '외괘'에 모두 남자가 있기는 하지만, '자손' 효인 '응효'의 '자수(子水)'가 '세효'의 '인목(寅木)'으로부터 '극'함을 당하고 있고, 또 '세효'의 '인목(寅木)'은 '월건' '신금(申金)'으로부터 '극'함을 당하고 있어 불리

한 형상이다. 여기에 덧붙여 2, 3, 4효로 이루어진 '내호괘'가 <<감(坎)>>으로, 험한 것에 빠지는 형상이므로 이 사람은 원하는 아들을 얻기가 어렵다.
　③다만 '자손'을 가리키는 '응효'의 '신금(申金)'이 '월건'을 '득'하고 있는 점은 크게 유리한 요소라 할 수 있을 것이다.

　참고 : <<간(艮)>>괘의 괘사는 "그 등에서 멈추어, 그 몸을 얻지 못한다(艮其背 不獲其身)."이다. 말하자면 <<간>>괘는 멈춤을 예고하는 괘인데, 이 괘에서는 '세효'와 '응효'가 서로 '충'하여 더욱 이루어질 수가 없는 것이다.
　이와 같이 <<간>>의 괘의가 멈춤인데다, '자손'을 나타내는 제3효의 '신금(申金)'이 '내호괘' <<감>>에 빠져 있기까지 해서 이 일은 절대적으로 성공하지 못한다.
　결과 : 9월 말에 남자 아이를 낳기는 했는데, 얼마 안 가서 그 아이가 죽고 말았다.

점례 4

　신(申)월, 계해(癸亥)일에 소를 찾고자 점을 쳐서 '본괘'로 지뢰(地雷) <<복(復)>>, '변괘'로 지택(地澤) <<림(臨)>>괘를 얻었다.

　　백호　유금(酉金) Ⅱ　　자손
　　등사　해수(亥水) Ⅱ　　처재
　　구진　축토(丑土) Ⅱ 應 형제
　　주작　진토(辰土) Ⅱ　　형제
　　청룡　인목(寅木) Ⅹ　　관귀(伏卯)

현무 자수(子水) Ⅰ 世 처재

역우의 판단 : 이 소는 오늘 잃어 버렸으며, 잃어버린 방향은 동북(東北)쪽이다. 소는 '자손' 효로 보는데, 이 점에서는 '자손' 효가 상육(上六)에 거하고 있으므로, 수색할 수 있는 범위를 벗어난 먼 곳에 있다고 본다. 그래서 찾아 나선다 해도 찾지 못할 것이다.

7일 후가 매우 흉한데, 이 소가 그때 도살당하지 않으면, 팔릴 것 같다. 16일 아니면 17일이 되면 '묘(卯)'와 '유(酉)'가 서로 '충'하게 되므로 무슨 소식이 있을 것 같으며, 25일이 되면 제5효에 '응'함이 있으므로 모든 사건이 끝이 날 것이다. 현재 소는 서쪽 아니면 서남쪽에 있는 것 같다.

참고 ①지뢰(地雷) <<복(復)>>은 "다시 돌아온다."는 의미인데, '계해(癸亥)'일로부터 다시 '계해'일이 돌아오려면 60일이 지나야 한다. 그러니까 잃어버린 물건을 찾기에 불리하다고 보았다.

②<<림(臨)>>괘의 괘사 중에는 "팔월이 되면 흉함이 있다(至于八月有凶)."는 구절이 있으므로, 이것을 바탕으로 해서 지금은 7월, 즉 '신월(申月)'이고, 날짜로는 '계해(癸亥)'일로 13일이니, 보름 안에 잃은 소를 찾지 못하면, 8월이 되므로 더욱 찾기가 어려울 것이라 한 것이다.

③<<복(復)>>괘를 거꾸로 하면 그 모양이 산지(山地) <<박(剝)>>괘로 바뀌는데, <<박>>괘는 그 괘사에 "갈 곳이 있으면 이롭지 못하다(不利有攸往)."라는 구절이 있으며, 또 <<박>>괘의 의미 속에는 "발가벗겨져 떨어진다."는 것도 있으므로, 도살을 당할지도 모른다고 한 것이다. 그리고 <<림(臨)>>괘를 거꾸로 하면 풍지(風地) <<관(觀)>>괘가 되는데, <<관>>괘는 "관망하며 기다린다."는 의미를 지니고 있으니까, 이 모든 괘들의 의미가 잃어버린 물건을 찾는 데 있어서는 불리하다.

④재물을 나타내는 '처재' 효가 '세효'에 들어 있지만, '응효'가 '형제' 효로서 재물을 위협하는(劫財) 형상이고, 또 소는 12지지로 '축(丑)'인데, 축우(丑牛) 또한 겁재(劫財)하는 모양을 하고 있으니, 소가 돌아오기 어렵다고 판단한 것이다. 여기다 덧붙여 '관귀' 효 '인목(寅木)'은 '진신(進神)'으로 변하는 데 비하여, '처재' 효 '해자(亥子)'의 '수(水)' 기운은 계절적으로 가을인 '신월(申月)'을 맞아 '휴(休)'한 상태가 되므로 아무런 힘도 발휘하지 못하고 있다.

⑤이 점에는 '세효'가 '본괘'의 초효에 들어있는데, '세효'가 들어있는 '내괘'의 모양이 <<진(震)>>으로, <<진>>은 방위(方位)로는 동쪽이 된다. 그래서 소를 동쪽 방향에서 잃어버렸다고 한 것이며, '변괘'로 지택(地澤) <<림>>이 되면 '세효'가 '내괘'인 <<태(兌)>>에 들게 되므로 나중에 소가 서쪽 방향으로 사라진다고 한 것이다.

실제 정황 : 그 아들이 마을 동쪽에서 소를 놓아먹이다가 집으로 먹을 것을 가지러 온 사이에 없어졌다. 서남방에 있는 다리에서 소가 마을로 들어오는 것을 본 사람도 있었는데, 다음 날 알아보니, 다른 사람이 그 길로 해서 소를 끌고 동북방으로 간 것이었다.

16일과 17일에는 고청현(高靑縣)에 있었는데, 그 마을에 있는 한 집의 대추나무에서 소에게 사용했던 코뚜레와 쇠사슬, 고삐를 발견했다.

그래서 관가에 고발을 했는데, 조사해 본 결과 그 마을에서 소가 도살된 것으로 밝혀졌다. 그런데 소를 도살한 사람들이 자기들은 그 소를 구매하여 도살하였다고 주장하여, 아무런 손해 배상도 받지 못하고 사건이 종결되고 말았다.

그래서 일천 원(元, 중국의 화폐 단위)의 재산을 손해 보았다.

참고 : 소를 잃어버린 방향을 두고, 동북쪽에서 잃어버렸는데, 서쪽 또는 서남쪽으로 갔다고 한 것은 모두 실제와 부합되지 않았다. 왜냐하면 소가 도살당한 고청현은 소를 잃어버린 마을의 동쪽에서 조금 남쪽으로 치우친 곳에 위치한 고장이었기 때문이다.

점례 5

신(申)월 계해(癸亥)일에 한 젊은 여성이 소송에 관하여 물어와, 점을 쳐서 풍수(風水) <<환(渙)>> 괘를 얻었다.

Ⅰ		묘부(卯父)
Ⅰ	世	사형(巳兄)
Ⅱ		미손(未孫)
Ⅱ		오형(午兄)
Ⅰ	應	진손(辰孫)
Ⅱ		인부(寅父)

역우의 판단 : 점괘 가운데 구설수가 낀 음인이 출현하는 것으로 보아, 이 소송은 남녀관계의 일인 것 같다. 소송 상대가 친척이어서 관에 소송을 제기해서는 좋은 결과를 얻을 수가 없으니, 그냥 당사자들끼리 화해를 하는 쪽이 더 현명할 것 같고, 그보다 더 좋은 상태는 그냥 아무 일도 없었던 것처럼 유야무야해 버리는 것이었다.

참고 ①괘상(卦象)으로 볼 때, 여자는 '외괘'이고, 남자는 '내괘'인데, 이 괘는 풍수(風水) <<환>>이므로 위에서는 바람이 불고 있으며, 아래로는 물이 떨어지는 모양이다. 그러니까 여자가 남자를 유혹한 모양이다.

②<<환>>괘의 괘상에는 이별을 하고, 흩어지는 상이 포함되어 있으니, 소송을 한다 해도 문제가 원하는 바대로 해결된다는 보장이 없으며, 그냥 흐지부지 끝나버릴 가능성이 더 많아 보인다.

③<<환>>괘에는 '관귀' 효가 없으므로, '본궁 괘'로 '관귀' 효를 찾아보면 '관귀' 효에 해당하는 '해수(亥水)'가 '본괘'의 '오화(午火)' 아래 '복'하고 있는데, 이 '복신' '해수(亥水)'가 '비신' '오화(午火)'를 '회두극(回頭克)'한다. 그래서 '복'하고 있는 '관귀' 효, '해수(亥水)'가 '일진'의 도움을 얻고 있기는 하지만, 결과적으로는 아무런 이익도 얻을 수가 없는 수니, 소송을 하지 말라는 것이다.

④계해(癸亥)일은 육갑에서 제일 마지막에 거하고 있으며, 시기적으로는 모든 것이 새롭게 시작하려는 바로 전(前) 단계(段階)이므로 소송을 한다 해도 이로운 결과를 얻기는 어렵다고 보았다.

⑤'본괘'에서는 '세효'가 '외괘'에 거하고 있고, '외괘'의 모양은 <<손(巽)>>인데, <<손>>은 그 형상이 나아가기도 하고, 물러서기도 하면서, 스스로 그 뜻을 정하지 못하는 모습이다. 그리고 3, 4, 5효로 이루어진 '외호괘(外互卦)'는 <<간(艮)>>괘로, <<간>>괘의 뜻은 머무는 것이니, 소송을 한다 해도 뜻한 바대로 판결이 이루어질지는 의문이다.

2효에 응하는 5효는 멀리 떨어져 있느니, '세효'와 '응효' 사이의 다툼은 아마도 여자 문제 때문인 것 같으며, '세효' '사화(巳火)'가 '응효' '진토(辰土)'를 낳고, '형제' 효의 '화(火)' 기운이 '자손' 효의 '토(土)' 기운을 '생'하는 것으로 보아 '부모', '형제', '자손'들이 모두 한 통속이 되어 이 일을 처리하려 하는 것 같다.

실제정황 : 점을 치러온 젊은 여자가 말하기를 자신은 한 남자와 혼인신

고도 하지 않고 동거를 하고 있는 상태였는데, 그 동거남이 자신을 때려 상처를 입힘으로 해서 친정집으로 돌아와 버렸다고 했다. 그런데 그 동거남은 자신의 잘못을 인정하지 않을 뿐 아니라, 병원비와 약값도 전혀 부담해 주지 않는다고 했다. 그래서 친정아버지가 사람들을 데리고 가서 그 동거남에게 똑 같은 보복을 해 주었다는 것이었다.

역술인은 의뢰인의 이야기를 들은 다음, 그 동거남에게 사람을 보내어 자초지종을 다 이야기하여 주었더니, 그 남자가 여자를 때린 것은 인정하면서도, 폭력의 원인이 된 사건의 전모를 밝히지는 않았다.

그래서 역우는 무엇인가 여자 측의 잘못이 있었던 것으로 판단하여, 두 남녀가 시간을 가지고 서로가 서로를 이해하도록 노력해 보라고 권유하여, 결국은 소송까지 이르지 않고 서로가 서로의 잘못을 인정하는 선에서 모든 것이 원만하게 해결되었다.

참고 : 이런 결과가 이루어진 것은 그 여자가 자신의 동거남을 사랑하고 있었기 때문이다. 그 여자는 자신이 맞았다고 해서 친정아버지가 똑 같이 그 동거남을 폭행한 사실에 대하여 원망스럽게 생각하면서, 한때는 자신의 아버지를 고발하여 법의 심판을 받도록 할까도 생각했다고도 했다.

점례 6

1991년 해(亥)월 계유(癸酉)일에 재물에 관한 점을 쳐서 '본괘'로 중화(重火) <<리(離)>>, '변괘'로 화풍(火風) <<정(鼎)>>을 얻은 경우.

Ⅰ 世 사형(巳兄)

II	미손(未孫)	
I	유재(酉財)	
I 應	해관(亥官)	
X	축손(丑孫)	해관(亥官)
O	묘부(卯父)	축손(丑孫)

역우의 판단 : 이 재물은 얻을 수가 없을 것이며, 혹시 재앙이 있지나 않을까 두렵다. 그 까닭은 <<정>>괘의 효사 가운데 "솥의 다리가 부러진다(鼎折足)."는 구절이 있기 때문이다. '세효'가 상효에 있고, '형제' 효가 '세효'를 붙들고 재물을 구하는 것을 방해하고 있으니, 재물을 구하기에는 불리한 점이며, 이런 '형제' 효로 인하여 무슨 해를 입지는 않을까 두려운 것이다. 그리고 '육충(六沖)' 괘이므로 근본적으로 재물이 모이지 않은 상인 데다, '세효'와 '응효'가 서로 '충'하기까지 하니 시기적으로 보면 '형제'들이 서로 자기의 재물만을 위하여 다투고 있는 때다.

참고 ①'본괘' <<이>>는 '육충' 괘이고, 또한 '변괘' <<정>>의 효사에는 "다리가 부러진다."는 구절이 있으니, 재물을 구함에 있어 불리하다.
②'형제' 효가 '세효'를 붙들고 있으니 재물을 얻기가 어렵다.
③그나마 다행스러운 것은 '월권' '해수(亥水)'가 '세효' '사화(巳火)'와 '충'하면서, 또한 '극'하고 있다는 것이다.
④그러나 '부모' 효 '묘목(卯木)'이 '동'하여 '축토(丑土)' '자손' 효로 '변'하였고, '본괘'의 '축토' '자손' 효가 '동'하여 '관귀' 효 '해수(亥水)'가 된 것은 모두 재물 운을 나타내는 '유금(酉金)'에는 불리하다. 그리고 '본괘'의 <<리>> '육충' 괘가 변하여 <<정>>이 되면서 '다리가 부러지는 상'이 되었으니, '유금(酉金)'의 재물 운이 '일진' '유금'의 도움을 얻기가 어렵다.

그래서 물어본 재물은 얻기가 어려울 것 같다고 했고, 오히려 재물의 손실이 있거나 상해를 당하지 않을까 걱정스럽다고 했다.

실제경험 : 점을 친 그 날에, 2만여 원(元)의 돈을 도둑맞았다. 그래서 다른 계획들은 모두 무산이 되고 말았다.
그런데 역우와 유대균 교수는 점을 치러 온 사람이 당일 거액의 돈을 도둑맞을 것이라는 사실에 대해서는 전혀 예측하지 못했다.

점례 7

1991년 10월 30일, 즉 술월(戌月) 계유일(癸酉日)에 큰누나의 운세에 관하여 점을 쳐서 '본괘'로 천화(天火) <<동인(同人)>> '변괘'로 수지(水地) <<비(比)>>를 얻은 경우.

O   술손(戌孫) 자관(子官)
I   신재(申財)
O 世 오형(午兄) 신재(申財)
O   해관(亥官) 묘부(卯父)
II   축손(丑孫)
O 應 묘부(卯父) 미손(未孫)

역우의 판단 ①'귀혼 괘'가 '귀혼 괘'로 변하였으므로 흉하다.
②'본괘' 속에 있는 '형제' 효 '오화(午火)'가 '처재' 효 '신금(申金)'을 '극'하고 있어 좋지 않은데, '형제' 효가 '변'하여 다시 '신금(申金)' '처재' 효로

나타나고 있으니 더욱 흉하다. 많은 주의를 요하는 괘다.
③더구나 '술월(戌月)'이어서 '처재' 효 '신금(申金)'이 '묘'에 들게 되니까 더욱 흉하다. 다만 11월 6일 이후가 되면, 이날부터는 '술월'을 벗어나 '해월(亥月)'에 들게 되므로 좋은 쪽으로 변화를 기대할 수 있을 것이다. 하지만 당장 이번 주에는 매우 주의를 기울여야 할 것 같다.

실제상황 : 운세를 물어봤던 큰 누나가 10월 27일, 병든 남편과 두 아들을 남겨두고 음독 자살을 했다.

참고 : 자신의 운을 점쳐 달라고 부탁했던 사람이 얼마 후 자살을 하리라고는 누가 짐작이나 했겠는가?
이 점을 예로 든 것은 이와 같은 점괘로 사람이 죽었다는 아주 극단적인 사실을 염두에 두고, 독자 여러분도 그 의미를 깊이 연구해보라는 뜻에서다.

점례 8

축월(丑月) 정유(丁酉)일에 62세 된 할머니가 병에 관한 점을 쳐서, '본괘'로 수화(水火) <<기제(旣濟)>>, '변괘'로 수지(水地) <<비(比)>>를 얻었다.

청룡 II 應   자형(子兄)
현무 I   술관(戌官)
백호 II   신부(申父)
등사 o 世   해형(亥兄) 묘손(卯孫)

구진 Ⅱ　　　축관(丑官)　사재(巳財)
　　주작 ○　　　묘손(卯孫)　미관(未官)

　역우의 판단 : 5효가 '관귀' 효이므로 위장에 병이 있다.
　제5효의 오행이 '술토(戌土)'이므로 그 병이 비장, 위장, 대장 등에 있다고 짐작을 한 것인데, 그 중에서도 역우가 확신에 찬 목소리로 위장에 병이 있다고 단정을 한 것은 아마도 다년간 점을 치면서 겪은 역우의 경험에서 나온 소견이 아닌가 싶다.
　그리고 '본괘'가 '동'하여 '변괘'로 <<비>>가 되면서 '변괘'의 3,4,5효가 만든 '외호괘(外互卦)'가 <<간(艮)>>괘가 되었는데, <<간>>괘는 종양을 의미하므로 암이라고 판단하였으며, 그것을 위암이라고 판단한 것은 이런 '외호괘' 제일 상단에 '관귀' 효가 자리를 잡고 있다는 점이 근거가 되었다.
　'본괘' 가운데 '관귀' 효가 제2위에 처하면서 '축토(丑土)'의 성질을 지니고 있으니, 이것 역시 비장, 위장, 대장 등에 질병이 있음을 알 수 있다. 그리고 '본괘' <<기제>>의 六二, 九三, 六四로 이루어진 '내호괘'가 <<감(坎)>>이고, <<감>>괘의 뜻은 '험난한 데 빠져 나아감에 어려움이 있는 것'이니 행함에 어려움이 있다고 봤다.
　이후 '본괘'의 '관귀' 효 '축토(丑土)'가 '변괘' <<비>>에서는 '사화(巳火)'로 '변'하였으며, '사화'로 나타나는 질병은 곧 심혈관 계통의 질병을 말하는데, 역우가 심혈관의 질병이라고 말하지 않고, 위장의 병이라고 말한 것은 역우의 오랜 경험에 의한 노하우로 보인다. 그리고 이 병의 치료와 관련해서는 '세효'와 '응효'에 모두 '형제' 효가 들어 있으므로, 치료가 어려울 것으로 보았다.
　<<대유>>는 <<건>>궁의 '귀혼 괘'이고, <<비>>는 <곤>>궁의 '귀혼 괘'인데, 질병에 관한 점에서는 '귀혼 괘'가 흉하다는 것은 말로 하지 않아도

다 아는 일이다.

시기적으로는 9월에 병을 얻어서 12월이 되면 가장 흉할 것 같은데, 12월 '축토(丑土)'에는 '세효'의 '수(水)' 기운이 '묘(墓)'에 들고, '관귀' 효의 '토(土)' 기운은 더욱 '왕'성하게 몰려올 것이기 되기 때문이다. 그래서 해를 넘기지 못하고 변을 당하지 않을까 두려운 것이다.

(필자 註 : 이 풀이 가운데 12월이 되면 '세효'의 '수(水)' 기운이 '묘'에 든다고 한 것은 역우의 착오인 것 같다. 왜냐하면 '수' 기운이 '묘'에 드는 것은 '축토(丑土)' 때가 아니라, '진토(辰土)' 때이기 때문이다.)

참고 ①병에 관한 점에서 '본괘'가 '동'하여 변한 '변괘'가 '귀혼 괘'라는 것이 매우 불길하다.
②'관귀' 효가 '축토(丑土)'에 들었다는 것은 위장의 병이 든 것으로 추측된다.
③'관귀' 효, '축토(丑土)'가 '처재' 효 '사화(巳火)'로 '변'하여 '절(絶)'에 들게 되는데, 병에 관한 점에서 '절'에 드는 것이 불길한 조짐이다.
④'자손(子孫)' 효 '묘목(卯木)'이 '월건'의 '축토(丑土)'를 만나 그 힘이 매우 약해져 있으며, '변괘'에서는 '미토(未土)' '관귀(官鬼)' 효가 되어서 '월건' '축토'와 서로 '충'하고 있으므로 약을 써도 아무런 효과를 보지 못하는 것이다.
⑤'관귀' 효 '축토(丑土)'가 '월건'을 얻고 있는 것 역시 흉하다. 이달에 특히 조심을 해야 할 것 같다.

결과 : 할머니의 병은 위암과 심장병이었는데, 치료를 위해 제남(濟南)으로 갔으나 해를 넘기지 못하고 12월 23일에 세상을 뜨셨다.

점례 9

신월(申月) 기사(己巳)일에 잃어버린 토끼를 다시 찾을 수 있을지 점을 쳐서 '본괘'로 천지(天地) <<비(否)>>, '변괘'로 수택(水澤) <<절(節)>>을 얻은 경우.

구진 ㅇ 應   술부(戌父) 자자(子子)
주작 Ⅰ   신형(申兄)
청룡 ㅇ   오관(午官) 신형(申兄)
현무 Ⅱ 世   묘재(卯財)
백호 x   사관(巳官) 묘재(卯財)
등사 x   미부(未父) 사관(巳官)

역우의 판단 ①짐승에 관한 점이므로 '자손' 효가 '용신'이 된다.
'본괘'의 '자손' 효는 상효인데, 이 상효가 도둑을 상징하는 '관귀(官鬼)' 효 '오화(午火)'와 만나는 날 도둑을 맞지 않았나 싶은데, 그날이 언젠가 하면 '관귀' 효 '오화'가 움직인 날이고, '오화'가 움직이기 위해서는 '충'하는 것이 있어야 하는데, '오'와 '충'하는 것은 '자'이니 아마도 '자일(子日)'에 도둑을 맞지 않았나 싶다.
②12지지에서 토끼를 상징하는 것은 '묘(卯)'인데, '본괘'에서 '묘'는 제3위에 위치하고 있다. 그리고 이 '묘목'은 '본괘'의 '사화(巳火)'를 '생'하는데, 이 '사화'가 '관귀' 효로서 도둑에 해당한다. 뿐만 아니라 이 '관귀' 효에는 '백호'의 흉함까지 함께 하고 있으니, 이 토끼를 찾는다는 것은 불가능할 것 같다.
③<<비>>괘의 효사에 "소인은 길하고(小人吉), 대인은 비하여야 형통할

것이다(大人否亨)."라는 구절이 있으니까, 도적은 어린아이거나 후배일 것 같으며, 도둑이 있는 위치는 대략 동남 방향이 아닐까 싶다. 여기서 그 방위를 동남방이라고 추측한 것은 3, 4, 5효로 이루어진 '외호괘'가 <<손(巽)>>으로, 동남 방향을 나타내고 있기 때문이다.

이런 역우의 생각에 대해 유대균 교수는 이렇게 생각하였다.
①<<비>>괘는 천지가 꽉 막혀 아무 것도 통하는 것이 없으므로, 괘 중에 있는 6개의 효가 아무런 작용도 하지 못한다. 잃어버린 물건을 찾고자 하는 점에서 이런 괘가 나왔으니, 아마도 잃어버린 물건이 흔적도 없이 사라진 것 같으며, 따라서 찾는다는 것은 불가능할 것 같다.

'변괘' <<절>>에 대하여 <<잡괘(雜卦)>>에서는 그 괘의 대강의 뜻을 "절은 멈추는 것이다(節止也)."라고 했으니, 이 부분 또한 이로울 것이 하나도 없는 것 같다.

六二의 '사화(巳火)', '관귀(官鬼)' 효가 '묘목(卯木)'으로 '변'하여 '처재' 효가 되었으나, 때가 '신월(申月)'이므로 '묘'의 '목' 기운이 '절(絶)'에 들어, 더더욱 잃어버린 물건을 찾기가 어려울 것으로 생각된다.

②'본괘' 중의 九四 효, '관귀' 효, 오화(午火)가 변하여 신금(申金) '형제' 효가 되면서, 九五의 '형제' 효와 한데 어우러지니, 재물을 겁탈해간 사람이 동년배의 '형제'는 아닌가, 또는 이웃 사람들은 아닌가 의심하게 된다.

③'관귀' 효 '사화(巳火)'가 '처재' 효 '묘목(卯木)'으로 '변'하면서 '세효'를 배설해 버리기 때문에 혹시 도둑맞은 물건이 어디로 팔려 나가 버리지는 않았는지 걱정이 된다. 만약 그런 일이 일어났다면, 그 날짜는 구체적으로 '미일(未日)'일 것이다.

실제 상황 : 잃어버린 토끼는 우량품종의 씨받이 토끼였는데, 마리 당 가

격이 3만 원(元)을 웃도는 고가품이었다. 잃어버린 날은 7월 21일로 '정묘(丁卯)'일이었다.

이 부분에 대해서 역우는 '관귀' 효가 '동'하는 '자일(子日)'에 도둑을 맞았을 것이라고 판단했는데, 사실과 부합되지 않았다. 그리고 이 토끼를 바로 찾아내지 못하면, '미일(未日)'에 다른 곳으로 팔려 나갔을지도 모른다고 판단했는데, 이런 의심 역시 추론 근거가 확실하지 않으므로 배울 바는 못 되는 것 같다.

점례 10

유월(酉月) 갑진(甲辰)일에 한 남자가 와서 부인의 병에 대하여 두 번의 점을 쳤는데, 첫 번째는 '본괘'로 산뢰(山雷) <<이(頤)>>, '변괘'로 화뢰(火雷) <<서합(噬嗑)>>을 얻었다.

현무 Ⅰ　　　인형(寅兄)
백호 Ⅱ　　　자부(子父)
등사 x 世　　술재(戌財)　유귀(酉鬼)
구진 Ⅱ　　　진재(辰財)
주작 Ⅱ　　　인형(寅兄)
청룡 Ⅰ 應　　자부(子父)

역우의 판단 : '세효'가 '본괘'의 중앙 부분에 위치하고 있으면서 '동'하고 있으니, 그 부인의 병은 가슴 부위에 있다.

(註 : '본괘'의 '처재' 효 '술토(戌土)'가 '동'해서 '변괘'에서는 '관귀' 효 '유

금(酉金)'이 된 것을 보고 "가슴 부위에 병이 있다."고 판단한 것 같은데, 이 부분 역시 오랜 경험에서 나온 추측인 것 같다.)

'처재' 효가 변하여 '관귀' 효가 된 것은 분명 좋지 않은 일이 많을 것으로 보인다. '본괘' <<이>>의 '외괘'가 <<간>>괘이며, '변괘'인 <<서합>>괘의 2, 3, 4효로 이루어진 '내호괘' 역시 <<간>>괘인 것으로 보아 이 병은 종양인 것 같다.

(註 : <<간>>괘를 보고 종양이라고 판단한 것은 앞에서도 나왔는데, 역우가 이런 판단을 한 것은 오랜 기간 동안 점을 치면서 얻은 자신의 경험을 바탕으로 한 것 같다.)

'본괘'의 모양을 보면, '하괘'는 <<진(震)>>이고, [상괘]는 <<간(艮)>>인데, <<진(震)>>과 <<간(艮)>>의 두 괘가 서로 반복하여 나타나는 모양이어서 병이 끊이지 않고, 반복될 것으로 보았다.

지금은 '관귀' 효의 '유금'이 '상괘'와 '하괘'에 있는 '인(寅)'에서 '절(絶)'하고 있으므로 8월, 9월까지는 별문제가 없이 넘어가겠으나, 금년 말이나 명년 초 '축(丑)'월이나, '인(寅)'월이 되면 '입묘봉절(入墓逢絶)'하게 되는데, 이렇게 되면 '관귀' 효 '유금'이 '월건'의 도움을 받으면서, '일진'으로부터는 '생'함을 득하여 아주 흉측한 일이 일어날 수 있다. 그래서 특별히 음력 설 전후를 조심하라고 당부하였다.

여기까지가 첫 번째 점의 내용이었는데, 의뢰인은 자신의 아내의 병은 폐결핵이라고 했다. 처음에는 그 증세가 심각하여 침대에서 아래로 내려오지도 못할 정도였는데, 점 이후, 치료를 받아 한동안은 침대에서 내려올 수 있는 정도로 상태가 호전되었다고 했다. 그리고 가슴에 있던 찻잔만큼 큰 종양도 성냥 곽만큼 작아졌다고 했다.

다만 그 종양의 종류에 대해서는 병원에서 설명을 해주지 않았는데, 가족들이 보기에는 병세가 상당히 호전되어 위험한 고비는 넘긴 것 같다고 생각했다. 음력설 직전에 다시 병세가 심각해져서 그 남편이 '인월(寅月)' '병진(丙辰)'일에 다시 점을 치러 왔다.

그래서 얻은 점괘가 '본괘'는 중지(重地) <<곤(坤)>>이었고, '변괘'는 지산(地山) <<겸(謙)>>이었다.

    청룡 Ⅱ 世   유손(酉孫)
    현무 Ⅱ   해재(亥財)
    백호 Ⅱ   축재(丑兄)
    등사 x 應   묘관(卯官) (申孫)
    구진 Ⅱ   사부(巳父)
    주작 Ⅱ   미형(未兄)

역우의 판단 : '본괘' <<곤>>은 '육충(六沖)' 괘이므로, 병에 관한 점에서는 아무 것도 이로울 것이 없다. 그리고 <<곤>>은 인체에서 복부를 나타내고 있는데, '관귀' 효 '묘목'이 '변'하여 '신금'이 되면서 '변괘'의 '내괘'가 <<간>>이 되었다. <<간>>은 종양이니, 이것은 복부에 전체적으로 종양이 생긴 것을 말하는 것이다.

실제 경험 : 점을 치러 온 사람이 말하기를 이미 정월과 이월에 반복해서 종양이라고 확진을 받았는데, '목'과 '화' 기운이 '왕'성한 4월까지는 그 증세가 경미하다가, '금' 기운이 '강'해지는 7월에 접어들면서 갑자기 그 증세가 위중해졌다고 했다.

참고 ①이 괘에서 역우는 다시 한 번 <<간>>괘를 가지고 종양이라고 판단했는데, 이 부분은 [납갑서법]으로 점을 쳐서 암을 판단하는 데, 아주 귀한 자료가 된다고 할 수 있다.

다만 첫 번째 점에서 흉부에 병이 있을 것이라고 한 말을 상기하면, 두 번째 점에서는 확실하게 간담에 병이 있는 것으로 나타났음에도 불구하고, 확실하게 말을 하지 못하고 애매하게 "복부에 종양이 확 퍼진 것 같다."고 한 것은 점을 치는 사람들에게 있어 흔히 볼 수 있는 일로 애매한 태도인데, 이런 태도는 점술인의 태도로서 올바르다고 할 수 없을 것 같다.

그러나 이런 부분은 사소한 문제이고, 사소한 부분에 지나치게 얽매이게 되면 [납갑서법]의 대의를 놓쳐버릴 수도 있으므로 이 부분도 참고 자료로 삼기 위하여 기록을 남겨 놓았다.

②첫 번째 점에서는 8, 9월까지는 별 문제가 없을 것이라고 판단했는데, 그렇게 판단을 한 이유는 '관귀' 효의 '금(金)' 기운 때문이었다. 그런데 실제로는 '사월까지는 경미한 증세를 보이다가, 칠월에 들어 병이 위중해졌다.'고 했다. 이 부분은 점의 이론과 실제가 잘 맞지 않은 경우인데, 이런 부분에 대해서는 독자 여러분의 더 깊은 공부가 있기를 바란다.

③이 남자가 훗날 다시 와서 재점(再占)을 친 까닭은 무엇일까?

이미 설날을 전후해서 병세가 위중해질 수 있다고 경고했는데, 다시 와서 점을 친 까닭은 혹시 그 끝이 길하게 나올 수도 있지 않을까 하는 기대 때문이었는지도 모르는데, 그 환자의 마지막 결과에 대해서는 역우도 아무런 소식을 듣지 못했다.

유대균 교수의 생각 ①역우는 '관귀' 효가 《간》괘에 임한 것을 가지고, 두 번씩이나 암이라고 판단했는데, 이 부분은 [납갑서법]으로 병에 관한 점을 치는 지금 사람들에게는 아주 귀중한 자료가 된다고 생각한다.

②『증산복역』의 저자, 야학노인은 한 가지 일에 대하여 한 번의 점으로 분명하게 그 뜻이 밝혀지지 못하였을 때는 다시 한 번 더 점을 칠 수도 있

다고 주장했다. 이 부분에 대하여 유대균 교수는 야학노인과 다른 생각을 가지고 있다.

[주역] <<몽(蒙)>>괘의 괘사를 보면 "처음 점쳤을 때는 고(告)하지만, 두 번, 세 번 점을 쳤을 때는 독(瀆)하니 고하지 않는다."고 했다. 그러니까 야학노인이 재점을 칠 수 있다고 한 것은 [주역]과 그 뜻이 맞지 않는 것 같다는 생각이다.

이 점괘의 '본괘'의 '관귀' 효는 '유금(酉金)'의 성질인데 '변괘'에서는 '관귀' 효가 '변'하여 '묘목(卯木)'이 된다. 이렇게 '관귀' 효가 금의 성질을 지니고 있다 '목'의 성질로 그 성질이 바뀌는 경우, 우리는 어느 것을 선택하는 것이 올바른 선택일까?

왜냐하면 '금'을 '관귀' 효로 봤을 때와 '목'을 '관귀' 효로 봤을 때는, '금'과 '목'의 '생', '왕', '묘', '절' 하는 시간이 전혀 같지 않기 때문에 병자의 생사길흉이 전혀 달라지게 마련이다. 이 부분에 대하여 우리는 어떻게 판단을 해야 할까?

우리는 가끔 재점을 치는 경우를 본다.

특히 질병과 관련된 점에서는 처음 점을 쳐서 괘를 얻어 병세가 어떻게 진행되어 가는지 그 추이를 살펴본 다음, 다시 점을 치는 경우가 많이 있다. 이렇게 친 첫 번째 점과 두 번째 점의 점괘가 다르게 나왔을 경우, 우리는 어떤 점괘를 따라야 할까?

이 부분에 대하여 유대균 교수는 자신의 생각을 이렇게 밝히고 있다.

"일이나 병에 관한 점에서, 하나의 점괘가 불길하게 나왔다면 다시 점을 칠 수도 있다. 그러나 이렇게 친 재점은 참고자료 정도로만 생각을 해야지, 뒤에 친 점이 길하게 나왔다고 해서 먼저 친 초점의 흉한 것을 번복해서 해석할 수는 없다. 다만 초점(初占)의 흉한 것을 어떻게 하면 좋은 방향으로 풀어나갈 수 있을지 참고자료로는 삼을 수 있을 것이다. 병에 관한 점을 쳐서 처음에는 흉한 괘가 나왔는데, 다시 점을 쳐서 길한 괘가 나왔다고 해서 병의 진행이 길한 쪽으로 나아갈 것이라고 판단해서는 안 된다. 뿐만 아니라, 병이 발생한 부위도 처음 친 점을 기초로 해서 판단하는 것이 옳다고 생각한다."

앞의 점에서도 처음 병이 발생한 것은 폐 쪽이었다. 그것이 재점에서는 복부 쪽으로 바뀌었는데, 이와 같은 경우는 폐에서 발생한 암이 시간이 경과함에 따라 복부 쪽으로 전이하였다고 판단하는 것이 옳다고 생각된다.

이 병자는 정월을 넘어서까지 생존하기는 어려울 것이라고 판단했는데, 과연 그랬다.

이상으로 같은 시대를 살고 있는 사람이 친 점 10가지를 가지고 함께 공부해 보았다. 물론 신통하게 맞아 떨어진 부분도 있었지만, 그 예측이 빗나간 점도 있었다. 이 부분에 대하여 우리가 어떻게 공부를 해야 할 것인가, 이것이 바로 오늘날 점술을 공부하는 사람들의 숙제가 아닐까 싶다.

이 책이 그런 숙제를 푸는 데 작은 도움이나마 줄 수 있었으면 하는 것이 책을 엮은 사람의 작은 바람이라고 말씀드리면서 이만 붓을 놓고자 한다. 만약 이 책을 읽고 의문 나는 점이나, 다른 견해가 있다면 언제든지 출판사로 말씀해 주시면 함께 [납갑서법]을 공부하는 사람으로서 필자의 의견을 충분히 밝혀드릴 것을 약속한다.

부록 - 팔괘전도

乾金宮	重天乾 父戌―世 兄申― 官午― 父辰―應 財寅― 孫子―	天風姤 父戌― 兄申― 官午―應 孫亥―伏寅財 父丑‖ 財寅‖世	天山遯 父戌― 兄申―應 官午― 兄申―世伏寅財 官午‖ 父辰‖伏子孫	天地否 父戌―應 兄申― 官午― 財卯‖世 官巳‖ 父未‖伏子孫	風地觀 財卯― 官巳― 父未‖世伏申兄 財卯‖ 官巳‖ 父未‖應伏子孫	山地剝 財寅― 孫子‖世伏申兄 父戌‖ 財卯‖ 官巳‖應 父未‖	火地晉 官巳― 父未‖ 兄酉―世 財卯‖ 官巳‖ 父未‖應伏子孫	火天大有 官巳―應 父未‖ 兄酉― 父辰―世 財寅― 孫子―
坎水宮	重坎水 兄子‖世 官戌― 父申‖ 財午‖應 官辰― 孫寅‖	水澤節 兄子‖ 官戌― 父申‖應 官丑‖ 孫卯― 財巳―世	水雷屯 兄子‖ 官戌―應 父申‖ 官辰‖伏午財 孫寅‖世 兄子―	水火旣濟 兄子‖應 官戌― 父申‖ 兄亥―世伏午財 官丑‖ 孫卯―	澤火革 官未‖ 父酉― 兄亥―世伏午財 兄亥― 官丑‖ 孫卯―應	雷火豐 官戌‖ 父申‖世 財午― 兄亥― 官丑‖ 孫卯―應	地火明夷 父酉‖ 兄亥‖ 官丑‖世伏午財 兄亥― 官丑‖ 孫卯―應	地水師 父酉‖應 兄亥‖ 官丑‖ 財午‖世 官辰― 孫寅‖
艮土宮	重艮山 官寅―世 財子‖ 兄戌‖ 孫申―應 父午‖ 兄辰‖	山火賁 官寅― 財子‖ 兄戌‖應 財亥―伏申孫 兄丑‖伏午父 官卯―世	山天大畜 官寅― 財子―應 兄戌‖ 兄辰―伏申孫 官寅―世伏午父 財子―	山澤損 官寅―應 財子‖ 兄戌‖ 兄丑‖世伏申孫 官卯― 父巳―	火澤睽 父巳― 兄未‖ 孫酉―世伏子財 兄丑‖ 官卯― 父巳―應	天澤履 兄戌― 孫申―世伏子財 父午― 兄丑‖ 官卯―應 父巳―	風澤中孚 官卯― 父巳―伏子財 兄未‖世 兄丑‖ 官卯― 父巳―應	風山漸 官卯―應 父巳― 兄未‖ 孫申―世 父午‖ 兄辰‖
震木宮	重雷震 財戌‖世 官申‖ 孫午― 財辰‖應 兄寅‖ 父子―	雷地豫 財戌‖ 官申‖ 孫午―應 兄卯‖ 孫巳‖ 財未‖世伏子父	雷水解 財戌‖ 官申‖應 孫午― 孫午‖ 財辰― 兄寅‖伏子父	雷風恒 財戌‖應 官申‖ 孫午― 官酉― 父亥― 財丑‖世	地風升 官酉‖ 父亥‖ 財丑‖世伏午孫 官酉― 父亥― 財丑‖應	水風井 父子‖ 財戌―世 官申‖伏午孫 官酉― 父亥―應伏寅兄 財丑‖	澤風大過 財未‖ 官酉― 父亥―世 官酉― 父亥― 財丑‖應	澤雷隨 財未‖應 官酉― 父亥― 財辰‖世 兄寅‖ 父子―

268

	重卦							
손목궁 巽木宮	重風巽 兄卯丨世 孫巳丨 財未∥ 官酉丨應 父亥丨 財丑∥	風天小畜 兄卯丨 孫巳丨 財未∥應 財辰丨伏酉官 兄寅丨 父子丨世	風火家人 兄卯丨 孫巳丨應 財未∥ 父亥丨伏酉官 財丑∥世 兄卯丨	風雷益 兄卯丨應 孫巳丨 財未∥ 財辰∥世伏酉官 兄寅∥ 父子丨	天雷无妄 財戌丨 官申丨 孫午丨世 財辰∥ 兄寅∥ 父子丨應	火雷噬嗑 孫巳丨 財未∥世 官酉丨 財辰∥ 兄寅∥應 父子丨	山雷頤 兄寅丨 父子∥伏巳孫 財戌∥世 財辰∥伏酉官 兄寅∥ 父子丨應	山風蠱 兄寅丨應 父子∥伏巳孫 財戌∥ 官酉丨世 父亥丨 財丑∥
리화궁 離火宮	重火離 兄巳丨世 孫未∥ 財酉丨 官亥丨應 孫丑∥ 父卯丨	火山旅 兄巳丨 孫未∥ 財酉丨應 財申丨伏亥官 兄午∥ 孫辰∥世伏卯父	火風鼎 兄巳丨 孫未∥應 財酉丨 財酉丨 官亥丨世 孫丑∥伏卯父	火水未濟 兄巳丨應 孫未∥ 財酉丨 兄午∥世伏亥官 孫辰丨 父寅∥	山水蒙 父寅丨 官子∥ 孫戌∥世伏酉財 兄午∥ 孫辰丨 父寅∥應	風水渙 父卯丨 兄巳丨世 孫未∥伏酉財 兄午∥伏亥官 孫辰丨 父寅∥	天水訟 孫戌丨 財申丨 兄午丨世 兄午∥ 孫辰丨 父寅∥應	天火同人 孫戌丨應 財申丨 兄午丨 官亥丨世 孫丑∥ 父卯丨
곤토궁 坤土宮	重地坤 孫酉∥世 財亥∥ 兄丑∥ 官卯∥應 父巳∥ 兄未∥	地雷復 孫酉∥ 財亥∥ 兄丑∥應 兄辰∥ 官寅∥伏巳父 財子丨世	地澤臨 孫酉∥ 財亥∥應 兄丑∥ 兄丑∥ 官卯丨世 父巳丨	地天泰 孫酉∥應 財亥∥ 兄丑∥ 兄辰丨世 官寅丨伏巳父 財子丨	雷天大壯 兄戌∥ 孫申∥ 父午丨世 兄辰丨 官寅丨 財子丨應	澤天夬 兄未∥ 孫酉丨世 財亥丨 兄辰丨 官寅丨應伏巳父 財子丨	水天需 財子∥ 兄戌丨 孫申∥世 兄辰丨 官寅丨 財子丨應	水地比 財子∥應 兄戌丨 孫申∥ 官卯∥世 父巳∥ 兄未∥
태금궁 兌金宮	重澤兌 父未∥世 兄酉丨 孫亥丨 父丑∥應 財卯丨 官巳丨	澤水困 父未∥ 兄酉丨 孫亥丨應 官午∥ 父辰丨 財寅∥世	澤地萃 父未∥ 兄酉丨應 孫亥丨 財卯∥ 官巳∥世 父未∥	澤山咸 父未∥應 兄酉丨 孫亥丨 兄申丨世 官午∥伏卯財 父辰∥	水山蹇 孫子∥ 父戌丨 兄申∥世 兄申丨 官午∥伏卯財 父辰∥應	地山謙 兄酉∥ 孫亥∥世 父丑∥ 兄申丨 官午∥應伏卯財 父辰∥	雷山小過 父戌∥ 兄申∥ 官午丨世伏亥孫 兄申丨 官午∥伏卯財 父辰∥應	雷澤歸妹 父戌∥應 兄申∥ 官午丨伏亥孫 父丑∥世 財卯丨 官巳丨

책을 집필하고, 만들고, 읽는 사람들이 함께 모여 협동조합을 만들었습니다. 부지런히 한 마음 한뜻이 되기 위해 노력하면서 새로운 책 문화를 만들어 나갈 수 있도록 해보겠습니다. 한 번 조합원으로 가입하시면 가입 이후 modoobooks(모두북스)에서 출간하는 모든 책을 평생 동안 무료로 받아 볼 수 있습니다.

*조합가입비 (1구좌)500,000원
*조 합 계 좌 농협 355-0048-9797-13 모두출판협동조합
*조합연락처 전화02)2237-3316 팩스 02)2237-3389
　　　　　　 이메일 modoobooks17@naver.com
　　　　　　 공식카페 http://cafe.naver.com/modoobooks17

조합원

강석주 강성진 강제원 권유 김욱환 김원배 김의수 김철주 김헌식 김효태 도경재
박상명 박주현 박지홍 서용기 송태효 심인보 유영래 이재욱 이정윤 임민수 임병선
정은상 채승기 채한일 최중태 허정균 현기대 홍성기

협동조합출판사

모두출판협동조합에서 운영하는 modoobooks(모두북스)에서는 무해유익(無害有益)하여 세상에 널리 도움이 될 수 있는 내용이라면 어떤 책이든 펴낼 만한 가치가 있다고 생각합니다. 소량다품종의 원칙으로 꾸준히 발간하되 저작권자의 요청,개정판의 발간 등 특별한 경우를 제외하면 책이 절판되지 않도록 관리해 나갈 예정입니다.

modo01 음악가 내 친구들
성악가 채승기의 음악가 이야기

modo02 4차 산업혁명
도경재의 미래 준비 길라잡이

modo03 타나토스가 숨어 있는그림
권유 전작 장편소설

modo04 시절인연
강제원의 4부작 휴먼 스토리

modo05 바람도 길이 있다
유영래의 한걸음으로 누린 백두대간

modo06 왜 반야심경인가
김윤재의 재가불자의 생활수행

modo07 납갑서법
주역6효로 자신의 미래 스스로 점쳐보기

modo08 정치, 생필품
장미대선과 한국정치의 미래